15일 공략 5급 마스터플랜!

新 HSK 한 권이면 끝

한선영 지음

5급

영역별 공략서

쓰기

동양books

초판 4쇄 | 2017년 5월 20일

지은이 | 한선영
발행인 | 김태웅
편집장 | 강석기
편 집 | 권민서, 양정화, 정지선, 김효수, 김다정
디자인 | 방혜자, 성지현, 이미영, 김효정
마케팅 총괄 | 나재승
마케팅 | 서재욱, 김귀찬, 이종민, 오승수, 조경현
온라인 마케팅 | 김철영, 양윤모
제 작 | 현대순
총 무 | 한경숙, 안서현, 최여진, 강아담
관 리 | 김훈희, 이국희, 김승훈, 이규재

발행처 | 동양북스
등 록 | 제 10-806호(1993년 4월 3일)
주 소 | 서울시 마포구 동교로 22길 12 (04030)
전 화 | (02)337-1737
팩 스 | (02)334-6624

http://www.dongyangbooks.com
m.dongyangbooks.com(모바일)

ISBN 978-89-8300-836-7 14720
      978-89-8300-820-6 (세트)

첫걸음 베스트 1위!

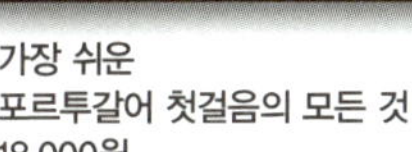

가장 쉬운
포르투갈어 첫걸음의 모든 것
18,000원

가장 쉬운
터키어 첫걸음의 모든 것
16,500원

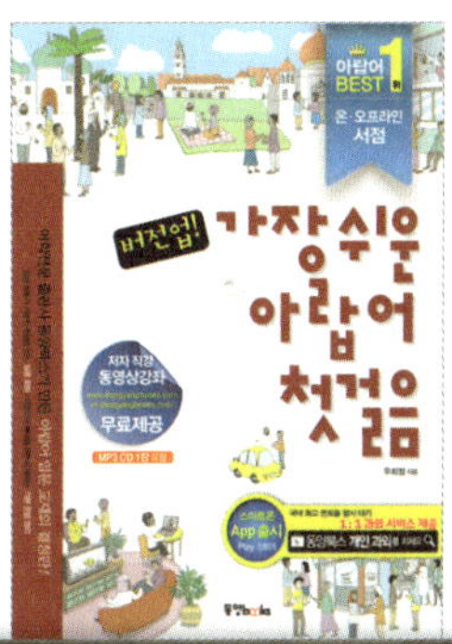

버전업! 가장 쉬운
아랍어 첫걸음
18,500원

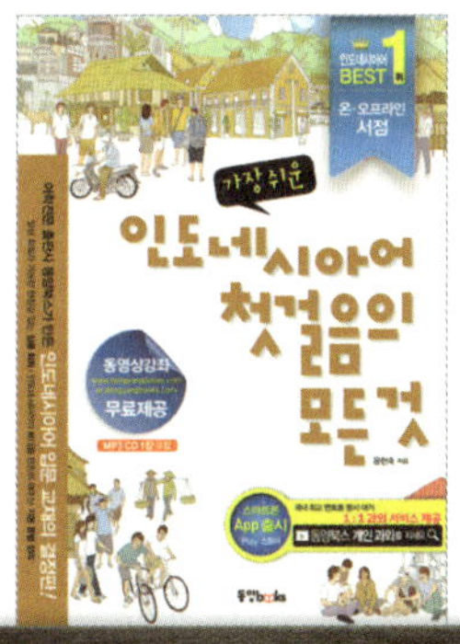

가장 쉬운
인도네시아어 첫걸음의 모든 것
18,500원

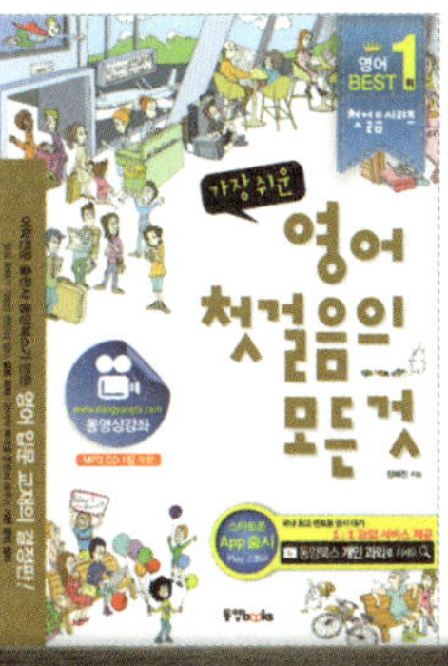

가장 쉬운
영어 첫걸음의 모든 것
16,500원

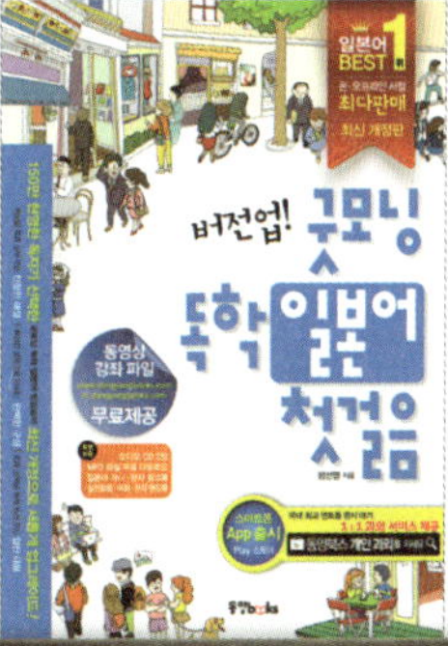

버전업! 굿모닝
독학 일본어 첫걸음
14,500원

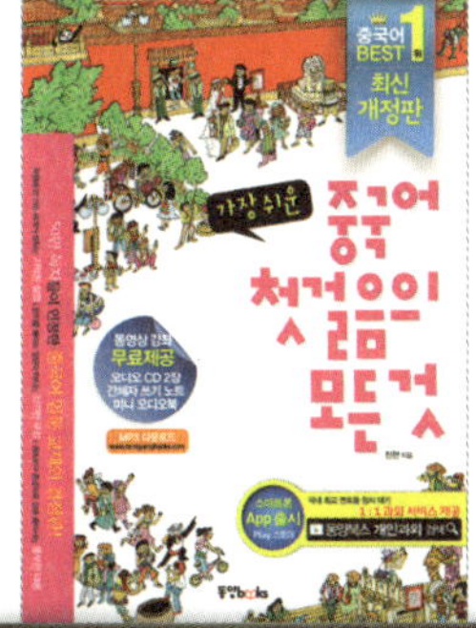

가장 쉬운
중국어 첫걸음의 모든 것
14,500원

동양북스
www.dongyangbooks.com
m.dongyangbooks.com

오늘부터는 팟캐스트로 공부하자!

팟캐스트 무료 음성 강의

▶1 iOS 사용자

Podcast 앱에서
'동양북스' 검색

▶2 안드로이드 사용자

플레이스토어에서 '팟빵' 등
팟캐스트 앱 다운로드,
다운받은 앱에서
'동양북스' 검색

▶3 PC에서

팟빵(www.podbbang.com)에서
'동양북스' 검색
애플 iTunes 프로그램에서
'동양북스' 검색

** 신규 팟캐스트 강의가 계속 추가될 예정입니다.

新HSK 5급을 쉽고 재미있게 공부할 수 있는 책 좀 추천해주세요!

학생들에게 자주 듣는 말이다. 그러나 지금까지 나와 있는 책은 대부분 모의고사 문제집으로, 유형별로 공부할 수 있는 교재가 부족했고, 그래서 HSK 강의 12년의 노하우와 급변하는 출제 경향의 변화를 밤낮으로 연구·분석한 결실을 바탕으로 〈新HSK 한 권이면 끝-5급〉이 완성되었다.

나에게 있는 달란트!

신은 모든 이에게 달란트를 주셨다. 하지만 나는 '왜 나에게는 특별한 달란트가 없을까?'라는 생각으로 힘들어한 적이 있다. 그때 JRC 김효정 원장 선생님의 격려 한마디가 나의 가슴을 벅차게 했다. "너에게는 다른 사람이 갖지 못한 열정이 있어. 가진 것의 120%를 발휘할 수 있는 네가 자랑스럽다." 그렇다! 나는 분명 다른 사람이 갖지 못한 것을 가졌다. 학생을 사랑하는 마음, 학생들의 눈높이에서 더 쉽게 가르치려는 열정, 그리고 문제를 분석하고 비법을 정리해내는 능력이 바로 그것이다. 그래서 나는 신이 주신 나의 달란트를 이 책의 집필에 최대한 발휘하였다.

오아시스를 만나다!

'풍요 속의 빈곤'이라는 말처럼, 수많은 교재의 홍수 속에서도 마음에 드는 교재를 찾기란 쉽지 않다. 학생들은 마치 사막에서 헤매는 것처럼 '비법서'에 목말라하고 있다. 新HSK 5급 문제는 원리만 알면 풀 수 있는 '비법이 통하는' 유형이다. 이 책은 학습자들이 좀 더 빠른 시간 내에 급수를 획득할 수 있도록 많은 비법과 공부 방법을 소개함으로써 사막의 길잡이 역할을 해준다. 이 책을 펼치는 순간 여러분은 오아시스를 만날 것이며, 오랜 갈증이 속 시원히 해소될 것이다.

분권을 결정하다!

〈新HSK 한 권이면 끝-5급〉 책이 출간된 후, 수험생들의 반응은 뜨거웠다. 新HSK 수험서 중 국내 최초로 선보인 올 컬러 편집이 보기에도 시원하고, 내용까지도 만족스럽다는 평이 나왔다. 가장 큰 이유는 〈듣기〉, 〈독해〉, 〈쓰기〉 각 영역마다 기출문제 분석을 통해 얻은 비법이 녹아 있고, 꼼꼼한 설명으로 누구나 쉽게 공부할 수 있도록 되어 있기 때문이다. 우리는 또다시 수험생들에게 더 필요한 것은 무엇인지 고민하기 시작했다. 그 결과 더 많은 수험생들이 부담 없이 이 책을 선택하여 학습할 수 있도록 영역별로 분권을 결정하게 되었다.

마지막으로 이 책이 나오기까지 옆에서 묵묵히 도와준 김하령 학생, 송근호 선생님, 朴香쯔 선생님께 진심으로 감사하다는 말을 전하고 싶다. 그리고 나의 인생에 터닝 포인트를 만들어주신 권혁주 부사장님, 좋은 교재를 만들기 위해 애써주신 동양북스 편집부의 노고에도 머리 숙여 감사의 마음을 전한다.

한 선 영

만점 노하우

문제 풀이
노하우

1. 반드시 정복하라!

듣기와 독해는 각각 45문제씩 꼬박 풀어야 하지만, 쓰기는 10문제만 풀고도 100점을 받을 수 있습니다. 따라서 5급의 당락을 좌우하게 될 영역이므로 반드시 정복해야 합니다. 일명 '찍기'가 통하지 않는 100% 주관식이기 때문에, 자신감이 생길 때까지 꾸준히 연습해서 고득점에 도전해보세요.

2. 어법 지식을 습득하라!

시험에서 어법 영역은 없어졌지만, 어법 지식은 여전히 필요합니다. 5급 쓰기에서는 처치문(把자문)과 피동문(被자문)이 매회 단골로 출제되며, 그 외에 비교문, 연동문, 겸어문, 정도보어 등의 어순도 숙지해두어야 합니다.

3. 품사까지 암기하라!

주어진 어휘를 어순대로 배열하거나 작문하기 위해서는 단어의 뜻과 품사를 정확히 알아야 합니다. 많은 학생이 품사 외우는 것을 소홀히 하는 경향이 있는데, 작문하기 위해서는 반드시 품사까지 마스터해야 합니다. 품사는 단어의 뜻만 알고 있다면 의외로 간단하게 외울 수 있습니다.

부분별
유형 분석

제1부분

문제 형식	제시된 4~6개의 어휘를 보고, 어순에 맞게 배열하는 문제
출제 문항	8문제
점수 배점	1문제당 5점
문제 풀이 시간	약 1분 10초 (총 10분)
정답 체크	답안지 작성 시간 따로 없음 91. _____________________________ 답안지에 그어진 밑줄 위에 주관식으로 답안을 작성한다.

1. 제시되는 단어와 어구는 4~6개 정도로, 난이도는 4급과 큰 차이가 없습니다.
2. 주어나 목적어가 되는 명사 덩어리에 네모 표시를 하고, 술어가 되는 동사나 형용사에 세모 표시를 하는 식으로 2원화시키면 아무리 많은 어휘가 나와도 문제를 쉽게 풀 수 있습니다.
3. 주어진 어휘들을 보고 연동문, 겸어문, 처치문, 피동문, 존현문, 강조 구문 등 어떠한 특수한 어법 포인트가 있는지를 파악하는 것이 중요합니다.
4. [주어 + (부사 + 조동사 + 전치사구) + 술어 + 목적어] 어순에 맞게 배열합니다.
5. 답안지 작성 시간이 따로 없어서, 시간이 촉박할 수 있습니다. 시험지에는 ①②③④⑤⑥과 같이 순서만 표시해두고, 답안은 답안지에 바로 작성하는 것이 좋습니다.

6. 답안을 작성하고 나면, 반드시 다시 해석을 해보면서 자신이 작성한 문장에 이상이 없는지 확인해야 합니다.(＊단어 한 개의 위치만 틀려도 5점이 날아가므로, 실수하지 않도록 확실하게 준비해야 합니다.)

제2부분

문제 형식	99번: 제시된 5개의 어휘를 조합하여 80자 내외의 글을 작문하는 문제 (1문제) 100번: 제시된 사진을 보고 80자 내외의 글을 작문하는 문제 (1문제)
출제 문항	2문제
점수 배점	1문제당 30점
문제 풀이 시간	15분 (총 30분)
정답 체크	답안지 작성 시간 따로 없음 답안지에 제시된 원고지에 깔끔하고 정확하게 답안을 작성한다.

쓰기 제2부분은 자신의 생각을 중국어로 표현하는 것으로, 어렵게 느껴질 수 있지만 제대로 훈련만 한다면 의외로 금방 효과를 볼 수 있습니다. 쓰기의 관건은 어휘력이므로, 단어를 암기할 때는 우선 제시어의 뜻을 쉽게 알 수 있도록 '뜻' 위주로 공부한 다음, 글자를 보지 않고 스스로 쓸 수 있도록 써보는 연습도 많이 해둡니다.

99번 문제 노하우

1. 먼저 제시된 단어의 뜻을 파악한 다음, 어떤 이야기를 만들 것인지 정합니다. (주제어 선정)
2. 주어진 단어들을 서론, 본론, 결론에 맞게 구성하고, 세부적인 내용을 붙여 글을 완성합니다. (스토리 구성)
3. 답안지에 깔끔한 글씨체로, 원고지 형식에 맞게 작성합니다. (답안지 작성)
4. 작문할 때, 5개의 어휘가 모두 사용되었는지 반드시 확인하고, 품사에 맞게 사용했는지도 신경을 써야 합니다.
5. 작문을 처음 하는 사람은 작문이 어렵게만 느껴집니다. 중국어가 어렵다면, 우선 한국어로 이야기 만들기 훈련을 해보는 것도 좋은 방법입니다. (단, 한국어로 이야기를 구성할 때에는 자신이 어느 정도 중국어로 표현할 수 있는 선에서 해야 합니다.)

100번 문제 노하우

1. 사진을 보고, 몇 인칭으로 이야기를 끌고 나갈 것인지 정합니다. (1인칭 또는 3인칭)
2. 사진 속의 인물과 사물을 객관적으로 묘사할 수 있습니다.
3. 사진과 관련된 주제를 정한 후, 자신의 생각을 서수 第一, 第二, 第三 등을 활용하여 조리 있게 작문 할 수 있습니다.
4. 원고지 작성 시 문장부호에 주의해서 작성합니다.
   - 단락이 시작될 때는 두 칸을 띄우며, 글자는 한 칸에 한 글자씩 씁니다. 마침표는 우리나라(．)와 중국이(。) 다르다는 사실을 명심합니다.

이 책의 구성

★맞춤형 5급 쓰기 공략 프로젝트

新HSK 시험 형식에 맞춰 1~2부분으로 나누어져 있고, 총 15개 장으로 구성되어 있습니다. 학습 환경에 따라 15일, 30일 공략 프로젝트로 활용할 수 있습니다.

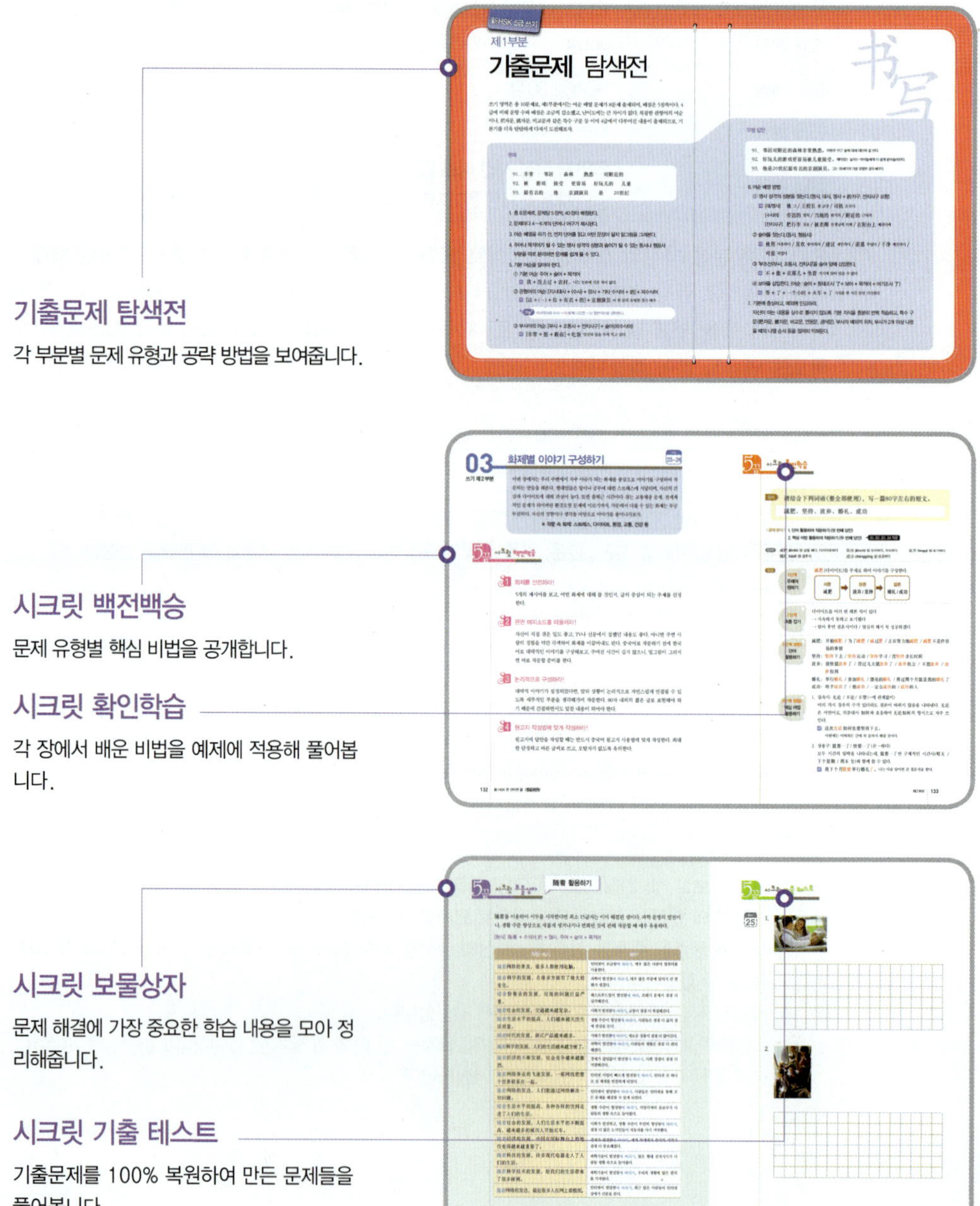

기출문제 탐색전

각 부분별 문제 유형과 공략 방법을 보여줍니다.

시크릿 백전백승

문제 유형별 핵심 비법을 공개합니다.

시크릿 확인학습

각 장에서 배운 비법을 예제에 적용해 풀어봅니다.

시크릿 보물상자

문제 해결에 가장 중요한 학습 내용을 모아 정리해줍니다.

시크릿 기출 테스트

기출문제를 100% 복원하여 만든 문제들을 풀어봅니다.

감동일기

그날 공부한 내용을 정리하고 틀린 문제를 메모하여 자신의 단점을 극복하고 보완해나갑니다.

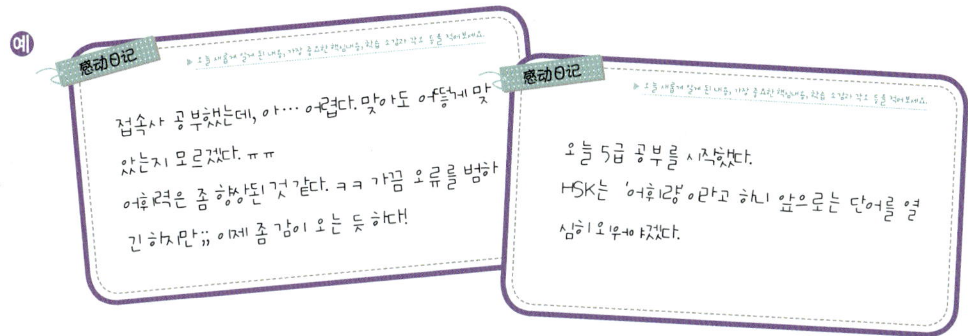

실전 모의고사

쓰기 부분별 학습이 끝나면 실전 모의고사를 풀어보면서 그동안 갈고 닦은 실력을 체크할 수 있습니다.

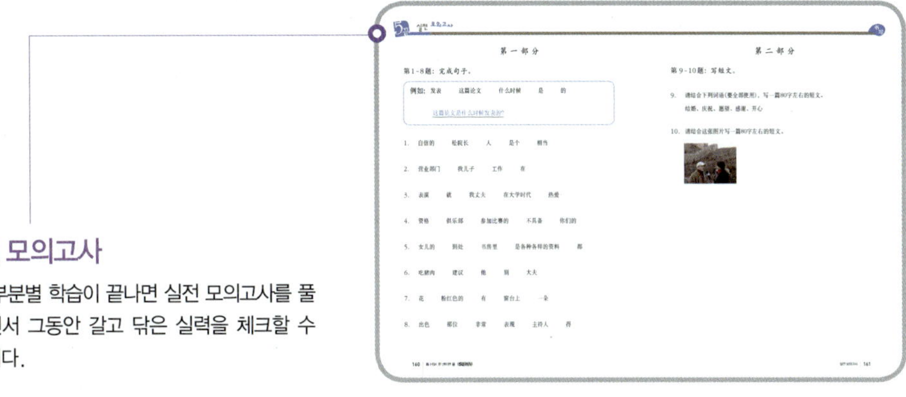

문제 해설

시크릿 기출 테스트와 실전 모의고사 문제에 대한 우리말 해석과 단어 해석, 문제 풀이 설명이 수록되어 있습니다.

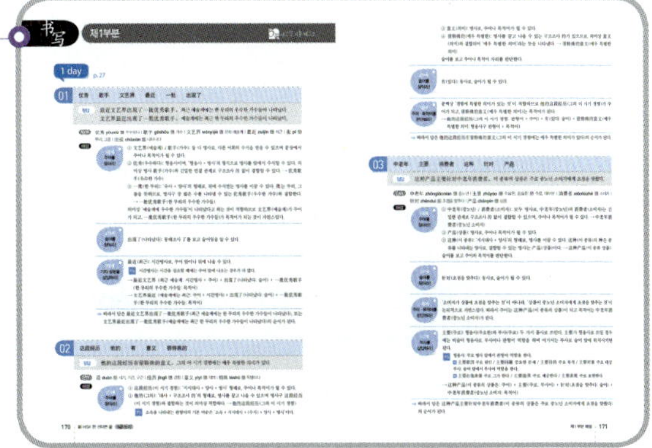

맞춤형 학습 플랜

이 책은 총 15개 장으로 구성되어 있고, 장마다 2일 분량의 기출 테스트가 편성되어 있으므로, 학습자의 상황에 따라 15일, 30일 학습 전략을 세울 수 있습니다.

15일 플랜 (대학 강의용)

대학교 수업 일수에 적절한 학습 플랜으로, 한 학기 15회에 걸쳐 완성할 수 있습니다.
하루에 쓰기 1장씩 공부합니다. 홀수 day에 해당하는 문제는 수업 시간에 풀고, 짝수 day에 해당하는 문제는 과제로 풀 수 있습니다.

학습일	학습 내용	
1day	제1부분 01. 관형어	비법 학습 + 테스트 1day (과제: 테스트 2day)
2day	제2부분 01. 상황별 이야기 구성하기	비법 학습 + 테스트 19day (과제: 테스트 20day)
3day	제1부분 02. 형용사와 정도부사	비법 학습 + 테스트 3day (과제: 테스트 4day)
4day	제2부분 04. 그림 보고 특징 나열하기	비법 학습 + 테스트 25day (과제: 테스트 26day)
5day	제1부분 03. 일반동사	비법 학습 + 테스트 5day (과제: 테스트 6day)
6day	제2부분 02. 장소별 이야기 구성하기	비법 학습 + 테스트 21day (과제: 테스트 22day)
7day	제1부분 04. '특별' 동사와 동사 중첩	비법 학습 + 테스트 7day (과제: 테스트 8day)
8day	제1부분 05. 처치문과 피동문 (把자문과 被자문) I	비법 학습 + 테스트 9day (과제: 테스트 10day)
9day	제2부분 05. 그림 보고 견해 논술하기	비법 학습 + 테스트 27day (과제: 테스트 28day)
10day	제1부분 06. 처치문과 피동문 (把자문과 被자문) II	비법 학습 + 테스트 11day (과제: 테스트 12day)
11day	제1부분 07. 특수 구문 (연동문, 겸어문, 비교문)	비법 학습 + 테스트 13day (과제: 테스트 14day)
12day	제2부분 03. 화제별 이야기 구성하기	비법 학습 + 테스트 23day (과제: 테스트 24day)
13day	제1부분 08. 강조 & 고정 구문	비법 학습 + 테스트 15day (과제: 테스트 16day)
14day	제1부분 09. 부사와 부사어	비법 학습 + 테스트 17day (과제: 테스트 18day)
15day	제2부분 06. 경고·알림 표지 서술하기	비법 학습 + 테스트 29day (과제: 테스트 30day)

30일 플랜
(독학용)

혼자서 학습하기에 부담스럽지도 않고 적지도 않은 학습량입니다.
꾸준히 공부한다면 누구나 '30일의 기적'을 이룰 수 있습니다.
첫째 날: 1장씩 공부한 다음, 홀수 day에 해당하는 문제를 풉니다.
다음 날: 전날 공부한 내용을 복습한 다음, 짝수 day에 해당하는 문제를 풉니다.

학습일	학습 내용	
1day	제1부분 01. 관형어	비법 학습 + 테스트 1day
2day		복습 + 테스트 2day
3day	제2부분 01. 상황별 이야기 구성하기	비법 학습 + 테스트 19day
4day		복습 + 테스트 20day
5day	제1부분 02. 형용사와 정도부사	비법 학습 + 테스트 3day
6day		복습 + 테스트 4day
7day	제2부분 04. 그림 보고 특징 나열하기	비법 학습 + 테스트 25day
8day		복습 + 테스트 26day
9day	제1부분 03. 일반동사	비법 학습 + 테스트 5day
10day		복습 + 테스트 6day
11day	제2부분 02. 장소별 이야기 구성하기	비법 학습 + 테스트 21day
12day		복습 + 테스트 22day
13day	제1부분 04. '특별' 동사와 동사 중첩	비법 학습 + 테스트 7day
14day		복습 + 테스트 8day
15day	제1부분 05. 처치문과 피동문 (把자문과 被자문) I	비법 학습 + 테스트 9day
16day		복습 + 테스트 10day
17day	제2부분 05. 그림 보고 견해 논술하기	비법 학습 + 테스트 27day
18day		복습 + 테스트 28day
19day	제1부분 06. 처치문과 피동문 (把자문과 被자문) II	비법 학습 + 테스트 11day
20day		복습 + 테스트 12day
21day	제1부분 07. 특수 구문 (연동문, 겸어문, 비교문)	비법 학습 + 테스트 13day
22day		복습 + 테스트 14day
23day	제2부분 03. 화제별 이야기 구성하기	비법 학습 + 테스트 23day
24day		복습 + 테스트 24day
25day	제1부분 08. 강조 & 고정 구문	비법 학습 + 테스트 15day
26day		복습 + 테스트 16day
27day	제1부분 09. 부사와 부사어	비법 학습 + 테스트 17day
28day		복습 + 테스트 18day
29day	제2부분 06. 경고·알림 표지 서술하기	비법 학습 + 테스트 29day
30day		복습 + 테스트 30day

여러분에게 딱 맞는 학습 플랜을 짜보세요.

학습일	학습 내용
1day	
2day	
3day	
4day	
5day	
6day	
7day	
8day	
9day	
10day	
11day	
12day	
13day	
14day	
15day	
16day	
17day	
18day	
19day	
20day	
21day	
22day	
23day	
24day	
25day	
26day	
27day	
28day	
29day	
30day	

나에게 꼭 맞는 수험서 선택 비법

▶ 출제 경향을 얼마나 반영했는가?

가장 신뢰할만한 HSK 문제는 기출문제입니다. 이 책은 근간에 실시된 모든 기출문제를 철저히 분석하여 출제 경향을 최대한 완벽하게 반영했습니다.

▶ 설명은 얼마나 친절하고 명쾌한가?

이 책은 급수의 당락을 판가름하는 난이도 최상의 문제부터 너무 쉬워서 답이 뻔히 보이는 문제까지, 하나도 소홀히 하지 않고 학습자의 눈높이에서 알기 쉽게 설명했습니다.

▶ 단어는 충분히 정리되어 있는가?

시험은 한 달밖에 남지 않았는데 책을 보자니 모르는 단어가 너무 많고, 단어부터 외우자니 막막하다면? 이 책은 5급에 처음 입문하는 초보자들도 쉽게 공부할 수 있도록 실제 문제에서 다뤄진 모든 단어를 총망라하여 사전이 필요 없을 정도로 친절하게 정리했습니다. 또한, 난이도가 비교적 높은 단어에는 ★표로 표시하여 한눈에 찾아볼 수 있도록 했습니다.

▶ 학습량은 적절한가?

학습자가 소화할 수 없을 정도로 많은 양의 정보를 주입식으로 쏟아붓는 것은 정보를 주지 않느니만 못합니다. 이 책은 부분별로 가장 적절한 학습량을 구성하여 5급에서 꼭 필요한 수준으로 엑기스를 뽑아 정리했습니다.

▶ 비법은 얼마나 들어 있는가?

수험서를 사서 공부하는 이유는 시험에서 가장 좋은 성적을 얻기 위해서입니다. 빠른 시간 안에, 좀 더 쉽고 재미있게 공부하기 위해서는 저자의 비법이 소개되어야 합니다. 이 책에서는 십수 년 베테랑 HSK 강사의 노하우와 비법을 숨김없이 공개했습니다.

▶ 좋은 책, 좋은 저자, 좋은 출판사인가?

보기 좋은 책이 공부하기도 좋습니다. 이 책은 학습 의욕을 높여주고 효과를 극대화할 수 있도록 일목요연하게 디자인 및 구성되었을 뿐만 아니라, 오랜 강의 경력을 갖춘 열정적이고 실력 있는 저자와 좋은 책에 아낌없이 투자하는 역사와 전통을 갖춘 어학 전문 출판사의 경험을 통해 학습자에게 최적화될 수 있도록 만들어졌습니다.

▶ 본인에게 맞는 책인가?

인터넷의 판매 순위나 정보에만 의존하여 책을 고르기보다는 서점에서 직접 펼쳐 보고 확인해보는 것이 중요합니다. 다른 사람의 평가보다는 자신의 기준으로, 자신의 수준에 잘 맞는 책인지, 공부하고 싶어지는 책인지, 그 첫 설렘을 느껴보세요.

목차 Contents

공략편

제1부분

新HSK5급 이것이 궁금하다!

Q 5급의 구성과 시험시간은 어떻게 되나요?

A 新HSK 5급은 총 100문제로 듣기·독해·쓰기 3부분으로 나뉘며, 100문항을 약 120분 동안 풀게 됩니다. 듣기 시험을 마치고 나면 답안 작성 시간이 5분 주어집니다.

시험구성		문항 수		배점	시험시간
개인정보 작성 시간					5분
듣기	제1부분	20	45문항	100점	약 30분
	제2부분	25			
듣기 답안지 작성 시간					5분
독해	제1부분	15	45문항	100점	45분
	제2부분	10			
	제3부분	20			
쓰기	제1부분	8	10문항	100점	40분
	제2부분	2			
총계		100문항		300점	약 125분

Q 몇 점이면 합격인가요?

A 총점 180점 이상이면 합격입니다. 영역별 과락 없이 총점만 180점을 넘으면 되지만, 성적표에 영역별 성적이 모두 표기되기 때문에 점수가 현저히 낮은 영역이 있는 것은 좋지 않습니다.

Q 新HSK 5급은 구HSK의 몇 급에 해당하나요?

A 新HSK 5급은 구HSK의 6~8급을 의미합니다. 따라서 5급을 180점으로 합격했다고 바로 新HSK 6급을 준비하는 것보다는, 210점 이상의 점수를 받은 후에 도전하는 것이 바람직합니다.

新HSK 5급	180점 이상	구HSK 6급에 해당
	195점 이상	구HSK 7급에 해당
	210점 이상	구HSK 8급에 해당

Q 영역별 배점은 어떻게 되나요?

A 영역별 배점은 아래와 같습니다. 특히 쓰기 제2부분은 주어진 어휘나 그림을 보고 80자 내외의 작문을 하는 문제로, 5급의 당락을 좌우하는, 배점이 아주 큰 영역이므로, 각별히 신경 써서 준비해야 합니다.

영역		문항 수	배점	총점	
듣기		45문항	2.2점	100점	
독해		45문항	2.2점	100점	
쓰기	제1부분	8문항	5점	40점	100점
	제2부분	2문항	30점	60점	

Q 쓰기는 얼마나 공부하면 5급을 받을 수 있나요?

A 사람마다 실력이나 투자할 수 있는 시간이 다르기 때문에 정해진 답은 없습니다. 하지만 이 책을 보고 '아! 공부하면 할 수 있겠다!'라는 생각이 드는 수준이라면 이 책으로 15~30일간 집중 학습하여 쓰기 영역을 마스터하면 쓰기는 충분히 5급을 받을 수 있습니다.

Q 기출문제가 중요한가요?

A 기출문제가 시험에 다시 나오든 나오지 않든, 기출문제는 실제 시험문제의 유형과 난이도를 직접 느낄 수 있는 최적의 문제입니다. 이 책은 기출문제를 토대로 실제 시험문제와 가장 유사하게 만든 문제들로 구성하여 실전 감각을 익힐 수 있습니다.

Q 기출문제는 반복 출제되나요?

A 기출문제의 반복 출제는 지금까지 학계에서 논란이 되어 왔습니다. 중국 汉办에서는 기출문제를 꾸준히 교재로 출간하고, 향후 기출문제의 재사용을 자제할 예정이라고 합니다. 그렇기 때문에 기출문제의 답만 무조건 외우는 것이 아니라, 문제를 충분히 이해하고 소화하여 자신의 실력을 높이는 수단으로 사용하는 것이 효과적입니다.

Q 시험 난이도는 계속해서 높아질까요?

A 新HSK의 개정은 중국어의 세계적인 보급을 목적으로 하기 때문에 학생들의 성적이 좋다고 해서 난이도를 끝없이 상향 조정할 수는 없습니다. 하지만, 매회 난이도는 조금씩 차이가 있을 수 있습니다.

Q 정기시험 일자는 어떻게 되나요?

A 新HSK 시험은 연간 8회 정도(3월, 4월, 5월, 6월, 7월, 9월, 10월, 12월) 실시되며, 실시 지역과 시행 급수가 매회 다르므로, HSK 한국사무국 홈페이지(www.hsk.or.kr)에서 확인하는 것이 좋습니다.

Q 시험성적은 언제 나오며 언제까지 유효한가요?

A 시험 1개월 후부터 HSK 한국사무국 홈페이지를 통해 성적조회가 가능하며, 시험일로부터 40일경에 성적표를 등기우편으로 받아볼 수 있습니다. 시험성적은 시험일로부터 2년간 유효합니다.

新HSK 5급 시험 보는 날!

1. 준비물 챙기기

수험표 ☐   신분증 ☐   2B연필 ☐   지우개 ☐   손목시계 (분침이 있는 아날로그 시계) ☐

(※ 시험 당일 유효 신분증이나 수험표가 없으면 시험에 응시할 수 없으니 반드시 미리 준비해둡니다.)

2. 고시장 확인하기

자신이 시험 보는 고시장 약도를 HSK 한국사무국 홈페이지에서 출력한 후, 교통편과 소요시간을 넉넉히 예상해둡니다.

3. 컨디션 조절하기

신체적으로나 감정적으로 평온한 상태가 유지될 수 있도록 합니다.

3禁 — ① 자극적인 음식이나 과식은 금물!
　　　② 과도한 외부 활동이나 힘든 일은 금물!
　　　③ 친구나 가족과 싸우는 일은 금물!

★ 집에서 할 일

1. **기상 :** 지각하지 않도록 일찍 일어나 준비합니다.
2. **식사 :** 두뇌활동이 활발해지도록 반드시 식사를 하되, 국물 종류를 너무 많이 마시면 자주 화장실에 가게 되므로 자제합니다.
3. **의상 :** 활동이 편한 복장으로 너무 덥거나 춥지 않게 입습니다. 얇은 옷을 여러 개 입는 것도 체온 조절에 도움이 됩니다.
4. **준비물 :** 전날 미리 챙겨둔 준비물을 다시 한 번 확인합니다.
5. **복습자료 :** 이동 중에 복습할 교재와 MP3도 가방에 챙겨둡니다.

★ 이동 중에 할 일

1. **듣기 :** 첫 시험 영역이 듣기이므로, 워밍업하듯이 그동안 공부했던 내용을 MP3로 들으면서, 머릿속으로 답을 떠올려봅니다.
2. **쓰기 :** 자주 잊어버렸던 단어나 획수가 많은 단어를 다시 써봅니다.

※ 단, 복습에 너무 열중하다가 내릴 정거장을 지나치지 않도록 유의합니다.

★ 시험장에서 할 일

1. **좌석 찾기 :** 자신이 시험 볼 고시장(교실)과 책상을 확인합니다.
2. **시험용품 정리 :** 수험표, 신분증, 연필, 지우개, 손목시계를 책상 위에 정리해둡니다.
3. **가방 정리 :** 시험 30분 전에 감독관이 들어오면, 학습자료와 기타 소지품을 가방에 정리하여 고시장 맨 앞이나 뒤에 가져다 놓습니다.
4. **화장실 다녀오기 :** 시험 중에 고시장을 나갈 수 없으므로, 적어도 시험 시작 15분 전까지는 화장실에 한 번 다녀오는 것이 좋습니다.
5. **심신 안정하기 :** 간단한 스트레칭으로 몸을 풀어주고, 명상하는 마음으로 마음의 평정을 유지합니다.

新 HSK 한 권이면 끝

5급

쓰기

공략편

제1부분
기출문제 탐색전

쓰기 영역은 총 10문제로, 제1부분에서는 어순 배열 문제가 8문제 출제되며, 배점은 5점씩이다. 4급에 비해 문항 수와 배점은 조금씩 감소했고, 난이도에는 큰 차이가 없다. 복잡한 관형어의 어순이나, 把자문, 被자문, 비교문과 같은 특수 구문 등 이미 4급에서 다루어진 내용이 출제되므로, 기본기를 더욱 탄탄하게 다져서 도전해보자.

문제

91. 非常　　邻居　　森林　　熟悉　　对附近的
92. 被　　游戏　　接受　　更容易　　好玩儿的　　儿童
93. 最有名的　　他　　京剧演员　　是　　20世纪

1. 총 8문제로, 문제당 5점씩, 40점이 배점된다.

2. 문제마다 4~6개의 단어나 어구가 제시된다.

3. 어순 배열을 하기 전, 먼저 단어를 읽고 어떤 문장이 될지 밑그림을 그려본다.

4. 주어나 목적어가 될 수 있는 명사 성격의 성분과 술어가 될 수 있는 동사나 형용사 부분을 따로 분리하면 문제를 쉽게 풀 수 있다.

5. 기본 어순을 알아야 한다.

① 기본 어순: 주어 + 술어 + 목적어

예 我 + 没去过 + 农村。 나는 농촌에 가본 적이 없다.

② 관형어의 어순: [지시대사 + (수사) + 양사 + 기타 수식어 + 的] + 피수식어

예 [这 + (一) + 位 + 有名 + 的] + 京剧演员 이 한 분의 유명한 경극 배우

Tip⁺ 지시대사와 수사 一가 함께 나오면 一는 일반적으로 생략한다.

③ 부사어의 어순: [부사 + 조동사 + 전치사구] + 술어(피수식어)

예 [非常 + 想 + 跟你] + 吃饭 당신과 밥을 무척 먹고 싶다

91. 邻居对附近的森林非常熟悉。 이웃은 인근 숲에 대해 대단히 잘 안다.

92. 好玩儿的游戏更容易被儿童接受。 재미있는 놀이는 아이들에게 더 쉽게 받아들여진다.

93. 他是20世纪最有名的京剧演员。 그는 20세기의 가장 유명한 경극 배우다.

6. 어순 배열 방법

① 명사 성격의 성분을 찾는다.(명사, 대사, 명사 + 的자구, 전치사구 포함)

예 [대/명사]　他 그 / 王校长 왕 교장 / 司机 운전사

　　[수식어]　　旁边的 옆의 / 当地的 현지의 / 附近的 근처의

　　[전치사구]　把行李 짐을 / 被老师 선생님에 의해 / 在阳台上 베란다에

② 술어를 찾는다.(동사, 형용사)

예 使用 사용하다 / 喜欢 좋아하다 / 建议 제안하다 / 羡慕 부럽다 / 干净 깨끗하다 / 可爱 귀엽다

③ '부조전(부사, 조동사, 전치사)'을 술어 앞에 삽입한다.

예 不 + 能 + 在那儿 + 坐着 거기에 앉아 있을 수 없다

④ 보어를 삽입한다. (어순: 술어 + 동태조사 了 + 보어 + 목적어 + 어기조사 了)

예 等 + 了 + 一个小时 + 火车 + 了 기차를 한 시간 동안 기다렸다

7. 기본에 충실하고, 예외에 민감하라.

자신이 아는 내용을 실수로 틀리지 않도록 기본 지식을 충분히 반복 학습하고, 특수 구문(把자문, 被자문, 비교문, 연동문, 겸어문), 부사의 예외적 위치, 부사가 2개 이상 나왔을 때의 나열 순서 등을 철저히 익혀둔다.

01 관형어

쓰기 제1부분

관형어는 주어나 목적어 앞에서 주어나 목적어 역할을 하는 명사를 꾸며주는 수식어이다. 관형어가 길어질수록 수식을 받는 명사는 더 구체화되고 명확해진다. 명사는 좀처럼 상태가 변하지 않는 고체 덩어리 같아서 동사, 형용사 등의 수식을 받더라도 결국 명사 덩어리가 된다. 따라서 관형어가 길어진다고 겁먹을 필요는 없다.

1 관형어의 기본 어순을 익혀라!

① 수사 + 양사 + 명사: 예 一 + 本 + 书 한 권의 책
② 지시대사 + (수사) + 양사 + 명사: 예 这 + (一) + 件 + 衣服 이 한 벌의 옷

> **Tip** 지시대사 다음에 수사 一가 나올 경우, 수사는 일반적으로 생략한다.

③ 소속 + 지시대사 + (수사) + 양사 + 명사:
예 我的 + 这 + (一) + 件 + 衣服 나의 이 한 벌의 옷
④ 소속 + 지시대사 + (수사) + 양사 + 기타 수식어 的 + 명사:
예 我的 + 这 + (一) + 件 + 新买的 + 衣服 나의 이 한 벌의 새로 산 옷

2 관형어의 세 가지 수식 성분을 숙지하라!

관형어에는 '수사 + 양사'의 기본 구조로 이루어진 수식 성분 이외에도, 구조조사 的를 붙이는 수식어와 的를 붙이지 않는 수식어도 있다. 이 세 가지 수식 성분을 자유자재로 활용할 수 있어야 한다.

① 구조조사 的를 절대 쓰지 않는 수식어: 수량사(수사 + 양사)
예 一个人 한 사람   一本杂志 한 권의 잡지   一家公司 한 회사
② 구조조사 的가 반드시 필요한 수식어: 동사구, 형용사구, 주술구 등
예 有礼貌的孩子 예의 있는 아이 (동사구 수식어)
很贵的包儿 매우 비싼 가방 (형용사구 수식어)
我认识的人 내가 아는 사람 (주술구 수식어)
③ 구조조사 的를 생략하는 수식어: 색깔, 직업, 재료, 1음절 형용사, 고정구 등
예 红灯 홍등 (색깔)   汉语老师 중국어 선생님 (직업)
皮鞋 가죽 신발 (재료)   足球比赛 축구 시합 (고정구)

🎀3 '관형어(的) + 명사' 덩어리를 문장에서 활용하라!

① 명사 덩어리는 문장에서 주어가 된다.

他周到的 服务 그의 세심한 서비스
주술구 수식어 的 + 명사

② 명사 덩어리는 문장에서 목적어가 된다.

深刻的　印象 깊은 인상
형용사 수식어 的 + 명사

③ 명사 덩어리는 문장에서 전치사구가 된다.

给　这次　访问团 이번 방문단에게
전치사 + 수량사 +　명사

→ 他周到的服务 给这次访问团留下了深刻的印象。
주어　　　　전치사구　　　　　목적어

그의 세심한 서비스는 이번 방문단에게 깊은 인상을 남겨주었다.

🎀4 주어진 어휘에 的가 있다면 눈치채야 할 것!

① 的가 나오면 십중팔구 뒤에 명사를 끌고 나올 수 있다.

- 수식어 + 的 + 수식받는 명사

> 예 苗条的身材 날씬한 몸매

② 的와 결합할 명사가 없다면, 的와 호응하는 어휘 会, 挺, 是 등을 찾는다.

- 조동사 会 + …的 : 미래에 대한 추측, 확신을 나타냄

> 예 明天会更好的。 내일은 더 좋아질 것이다.

- 정도부사 挺 + …的 : 단정적인 어기를 나타냄

> 예 挺喜欢巧克力的 초콜릿을 매우 좋아한다

- 강조 용법 是…的 : 동작이 행해진 방식, 시간, 장소 등을 강조함

> 예 是坐地铁来的 지하철을 타고 온 것이다

③ 的와 호응하는 어휘도 없다면, 的 뒤의 명사가 생략되어 '~한 것'이라는 명사
형태를 만드는지 살펴본다.

> 예 这是小王的。 이것은 샤오왕의 것이다.

我做的 내가 한 것

我买的 내가 산 것

他送给我的 그가 나에게 준 것

문제 1 ： 挺　　老师的　　适合　　讲课方法　　我们的

| 문제 분석 | 的는 명사와 결합하고, 부사 挺과 호응한다는 점에 주목! ＿S2, S3, S4 적용

| 매우 | 선생님의 | 적합하다 | 수업 방식 | 우리의 |

정답　老师的讲课方法挺适合我们的。　선생님의 수업 방식은 우리에게 매우 적합하다.

단어　挺 tǐng 🛈 아주 | 老师 lǎoshī 🛈 선생님 | 适合 shìhé 🛈 알맞다, 적합하다 | 讲课 jiǎngkè 🛈 수업하다 | 方法 fāngfǎ 🛈 방법, 방식

해설

1단계
주어를 찾아라!

① 老师的(선생님의): 명사와 결합하는 的가 있다.
② 讲课方法(수업 방식): '관형어 + 명사'로, 보통 동사가 관형어 역할을 할 때는 구조조사 的를 삽입하는데, 긴밀한 연결 관계일 때는 的를 쓰지 않는다.
③ 我们的(우리): '대사 + 어기조사'로, 여기에 쓰인 的는 명사를 이끄는 구조조사가 아니고, 정도부사 挺과 결합하는 어기조사다. 挺…的의 형식이다.
→ 수업을 하는(讲课) 사람은 선생님(老师)이므로, 老师的讲课方法(선생님의 수업 방식)로 결합하여 주어로 쓰고, 我们的(우리)는 목적어 자리에 둔다.

2단계
술어를 찾아라!

适合(적합하다): 동사로, 술어가 될 수 있다.

3단계
기타 성분을 삽입하라!

挺(매우): 부사로, 주어 뒤, 술어 앞에 삽입한다.
→ 老师的讲课方法(선생님의 수업 방식: 주어부) + 挺适合(매우 적합하다: 술어부) + 我们的(우리: 목적어부)

➡ 따라서 답은 老师的讲课方法挺适合我们的(선생님의 수업 방식은 우리에게 매우 적합하다)의 순서가 된다.

  只是　　音乐　　业余爱好　　作为　　一个　　我的

| 문제 분석 | 복잡한 관형어 '소속 + 수량사 + 긴밀한 연결 관계'의 어순에 주목! **S1, S2, S3, S4 적용**

	단지	음악	여가의 취미	~로 여기다	한 개	나의

정답　音乐只是作为我的一个业余爱好。　음악은 단지 나의 하나의 여가 취미로 여길 뿐이다.

단어　只是 zhǐshì 閅 단지, 그저 ∣ 音乐 yīnyuè 圐 음악 ∣ 业余 yèyú 圀 여가의 ∣ 爱好 àihào 圐 취미 ∣ 作为 zuòwéi 圄 ~로 삼다, ~로 여기다, ~로 보다

해설

**1단계
주어를
찾아라!**

① 音乐(음악): 명사로, 문장에서 주어나 목적어가 될 수 있다.
② 业余爱好(여가의 취미): '수식어 + 피수식어'의 형식으로, 긴밀한 관계거나 고정적으로 한 단어처럼 쓰일 때는 구조조사 的를 쓰지 않아도 된다.
③ 一个(하나의): 수량사
④ 我的(나의): '대사 + 구조조사 的'의 형식으로, 뒤에 다른 명사를 끌고 나올 가능성이 크다. 특히 소속·소유를 나타내는 어휘는 관형어 중에서도 맨 앞에 위치시킨다.
→ 복잡한 관형어의 어순은 '소속·소유 + 수량사 + 기타 수식어 + 명사(피수식어)'이므로, 我的一个业余爱好(나의 하나의 여가 취미)를 명사 덩어리로 만들 수 있다.

**2단계
술어를
찾아라!**

作为(~로 여기다): 동사로, 문장에서 술어가 될 수 있다. 2음절 단어에서 끝이 为(wéi)로 끝나면 동사일 가능성이 높다.

Tip⁺ p. 40의 '동사를 알아보는 비법' 참고!

**3단계
기타 성분을
삽입하라!**

只是(단지): 부사이므로, 주어 뒤, 술어 앞에 위치시켜 只是作为(단지 ~로 여길 뿐이다)의 형태로 만든다.
→ 音乐(음악: 주어부) + 只是作为(단지 ~로 여길 뿐이다: 술어부) + 我的一个业余爱好(나의 하나의 여가 취미: 목적어부)

➡ 따라서 답은 音乐只是作为我的一个业余爱好(음악은 단지 나의 하나의 여가 취미로 여길 뿐이다)의 순서가 된다.

> [기본 문장]　(관형어 的) + 주어 + (부사어 地) + 술어 + (보어) + (관형어 的) + 목적어

1 관형어의 기본 어순: 관형어(的) + 피수식어

예　一　件　衣服　옷 한 벌
　　수사　양사　명사
　　└─관형어─┘

2 비교적 복잡한 관형어

복잡한 관형어는 먼저 수량을 제한하는 수식 성분이 나오고, 그 다음에 묘사적인 내용이 나온다. 的가 필요한 수식어가 먼저 나오고, 的가 필요 없는 수식어가 나중에 나오는 형태다.

> [어순]　수사 + 양사 +　　　　　　　　　+ 명사 (피수식어)
> 　　　　　　　　　　수식어1 + 的 + 수식어2

▶ 수식어 1 (的가 필요한 관형어)

1) 동사 / 형용사 관형어

형식	**동사 / 형용사 + 的 + 명사** 동사나 형용사는 술어 역할 이외에 관형어 역할을 할 수 있다.
예시	**동사:** 认识的朋友 아는 친구 / 担心的事情 걱정하는 일 / 出售的商品 판매하는 상품 **형용사:** 漂亮的裙子 예쁜 치마 / 可爱的女孩 귀여운 여자아이 / 深刻的印象 깊은 인상

2) 구(短语) 관형어

형식	**여러 가지 구(短语) + 的 + 명사** 주술구, 동사구, 형용사구, 전치사구, 수량사구, 고정구 등이 관형어로 쓰일 수 있다.
예시	**주술구:** 你提出的条件 당신이 제시한 조건 / 知识丰富的老师 지식이 풍부한 선생님 **동사구:** 走过来的那个人 걸어오는 저 사람 / 吃饭的样子 밥 먹는 모습 **형용사구:** 很要好的朋友 매우 절친한 친구 / 非常紧急的情况 매우 위급한 상황 **전치사구:** 对学生的要求 학생에 대한 요구 / 与同学的关系 친구와의 관계 **수량사구:** 这(一)个咖啡的味道 이 커피의 맛 / 一个小伙子的勇气 한 젊은이의 용기

Tip+ 구(短语): 2개 이상의 품사가 결합한 구조로, 문장 속에서 의미상 한 단위로 기능한다.

▶ 수식어 2 (的가 필요 없는 관형어)

1) 수량사 관형어

형식	**수사 + 양사** + 명사 수사가 나오면 무조건 뒤에 양사를 끌고 나오고, 이때 구조조사 的는 붙이지 않는다.
예시	一位老师 한 분의 선생님 / 一批学生 한 무리의 학생 / 一些朋友 몇 명의 친구 / 一张桌子 책상 하나 / 一只鸡 닭 한 마리 / 一家公司 한 회사

2) 지시대사 관형어

형식	**지시대사 + (수사) + 양사** + 명사 지시대사(这 / 那)와 수사, 양사가 함께 쓰일 때, 수사 一는 생략할 수 있으며, 이때도 的는 붙이지 않는다.
예시	这个包裹 이 소포 / 这本词典 이 사전 / 那座山 저 산 / 那件衣服 저 옷

3) 1음절 형용사 관형어

형식	**1음절 형용사** + 명사 형용사의 음절 수가 1음절이면 的를 붙이지 않는다.
예시	热水 더운 물 / 冷空气 찬 공기 / 新同学 새로 온 학생 / 旧衣服 헌 옷 / 好朋友 좋은 친구

4) 的를 붙이지 않아도 되는 특수한 관형어

형식	**특수한 관형어** + 명사 직업, 재료, 색깔을 나타내거나 고정적으로 한 단어처럼 쓰이는 관형어(고정구)는 的 없이도 명사와 결합할 수 있다.
예시	**직업:** 音乐老师 음악 선생님 / 电影演员 영화 배우 / 电脑工程师 컴퓨터 엔지니어 **재료:** 木头桌子 나무 책상 / 玻璃杯子 유리잔 / 塑料袋子 비닐봉지 / 珍珠项链 진주 목걸이 / 皮大衣 가죽 외투 **색깔:** 白色鸽子 흰 비둘기 / 红包 붉은 주머니(상여금) / 黑车 검은 차(불법 차) **고정구:** 汉语水平考试 한어수평고시 / 北京大学 베이징 대학교 / 优秀人才 우수한 인재 / 世界地图 세계지도 / 老实人 성실한 사람 / 设计方案 설계 방안 / 股票市场 주식 시장 / 学术讨论会 학술 토론회 / 服务行业 서비스업 / 服装行业 패션업 / 能力差别 능력 차이 / 市场经济形势 시장 경제 상황

복잡하고 긴 구조의 관형어가 출제될 가능성은 적지만, 여러 가지 수식 성분의 기본 순서를 알아두면 아무리 어려운 관형어가 나와도 어순을 정리할 수 있다.

순서	수식 성분	해석
1	소속·소유	누구의
2	시간, 장소	언제, 어디서
3	수량사	얼마나
4	주술구 / 전치사구 / 동사구 + 的	어떤
5	형용사구 + 的	어떠한
6	묘사성 명사(직업, 색깔, 재료 등 긴밀한 연결), 1음절 형용사	무슨

1. 수량사 앞에는 지시대사가 올 수 있다: 지시대사 + 수사 + 양사
2. 수량사의 위치는 비교적 자유로워서, 시간이나 장소 수식어와 함께 나올 때는 的가 필요한 수식어(주술구, 전치사구, 동사구) 뒤로 간다.

아래의 대표 문장을 외워두었다가 어순에 맞게 대입해보자.

[대표 문장]

我的奶奶 / 年轻时 / 在中国 / 照的 / 那几张 / 很旧的 / 老 // 照片
소속·소유　　　시간　　　장소　　　동사구　　　수량사　　　형용사구　1음절 형용사　피수식어

나의 할머니가 젊었을 때 중국에서 찍은 그 몇 장의 아주 오래된 옛날 사진

예시	学校来了一位 表情严肃的 女 老师。 　　　　　수량사　수식어1(주술구) 수식어2(성별) 학교에 표정이 엄숙한 여교사 한 분이 오셨다.
설명	1음절 형용사나 성별 등을 나타내는 수식 성분에는 구조조사 的를 붙이지 않는다. 学校来了一位表情严肃的女的老师。（×）
예시	桌子上的 那本 汉语 词典是我刚买的。 수식어1(장소 강조구)　수량사　수식어2(고정구) 책상 위의 그 중국어 사전은 내가 방금 산 것이다.
설명	장소를 나타내는 수식 성분은 강조하기 위해 수량사구 앞쪽으로 전진 배치된다. 那本桌子上的汉语词典是我刚买的。（×）
예시	他认为我刚才提出的 那几条 建议不合理。 　　　수식어1(시간사 강조구)　　수량사 그는 내가 방금 제안한 그 몇 가지 건의가 비합리적이라고 생각한다.
설명	刚才(방금)처럼 시간을 나타내는 수식 성분이 있으면, 시간을 강조하기 위해서 '시간사 + 동사구'가 맨 앞으로 도치된다. 他认为那几条我刚才提出的建议不合理。（×）

day 1

1. 优秀　　歌手　　文艺界　　最近　　一批　　出现了

____

2. 这段经历　　他的　　有　　意义　　很特殊的

____

3. 中老年　　主要　　消费者　　这种　　针对　　产品

____

4. 属于　　都有　　每个人　　秘密　　的　　自己

____

5. 时代　　正　　科技　　处于　　飞速发展的　　我们

____

day 2

1. 受到了　　我们的　　方案　　重视　　总裁的

____

2. 抽屉里　　钥匙　　右边的　　在　　保险柜的

____

3. 应该　　好习惯　　善于　　学生　　养成　　思考的

____

4. 具有　　这种　　衰老的　　预防　　作用　　药品

____

5. 大力支持　　我　　非常感谢　　给予我们的　　贵单位

____

02 형용사와 정도부사

쓰기 제1부분

형용사는 성질이나 상태를 나타내는 말로, 문장 속에서 가장 대표적인 역할은 술어지만, 관형어, 부사어, 보어 역할도 할 수 있다. 형용사의 가장 큰 특징은 목적어를 가질 수 없고, 정도부사(很，非常 등)의 수식을 받는다는 것이다. 형용사 술어문에서는 주어 앞에 복잡한 관형어가 등장할 수 있음을 기억하자.

1 형용사는 목적어를 싫어하고, 전치사구를 좋아한다!

형용사는 목적어를 가질 수 없기 때문에, 전치사구를 이용하여 명사를 이끈다.

예 他很满意 自己的成绩。 (×) → 목적어가 있으므로 잘못된 문장이다.
　　형용사　　　목적어

他对自己的成绩很满意。 (○) → 전치사구로 대상을 이끌어준다.
　전치사구　　　　　형용사

그는 자신의 성적에 매우 만족한다.

2 형용사는 다양한 문장 성분이 될 수 있다!

형용사는 문장의 6대 성분인 주어, 술어, 목적어, 부사어, 관형어, 보어로 모두 쓰일 수 있다.

① 주어 역할: 예 太瘦不好看。 너무 마른 것은 예쁘지 않다.

② 술어 역할: 예 这件衣服很漂亮。 이 옷은 매우 예쁘다.

③ 목적어 역할: 예 显得年轻 젊어 보인다

④ 부사어 역할: 예 这个字容易写。 이 글자는 쉽게 쓸 수 있다.

⑤ 관형어 역할: 예 非常聪明的孩子 매우 똑똑한 아이

⑥ 보어 역할: 예 他说得很清楚。 그는 아주 정확하게 말했다.

3 정도부사를 알아채라!

주어진 어휘에 정도부사가 있다면 형용사 술어문이 될 가능성이 크다. 정도부사만 확실하게 찾을 수 있다면, 형용사 술어문의 어순 배열은 식은 죽 먹기다. 형용사를 문장 맨 끝에 배열하고, 그 앞에 정도부사를 위치시킨 다음, 나머지 단어를 조합해서 주어부에 놓으면 된다.

[정도부사의 종류]

조금, 약간 有点儿 yǒudiǎnr 稍微 shāowēi	비교적, 상당히 比较 bǐjiào 相当 xiāngdāng	매우, 아주, 대단히 很 hěn 挺 tǐng 非常 fēicháng	몹시, 너무, 특히 十分 shífēn 太 tài 特別 tèbié	극히, 가장 极 jí 最 zuì

[어순] 관형어 的 + 주어 + 정도부사 + 형용사
　　　　　　주어부　　　　　　술어부

4 전치사가 있으면 정도부사는 전치사구 뒤에 놓인다!

일반적으로 부사는 전치사구 앞에 놓이지만, 정도부사는 전치사구 뒤에 놓여, '전치사구 + 정도부사'의 어순으로 쓴다. 정도부사는 전치사구가 아니라, 그 뒤에 오는 술어(동사, 형용사)의 정도를 나타내기 때문이다.

예 老师对学生非常热情。 선생님께서는 학생들에게 대단히 친절하시다.

　　爱比被爱更幸福。 사랑하는 것은 사랑받는 것보다 훨씬 행복하다.

　　我们把房间稍微装修一下。 우리 방을 한 번 좀 꾸며보자.

5 정도보어가 있으면 정도부사는 보어 앞에 놓인다!

정도보어가 있는 문장에서 정도부사는 술어를 수식하지 않고, 구조조사 得 뒤에 놓여 그 이하의 보어(형용사)를 꾸며준다.

예 很打扮得漂亮(×) → 打扮得很漂亮(○) 꾸민 정도가 매우 예쁘다

　　非常考得糟糕(×) → 考得非常糟糕(○) 시험 본 정도가 대단히 엉망이다

　　相当讲解得清楚(×) → 讲解得相当清楚(○) 설명한 정도가 상당히 명확하다

문제 1   十分   历史   放风筝的   悠久

| 문제 분석 | 정도부사와 형용사 술어를 문장 끝에 배열 / 주어를 수식하는 복잡한 관형어에 주목! **S2, S3 적용** |

| | 매우 | 역사 | 연날리기의 | 유구하다 |

| 정답 | 放风筝的历史十分悠久。 연날리기의 역사는 매우 유구하다. |

단어   十分 shífēn 〔부〕 매우 | 历史 lìshǐ 〔명〕 역사 | 风筝 fēngzheng 〔명〕 연 | 悠久 yōujiǔ 〔형〕 유구하다

해설

1단계 주어를 찾아라!
① 历史(역사): 명사로서, 주어나 목적어가 될 수 있다.
② 放风筝的(연날리기의): 구조조사 的가 있으면 뒤에 명사를 끌고 나올 가능성이 크다.
→ 放风筝的历史(연날리기의 역사)

2단계 술어를 찾아라!
悠久(유구하다): 형용사 술어문에서 형용사는 문장의 맨 마지막에 위치시킨다. 만약 悠久의 뜻을 모르고 품사가 형용사인 줄도 몰랐더라도, 남은 단어가 부사 十分(매우)과 悠久밖에 없으므로, 이 단어가 형용사로 술어가 될 수 있음을 유추할 수 있다.

3단계 부사를 삽입하라!
十分(매우): 정도를 나타내는 부사로, 형용사 앞에 나온다.
→ 十分悠久(매우 유구하다)

➡ 따라서 답은 放风筝的历史十分悠久(연날리기의 역사는 매우 유구하다)의 순서가 된다.

Tip⁺ 형용사 술어문
제시된 단어에 정도부사 十分(매우)이 있는 것을 보고 형용사 술어문임을 유추할 수 있다. 형용사 술어는 목적어를 가질 수 없어서, 주어부에 관형어(수식어)가 나올 가능성이 크다.
– 어순: 관형어(的) + 주어 + 정도부사 + 형용사 술어

   対学习外语   发音   重要   确实   特别

| 문제 분석 | 정도부사가 전치사구와 함께 쓰일 때의 위치에 주목! ◀ §1, §4 적용

외국어를 공부하는 데   발음   중요하다   정말로   특히

정답   发音确实对学习外语特别重要。   발음은 정말로 외국어를 공부하는 데 특히 중요하다.

단어 外语 wàiyǔ 몡 외국어 l 发音 fāyīn 몡 발음 l 重要 zhòngyào 혱 중요하다 l 确实 quèshí 뷔 확실히, 정말로 l 特別 tèbié 뷔 특히, 아주

해설

1단계 주어를 찾아라!

① 对学习外语(외국어 공부하는 데): 전치사구로, 주어 뒤, 술어 앞에 놓는다.
② 发音(발음): 명사로서, 사람이 아니지만 주어가 될 수 있다.

2단계 술어를 찾아라!

重要(중요하다): 형용사로, 술어가 될 수 있다. 정도부사의 수식을 받을 수 있고, 목적어를 가질 수는 없으므로, 문장 맨 마지막에 위치시킨다.

3단계 부사를 삽입하라!

① 确实(확실히, 정말로): 일반부사로, 주어 뒤, 술어 앞에 위치하며, 전치사구가 있다면 전치사구 앞에 놓인다. → 发音确实对学习外语(발음은 정말로 외국어를 공부하는 데)
② 特別(특히): 정도부사로, 전치사구(对 + 대상)가 아니라 술어에 대한 정도를 나타내므로, 전치사구 앞이 아니라 술어 앞에 놓는다. → 对学习外语特别重要(외국어를 공부하는 데 특히 중요하다)
→ 发音(발음: 주어) + 确实对学习外语特别(정말로 외국어를 공부하는 데 특히: 부사어) + 重要(중요하다: 형용사 술어)

➡ 따라서 답은 发音确实对学习外语特别重要(발음은 정말로 외국어를 공부하는 데 특히 중요하다)의 순서가 된다.

Tip⁺ 제시된 단어에 特別(특히, 아주)라는 정도부사가 있으므로 형용사 술어문이 될 가능성이 있음을 알 수 있다.

感动日记

▶ 오늘 새롭게 알게 된 내용, 가장 중요한 핵심내용, 학습 소감과 각오 등을 적어보세요.

1 형용사 핵심 정리

▶ **형용사의 종류**

일반 형용사	漂亮 예쁘다 / 可爱 귀엽다 / 红 붉다 / 重要 중요하다 / 美丽 아름답다 / 痛苦 고통스럽다 / 敏感 민감하다 / 干净 깨끗하다 / 聪明 똑똑하다
비술어 형용사	基本 기본적인 / 主要 주요한 / 新式 신식의 / 共同 공통된 / 高级 고급의

Tip⁺ 비술어 형용사는 대부분 관형어 역할을 하고, 술어가 되거나 정도부사를 끌고 나오지 못한다.

▶ **형용사의 10가지 특징**

형용사는 술어뿐만 아니라, 관형어, 부사어, 보어도 될 수 있다.

1) 형용사는 그 자체로 술어가 되므로, 다른 동사나 是를 쓰지 않는다.

형식	주어 + ~~是~~ + 형용사
예시	内容是丰富。(×) → 内容很丰富。(○) 내용이 매우 풍부하다.

2) 정도부사(很，太，特别，非常 등)의 수식을 받을 수 있다.

형식	정도부사 + 형용사
예시	这场比赛非常精彩。 이 시합은 대단히 훌륭하다. 新买的衬衫很漂亮。 새로 산 블라우스가 매우 예쁘다.

Tip⁺ 앞에 정도부사를 붙였을 때 어색하지 않으면 형용사일 가능성이 크다. 정도부사는 형용사의 정도를 나타낸다.
예 有点儿大 조금 크다 / 不太大 그다지 크지 않다〈比较大 비교적 크다〈大 크다〈很大 매우 크다〈非常大 대단히 크다〈极大 지극히 크다〈最大 제일 크다

3) 목적어를 가질 수 없다.

형식	형용사 + ~~목적어~~
예시	这件衣服很合适你。(×) → 这件衣服对你很合适。(○) 이 옷은 너에게 잘 어울린다.

Tip⁺ 형용사는 목적어 대신에 종종 전치사구와 함께 나온다.

4) 주어나 목적어(명사, 대사)를 꾸며주는 관형어 역할을 한다.

형식	**형용사(的)** + 주어 / 목적어 　관형어　　　　　명사, 대사
예시	很脏的手 매우 더러운 손 　형용사　명사

5) 술어(동사, 형용사)를 꾸며주는 부사어 역할을 한다.

형식	**형용사(地)** + 술어 　부사어　　　동사, 형용사
예시	这个句子很容易背。 이 문장은 매우 쉽게 외울 수 있다. 　　　　　형용사 동사

6) 동사 뒤에서 동사의 의미를 보충하는 보어로 쓰인다.

형식	술어 + **보어(결과 / 정도 / 가능)** 　동사　　　　　형용사
예시	老师的话我听 清楚了。 선생님의 말씀을 분명하게 들었다. (결과보어) 　　　　　　술어 형용사 打扮得很漂亮。 매우 예쁘게 꾸몄다. (정도보어) 　술어　　　형용사 洗不干净。 깨끗하게 씻을 수 없다. (가능보어 부정형) 술어　　형용사

7) 단어의 형태 변화 없이 주어와 목적어로도 쓰인다.

형식	**주어** + 술어 　형용사　　동사, 형용사
예시	谦虚使人进步。 겸손은 사람을 발전하게 한다. 　형용사 주어
형식	술어 + **목적어** 　동사, 형용사　　형용사
예시	我不怎么怕热。 나는 그다지 더위를 타지 않는다. 　　　　　형용사 목적어

8) 앞에 很이 없으면 비교의 의미가 있다.

예시	今天冷。 오늘은 (다른 날보다) 춥다.　　　　我的书多。 내 책이 (다른 사람보다) 많아. 你汉语说得好。 네가 (나보다) 중국어를 잘하잖아. 外边凉快。 밖이 (안보다) 시원해.

9) 부정형은 일반적으로 不를 쓴다.

<table>
<tr><td>예시</td><td>不难 어렵지 않다
我不高兴。 나는 기쁘지 않다.</td><td>不贵 비싸지 않다
她不漂亮。 그녀는 예쁘지 않다.</td><td>不清楚 정확하지 않다</td></tr>
</table>

Tip⁺ 단, 상태나 성질이 아직 나타나지 않았을 때는 没를 붙이며, 자주 还… 呢와 호응한다.
예 天还没亮呢。 하늘은 아직 환해지지 않았다.
　　还没吃饱呢。 아직 배가 부르지 않다.
　　苹果还没红呢。 사과는 아직 붉어지지 않았다.

10) 不의 위치에 따라 부분 부정인지 전체 부정인지가 달라진다.

<table>
<tr><td>예시</td><td>很不清楚　매우 정확하지 않다 (전체 부정)
不很清楚　아주 정확한 것은 아니다 (부분 부정)</td></tr>
</table>

▶ **형용사와 동사 구별법**

1) 목적어를 가질 수 있는가?

형용사	×	很漂亮她 (×) → 她很漂亮 (○) 그녀는 매우 예쁘다
동사	○	练习听力 (○) 듣기를 연습하다

2) 정도부사의 수식을 받을 수 있는가?

형용사	○	很努力 (○) 매우 노력하다
동사	×	很吃饭 (×)

Tip⁺ 심리동사는 예외적으로 형용사처럼 정도부사의 수식을 받을 수 있고, 동사이므로 목적어를 가질 수도 있다.
예 非常喜欢你 당신을 무척 좋아한다

3) '~한다, ㄴ다'로 해석할 수 있는가?

형용사	×	安静 조용한다 (×)	干净 깨끗한다 (×)	漂亮 예쁜다 (×)
동사	○	学习 공부한다 (○)	睡觉 잠잔다 (○)	打扫 청소한다 (○)

Tip⁺ 형용사는 '~한다, ㄴ다'로 해석했을 때 어색한 경우가 많다.

▶ 형용사로 관형어 만들기

1) 구조조사 的와 결합하여 명사를 수식한다.

예시

1음절 형용사가 정도부사 등의 수식 성분과 결합하여 명사를 수식할 때

非常大的风 대단히 큰 바람 　　　　那么坏的孩子 그렇게 나쁜 아이

很好的朋友 매우 좋은 친구 　　　　不小的苹果 작지 않은 사과

2음절 형용사가 명사를 수식할 때

干净的房间 깨끗한 방 　　　　勇敢的人 용감한 사람

认真的样子 열심인 모습 　　　　高高的个子 큰 키

2) 일부 고정 용법에서는 的 없이 명사를 수식한다.

예시 　優良品种 우수한 품종 　　优秀学生 우수한 학생 　　光荣历史 영광스러운 역사

3) 1음절 형용사는 的가 없이도 명사를 직접 수식할 수 있다.

예시 　大风 큰 바람 　　坏孩子 나쁜 아이 　　好朋友 좋은 친구 　　小苹果 작은 사과

新书 새 책 　　好办法 좋은 방법 　　老人 늙은 사람(노인) 　　大教室 큰 교실

4) 多，少는 일반적으로 很，不와 결합하여 명사를 수식한다. (的 생략 가능)

예시 　很多书 매우 많은 책 　　很少人 매우 적은 사람 　　很多朋友 매우 많은 친구

不少麻烦 적지 않은 골칫거리 　　不少时间 적지 않은 시간

2 정도부사 핵심 정리

정도부사는 정도를 나타내는 부사로, 형용사와 함께 쓰인다는 것이 가장 큰 특징이다. 형용사 이외에 일부 심리동사와도 함께 쓸 수 있다.

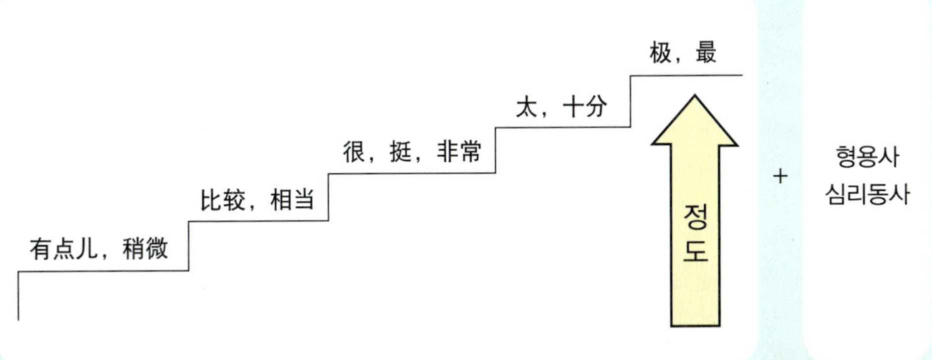

▶ 정도부사의 어순

1) 정도부사 + 형용사 / 심리동사

2) 전치사구 + 정도부사

일반적으로 부사는 전치사구 앞에 나오지만, 정도부사는 전치사구 뒤에 쓰인다.

我 已经 向那个女孩子 表白了。 나는 이미 그 여자아이한테 고백했다.
　　일반부사　　전치사구

我 对那个女孩子 非常 热情。 나는 그 여자아이한테 무척 친절하다.
　　전치사구　　정도부사

我 比你 更 漂亮。 나는 너보다 훨씬 예쁘다.
　전치사구 정도부사

你 把这篇文章 稍微 改一下。 네가 이 글을 약간 좀 고쳐봐.
　　전치사구　　정도부사

3) 술어 + 得 + 정도부사 + 보어

정도부사는 일반적으로 형용사 앞에 나오는데, 형용사는 술어뿐만 아니라 보어도 될 수 있으므로, 정도부사가 보어 앞에 나올 수 있게 된다.

你说得非常　流利。 너는 말을 대단히 유창하게 한다.
술어　정도부사　형용사 보어

▶ 대표 정도부사와 특징

정도부사	뜻	특징
很 hěn	매우	1. 일반문에서는 很을 쓰고, 비교문에서는 更이나 还를 사용해야 한다. 2. 형용사 술어문에서 很은 단독으로 정도보어 역할을 할 수 있다. 　**형식: 형용사 + 得 + 很** 　예 饿得很 매우 배고프다 / 累得很 매우 피곤하다 / 　高兴得很 매우 기쁘다 3. 정도보어에서 很은 술어 앞이 아니라, 보어 앞에 쓴다. 　**형식: 동사 술어 + 得 + 很 + 보어** 　예 睡得很香 매우 잘 잔다 / 走得很平稳 매우 얌전히 걷는다 / 　看得很仔细 매우 자세히 본다
太 tài	너무	주관적인 생각을 나타내는 데 쓰며, 了와 자주 호응한다. 예 太快(了) 너무 빠르다 / 太冷(了) 너무 춥다 / 太好了 너무 좋다 / 太高兴了 너무 기쁘다

挺 tǐng	매우, 아주	어기조사 的와 호응하여 挺…的의 형식으로 자주 쓰며, 的는 생략할 수 있다. 예 挺可爱(的) 아주 귀엽다
怪 guài	아주, 몹시	的와 호응하여 怪…的의 형식으로 쓰며, 이때 的는 생략할 수 없다. 예 怪心疼的 몹시 마음 아프다
稍微 shāowēi	조금, 약간	술어 뒤의 一点儿 / 一些 / 一下와 호응하거나 동사를 중첩시킨다. 예 稍微大了点儿 약간 좀 크다 / 稍微等一下 잠시만 좀 기다려라  稍微가 등장하면, 무조건 술어와 一点儿 / 一些 / 一下를 찾아 '稍微 + 술어 + 一点儿 / 一些 / 一下'로 묶어둔다. ※ 동의어: 稍稍(shāoshāo)
有点儿 yǒudiǎnr	조금	동사나 형용사 앞에서 부정적이거나 불만스러운 어기를 강조한다. 예 有点儿贵 좀 비싸다
更 gèng	훨씬, 더욱	비교문에서 자주 사용되며, 비교문이 아니어도 更이 있으면 비교의 의미가 된다. 예 比以前更高了 예전보다 더 컸다 / 比姐姐更高 누나보다 더 크다 ※ 동의어: 还(hái)
多(么) duō(me)	1. 얼마나 2. 아무리	1. 주로 감탄문에 쓰여 정도가 심함을 나타내고, 어기조사 啊와 호응한다. 예 有多么高兴啊 얼마나 기쁜가 / 多么大啊 얼마나 큰가 ※ 동의어: 真(zhēn) 2. 조건을 나타내는 접속사 不管 / 不论 / 无论과 함께 쓰인다. 예 不管多(么)大的困难，我都能克服。 아무리 큰 어려움이라도, 나는 모두 극복할 수 있다.

그 외의 정도부사
非常 fēicháng (대단히) / 十分 shífēn (몹시) / 相当 xiāngdāng (상당히) / 特别 tèbié (특히) / 极其 jíqí (극히) / 更加 gèngjiā (더욱) / 最 zuì (가장) / 格外 géwài (각별히) / 比较 bǐjiào (비교적)

day 3

1. 理由　　他　　充分　　辞职的　　不太

2. 苗条了　　身材　　姐姐的　　减肥后　　更加

3. 受欢迎　　在　　韩国演员　　很　　东南亚

4. 热了　　把馒头　　一下　　稍微　　他

5. 不错　　戏　　相当　　这场　　演得

day 4

1. 那件衣服　　精神　　十分　　她穿

2. 市场经济形势　　好　　中国　　特别　　的

3. 经验　　宝贵　　这些　　对医生　　十分

4. 摆　　把书　　整整齐齐的　　他　　得

5. 极其　　答得　　试卷　　出色　　这几个学生的

03 일반동사

쓰기 제1부분

동사 술어는 앞으로는 '부사 + 조동사 + 전치사구'를, 뒤로는 보어나 목적어를 끌고 나올 수 있는 아주 능력 있는 녀석이다. 시험에서 동사가 자주 출제되는 이유는 동사의 종류가 다양하고 각각 특징이 달라 출제할 내용이 많기 때문이다. 이번 장에서는 마스터해놓으면 문제가 술술 풀리는 동사에 관한 특별한 비법들을 배워본다.

1 동사의 능력을 정확히 파악하라!

동사는 앞으로는 '부사 + 조동사 + 전치사구'를 이끌고, 뒤로는 '동태조사 + 보어 + 목적어'를 이끈다.

[어순] 부사 + 조동사 + 전치사구 + **동사** + 동태조사 + 보어 + 목적어

예 你 + 一定 + 要 + 向大家 + **解释** + 一下 + 现在的情况。
　　부사　조동사　전치사구　동사　　보어　　　목적어

너는 반드시 모두에게 현재 상황을 좀 설명해주어야 한다.

2 동사는 다양한 문장 성분이 될 수 있다!

동사는 술어로 가장 많이 쓰이지만, 주어 · 목적어 · 관형어 · 부사어 · 보어 등으로도 쓰일 수 있다.

예 多**练习**才能提高水平。 많이 연습해야만 실력을 향상할 수 있다. (동사 주어)

　　取得好成绩 좋은 성적을 거둔다 (동사 술어)

　　喜欢**唱歌** 노래 부르는 것을 좋아한다 (동사 목적어)

　　选择的办法 선택한 방법 (동사 관형어)

　　努力工作 열심히 일한다 (동사 부사어)

　　激动得**流泪** 감격해서 눈물이 났다 (눈물 날 정도로 감격했다) (동사 보어)

3 동사 겸 명사가 되는 단어를 알아둔다!

하나의 단어가 하나의 품사만 되는 것은 아니다. 동사라고 해서 주어나 목적어가 될 수 없는 것은 아니지만, 동사면서 명사이기도 한 단어도 있다는 점을 기억하자.

예 进步 jìnbù 진보(하다) / 发现 fāxiàn 발견(하다) / 作用 zuòyòng 작용(하다) /

　　表演 biǎoyǎn 공연(하다) / 希望 xīwàng 희망(하다)

④ 동사를 알아보는 비법!

① 판단동사 是(不是)와 존재동사 在/有(没有)는 가장 자주 나오는 동사다.

> **Tip⁺** 在와 没有는 전치사나 부사적 용법도 있으므로, 쓰임새를 잘 판단해야 한다.

② 동태조사 了/着/过가 붙어 있으면 동사다.

동태조사	동사		
了	发挥了 발휘했다 采纳了 채택했다 提前了 앞당겼다	获得了 획득했다 预订了 예약했다 推迟了 연기했다	删除了 삭제했다 承认了 인정했다
着	带着 가지고 있다 起着 일으키고 있다 面临着 직면하고 있다	陪着 모시고 있다 保留着 보존하고 있다 坚持着 견지하고 있다	领着 이끌고 있다 象征着 상징하고 있다
过	受到过 받은 적이 있다 参加过 참가한 적이 있다 处理过 처리한 적이 있다	出现过 출현한 적이 있다 旅行过 여행한 적이 있다	讨论过 토론한 적이 있다 调查过 조사한 적이 있다

③ 보어와 함께 있거나, 중첩형이면 동사인지 의심해본다.

> 예　收起来 거둬들이다 / 退回来 되돌아오다 / 带进去 가지고 들어가다
>
> 登记一下 한 번 등기하다 / 打听一下 한 번 알아보다
>
> 透一透 환기 좀 하다 / 摇了摇 좀 흔들었다

④ 2음절 단어 중 한 음절이 동사라면, 동사일 가능성이 크다.

1음절 이상이 동사	输入 입력하다 进行 진행하다	出席 참석하다 当作 간주하다	录取 채용하다
	Tip⁺ 빨간 글자는 쉽게 알아볼 수 있는 동사다.		
于로 끝나는 동사	属于 ~에 속하다	善于 ~에 능숙하다	处于 ~에 처해 있다
得로 끝나는 동사	觉得 ~라고 느끼다	记得 기억하다	显得 ~하게 보이다
成으로 끝나는 동사	当成 ~로 여기다	看成 ~로 간주하다	翻译成 ~로 번역하다
为로 끝나는 동사	作为 ~로 삼다	视为 ~로 보다	称为 ~라고 부르다

⑤ 한자음으로 읽었을 때 우리말 동사와 비슷한지 알아본다.

> 예　经营 경영하다 / 分配 분배하다 / 适合 적합하다 / 延长 연장하다 / 缺乏 결핍되다

> **Tip⁺** 그밖에 알아두면 좋은 동사
> 예　占线 통화 중이다 / 从事 종사하다 / 服从 복종하다 / 具有 구비하다 / 针对 겨냥하다

| 문제 **1** | 传统的 | 中秋节 | 是 | 节日 | 一个 |

| 문제 분석 | 판단 · 존재 · 동일 · 소속 등을 나타내는 동사 是에 주목! **S1, S4 적용**

| | 전통적인 | 추석 | ~이다 | 명절 | 하나의 |

| 정답 | 中秋节是一个传统的节日。 추석은 하나의 전통적인 명절이다.

| 단어 | 传统 chuántǒng 휑 전통적이다 | 中秋节 Zhōngqiūjié 뗑 추석 | 节日 jiérì 뗑 명절

| 해설 |

1단계 주어를 찾으라!

① 传统的(전통적인): 명사와 결합하는 的가 있으므로 뒤에 수식을 받는 명사가 나와야 한다.

② 中秋节(추석) / 节日(명절): 모두 명사로, 주어나 목적어가 될 수 있다.

③ 一个(하나의): 수량사

传统的(전통적인)와 결합하기에 적합한 명사는 节日(명절)이므로, '수량사 + 수식어 + 명사'순으로 나열한다.

→ 一个传统的节日(하나의 전통적인 명절)

2단계 술어를 찾으라!

是(~이다): 판단동사로, 술어가 될 수 있다. 동일함을 나타내기도 하고, 부류 · 소속을 나타내기도 한다.

예 他是我的老师。 그는 나의 선생님이다. (동일)

鲸鱼是哺乳动物。 고래는 포유동물이다. (소속)

3단계 주어 · 목적어를 판단하라!

해석상 어울리도록 주어와 목적어를 배치한다. 2단계에서 찾은 술어(是)의 특성상, 구체적인 명사를 주어 자리에, 전체 범위를 나타내는 명사를 목적어 자리에 위치시킨다.

➡ 따라서 답은 中秋节是一个传统的节日(추석은 하나의 전통적인 명절이다)의 순서가 된다.

| 문제 분석 | 동태조사 着와 붙어 있으면 동사 술어일 수 있음에 주목!   S2, S3, S4 적용

| 조정하다 | 주식 시장 | 새로운 | 직면해 있다 |

정답   股票市场面临着新的调整。   주식 시장은 새로운 조정에 직면해 있다.

단어   调整 tiáozhěng 동 명 조정(하다) | 股票 gǔpiào 명 주식 | 市场 shìchǎng 명 시장 | 面临 miànlín 동 직면하다

해설

1단계
주어를 찾아라!

① 调整(조정하다): '조정하다'라는 의미의 동사도 되고, '조정'이라는 뜻의 명사도 된다. 제시된 어휘에 동태조사 着를 끌고 있는 面临이 술어가 될 것이므로, 调整은 명사로 쓰였음을 유추할 수 있다.
② 股票市场(주식 시장): 명사로, 문장에서 주어나 목적어가 될 수 있다.
③ 新的(새로운): 관형어로, 구조조사 的 뒤에 명사를 이끌 수 있다. 의미상 调整(조정)과 결합시키는 것이 자연스럽다. → 新的调整(새로운 조정)

2단계
술어를 찾아라!

面临着(직면해 있다): 동태조사 着가 있으므로 술어가 될 수 있다.

3단계
주어·목적어를 판단하라!

해석에 어울리도록 주어와 목적어를 정한다. '주식 시장이 새로운 조정에 직면해 있다'가 '새로운 조정이 주식 시장에 직면해 있다'는 것보다 의미상 더 자연스럽다.

➡ 따라서 답은 股票市场面临着新的调整(주식 시장은 새로운 조정에 직면해 있다)의 순서가 된다.

感动日记

▶ 오늘 새롭게 알게 된 내용, 가장 중요한 핵심내용, 학습 소감과 각오 등을 적어보세요.

1 10가지로 분류한 동사 모음

1) 동작동사

몸의 움직임을 나타내는 동사다.

예 打 치다 / 踢 차다 / 吃 먹다 / 买 사다 / 学习 공부하다 / 工作 일하다 / 表演 공연하다

Tip⁺ 가장 자주 보는 동사로, 보통 하나의 목적어를 가진다.
예 唱歌 노래 부르다 / 打工 아르바이트하다 / 编书 책을 편집하다

2) 비동작동사

몸은 움직이지 않지만, 입으로 하는 동작을 나타내는 동사다.

예 介绍 소개하다 / 说明 설명하다 / 解释 해설하다 / 报告 보고하다 / 打听 알아보다

Tip⁺ 구체적인 신체 동작이 아니어서 추상동사라고도 하며, 전치사 向과 자주 호응한다.
예 向领导汇报 상사에게 보고하다 / 向行人打听 행인에게 묻다

3) 심리동사

몸은 움직이지 않지만, 마음속의 움직임을 나타내는 동사다.

예 讨厌 싫어하다 / 生气 화나다 / 喜欢 좋아하다 / 希望 바라다 / 关心 관심 있다 /
怕 두려워하다 / 爱 사랑하다 / 恨 증오하다

Tip⁺ 심리동사는 很, 非常 등 정도부사의 수식을 받을 수 있다. 동사이므로 당연히 목적어도 취할 수 있다.
예 很喜欢你 너를 아주 좋아해 / 好想念从前 예전이 너무 그리워

4) 감각동사

신체의 감각기관을 이용하는 동작(보고, 듣고, 냄새 맡고, 느끼는 등)을 나타낸다.

예 看见 보다 / 听见 듣다 / 闻见 냄새 맡다 / 感觉 느끼다 / 觉得 ~라고 느끼다

Tip⁺ 感觉와 觉得는 뒤에 동태조사 了 / 着 / 过를 가질 수 없어서, 把자문에 사용될 수 없다.
예 感觉有点儿热 조금 덥게 느껴진다 / 觉得恶心 역겹다고 느낀다

5) 인지동사

두뇌를 이용해서 인지하고 판단하는 것을 나타낸다.

예 认为 ~라고 여기다 / 以为 ~라고 (잘못) 여기다 / 知道 알다 / 记得 기억하다 / 想 생각하다

Tip⁺ 간단한 목적어를 끌고 나올 수도 있지만, 일반적으로 구나 절을 목적어로 취한다.
예 我知道完成这件事很难。 나는 이 일을 완성하는 것이 매우 어렵다는 것을 안다.
你还记得我们俩刚认识的那个时候吗? 너는 우리가 처음 만났던 그때를 아직 기억하니?

6) 판단동사

무엇인지를 판단하는 동사다.

예 是 ~이다

Tip⁺ 부정형은 不를 써서 不是라고 쓴다. 没是라는 말은 없다.
예 这不是我的钱包。 이것은 나의 지갑이 아니다.

7) 상태동사

상태가 지속되는 동작을 나타낸다.

 站 서다 / 坐 앉다 / 躺 눕다 / 趴 엎드리다 / 蹲 쪼그리고 앉다

Tip⁺ 뒤에 동태조사 着와 자주 호응한다.
躺着看电视 누워서 TV를 본다 / 趴着睡觉 엎드려 잔다 / 坐着听课 앉아서 수업을 듣는다

8) 존재동사

사물이 어디에 존재하는지를 알려주는 동사다.

예 有 있다 → 旁边有一棵树。 옆에 나무 한 그루가 있다.

　　是 ~이다 → 前面是超市。 앞은 슈퍼마켓이다.

　　在 ~에 있다 → 电脑在房间里。 컴퓨터는 방 안에 있다.

9) 방향동사

동작이 진행되는 방향을 나타낸다.

예 上 오르다 / 下 내리다 / 进 들어가다 / 出 나가다 / 回 돌아가다 / 过 지나가다 / 起 일어나다

Tip⁺ 동사 뒤에 쓰여 보어가 되기도 한다.
走下去 걸어 내려가다 / 快站起来 빨리 일어서

10) 조동사

능력·바람·허가·당위성을 나타내며, 능원동사라고도 한다. 동사 앞에서 동사를 도와주는 역할을 하며, 조동사와 동사 사이에는 전치사구가 끼어들 수 있다.

예 能 ~할 수 있다 / 会 ~할 것이다 / 想 ~하고 싶다 / 要 ~하려고 하다 / 肯 기꺼이 ~하다 /

　　愿意 ~하고 싶다 / 可以 ~해도 된다 / 应该 ~해야 한다

Tip⁺ 일반적으로 不로 부정형을 만들지만, 能과 敢은 没로 부정할 수 있다.
没能参加 참가할 수 없었다 / 没敢回答 대답할 용기가 없었다

2 동사의 특징

1) 동사는 대부분 뒤에 목적어를 취할 수 있다.

| 예시 | 看小说 소설을 보다　　去台湾 타이완에 가다　　照顾学生 학생을 돌보다 |

2) 문장 속에서 주로 술어가 된다.

| 예시 | 请再说一遍。 다시 한 번 말씀해주세요.
正在玩电脑游戏 컴퓨터 게임을 하며 놀고 있다 |

3) 단독 또는 구의 형태로 관형어 역할을 한다.

| 형식 | 동사(구) + 的 + 명사 |

| 예시 | 学习的方法 공부하는 방법　　　努力的结果 노력한 결과
决定的方案 결정한 방안　　　喜欢的音乐 좋아하는 음악 |

4) 단독 또는 구의 형태로 주어나 목적어가 될 수 있다.

> **예시**
> 挣大钱并不是成功。 돈을 많이 벌었다고 반드시 성공한 것은 아니다.
> 多练习才能提高听力水平。 많이 연습해야 듣기 실력을 높일 수 있다.

5) 부정형은 不 / 没로 만든다.

> **형식**
> **주어 + 不 / 没 + 동사 술어 + 목적어**
> 현재·의지·습관·가정에 대한 부정은 不를 사용하고, 과거형은 没를 사용한다.

> **예시**
> 我不想做作业。 나는 숙제를 하고 싶지 않다. (바람)
> 如果不做完作业，就不能回家。 만약 숙제를 다 하지 않으면 집에 갈 수 없다. (가정)
> 我没做作业。 나는 숙제를 하지 않았다. (과거)

6) 동사는 뒤에 동태조사 了·着·过를 붙일 수 있다.

> **형식**
> **동사 + 了 / 着 / 过**

> **예시**
> 讨论了这个问题 이 문제를 토론하였다 (완료)
> 讨论着这个问题 이 문제를 토론하고 있다 (진행)
> 讨论过这个问题 이 문제를 토론한 적이 있다 (경험)

7) 중첩할 수 있다.

> **예시**
> 说说 말해보다   看一看 좀 보다
> 试了试 시험 삼아 해봤다   商量商量 좀 상의하다

8) 각종 보어를 가질 수 있다.

> **예시**
> 休息5分钟 5분 동안 쉬다 (시량보어)   迟到过两次 두 번 지각한 적이 있다 (동량보어)
> 做完了 다 완성했다 (결과보어)   吃得很香 매우 맛있게 먹는다 (정도보어)
> 买不起 (돈이 없어) 살 수 없다 (가능보어)

9) 일반부사의 수식을 받을 수 있다.

> **형식**
> **일반부사 + 동사**

> **예시**
> 一定 + 参加 반드시 참가하다   马上 + 到达 곧 도착하다
> 已经 + 做完 이미 다 했다   正在 + 通话 통화하고 있다

10) 심리동사는 정도부사의 수식을 받을 수 있다.

<table>
<tr><td>형식</td><td>정도부사 + 심리동사</td></tr>
<tr><td rowspan="3">예시</td><td>很 + 生气 매우 화나다　　　　　非常 + 爱 대단히 사랑하다
特别 + 喜欢 특별히 좋아하다　　　十分 + 关心 매우 관심 있다
多么 + 希望 얼마나 많이 바라다　　最 + 讨厌 가장 싫어하다</td></tr>
</table>

11) 일부 조동사는 정도부사의 수식을 받을 수 있다.

<table>
<tr><td>형식</td><td>정도부사 + 조동사(能 / 想 / 会 / 愿意) + 동사</td></tr>
<tr><td>예시</td><td>很 + 会 + 做菜 매우 요리를 잘 한다　　很 + 能 + 喝酒 매우 술을 잘 마신다
很 + 想 + 买 매우 사고 싶다　　　　非常 + 愿意 + 参加 대단히 참가하기를 원한다</td></tr>
</table>

3 동사 겸 명사 모음(주어로 자주 쓰이는 동사 포함)

일부 동사는 명사도 될 수 있다. 사전에 명사라고 명기되어 있는 것 이외에도 문장에서 주어나 목적어로 자주 쓰이는 동사에 어떤 것들이 있는지 익혀두면 동사가 여러 개 나오는 문제를 푸는 데 도움이 된다.

어휘	뜻	어휘	뜻
批准 pīzhǔn	비준(하다)	考虑 kǎolǜ	고려(하다)
象征 xiàngzhēng	상징(하다)	批评 pīpíng	비난(하다)
服务 fúwù	서비스(하다)	失败 shībài	실패(하다)
旅游 lǚyóu	여행(하다)	推测 tuīcè	추측(하다)
进步 jìnbù	진보(하다)	信任 xìnrèn	신임(하다)
超过 chāoguò	초과(하다)	要求 yāoqiú	요구(하다)
保证 bǎozhèng	보증(하다)	作用 zuòyòng	작용(하다)
通知 tōngzhī	통지(하다)	报道 bàodào	보도(하다)
创造 chuàngzào	창조(하다)	变化 biànhuà	변화(하다)
调查 diàochá	조사(하다)	表演 biǎoyǎn	공연(하다)
发现 fāxiàn	발견(하다)	希望 xīwàng	희망(하다)
纪念 jìniàn	기념(하다)	访问 fǎngwèn	방문(하다)
解释 jiěshì	해석(하다)	提供 tígōng	제공(하다)
决定 juédìng	결정(하다)	调整 tiáozhěng	조정(하다)
打算 dǎsuan	계획(하다)	代表 dàibiǎo	대표(하다)

day 5

1. 说服力　　缺乏　　他迟到的　　理由

2. 一直　　班主任家的　　占线　　电话

3. 七大奇迹　　长城　　是　　世界　　之一

4. 象征　　鸽子　　和平　　着　　白色

5. 语言的　　是　　关键　　多听多说　　学好

day 6

1. 你的　　输入　　重新　　密码　　你

2. 行业　　从事　　他们　　服务　　想

3. 我们的生活中　　起着　　在　　作用　　巨大的　　电脑

4. 获得了　　设计方案　　领导的　　那个　　批准

5. 集体的　　服从　　应该　　我们都　　安排

'특별' 동사와 동사 중첩

대부분의 동사는 하나의 목적어를 가질 수 있는 '타동사'지만, 목적어를 가지지 못하는 '자동사'나 목적어를 2개 가질 수 있는 '수여동사', 그리고 단어를 이루는 음절이 이미 '동사 + 목적어'의 구조로 된 '이합동사'도 있다. 이번 장에서는 이렇게 예외적인 '특별한' 동사들과 동사의 중첩형에 대해 배워보자.

S1 동사를 크게 4가지로 정리하라!

① 목적어를 갖지 못하는 자동사 (전체의 1%)

> 예 出发 출발하다 / 旅行 여행하다 / 休息 쉬다 / 着想 생각하다

② 1개의 목적어를 취하는 타동사 (전체의 94%)

> 예 打 치다 / 看 보다 / 买 사다 / 花 소비하다 / 玩 놀다

③ 2개의 목적어를 취하는 수여동사 (전체의 2%)

> 예 给 주다 / 留 남기다 / 告诉 알려주다 / 送 선물하다 / 教 가르치다

④ 동목 (동사 + 목적어) 구조인 이합동사 (전체의 3%)

> 예 见面 만나다 / 吵架 다투다 / 散步 산책하다 / 离婚 이혼하다 / 毕业 졸업하다

S2 특별한 목적어를 갖는 동사들을 암기하라!

동사는 일반적으로 명사나 대사를 목적어로 취하지만, 일부 동사(구), 형용사(구)와 같은 특별한 목적어를 취하는 동사도 있다. 주어진 어휘 중에 이러한 동사가 있다면 문장 전체의 술어가 될 것이고, 나머지 동사구나 형용사구는 목적어 자리에 위치시켜야 한다.

① 동사 · 형용사를 목적어로 취하는 동사

> 예 打算 계획하다 / 开始 시작하다 / 准备 준비하다 / 进行 진행하다 / 显得 ~처럼 보인다 / 加以 ~을 가하다 / 难以 ~하기 어렵다

② 동사구 · 형용사구 · 주술구를 목적어로 취하는 동사

> 예 希望 바라다 / 认为 ~라고 여기다 / 知道 알다 / 记得 기억하다 / 需要 필요로 하다 / 决定 결정하다 / 觉得 ~라고 생각하다 / 感觉 ~라고 느끼다 / 发现 발견하다

③ 주술구를 목적어로 취하는 겸어동사

 喜欢 좋아하다 / 表扬 칭찬하다 / 祝 축복하다 / 夸 칭찬하다 / 原谅 용서하다 /
责备 꾸짖다 / 羡慕 부러워하다 / 佩服 탄복하다 / 欣赏 좋아하다 / 讨厌 미워하다 /
嫌 싫어하다

> **Tip⁺** 겸어동사: '주어+술어+목적어'구를 목적어로 취할 수 있으며, 앞 절의 목적어가 뒤 절에서 주어 역할
> 을 하는 겸어문을 만든다. 좋거나 싫음을 나타내는 동사로, 뒤의 목적절에서 감정·행동의
> 원인을 설명한다.
> 예 老师表扬他努力学习。 선생님께서는 그가 열심히 공부한다고 칭찬하셨다.

3 이합동사에는 '삼계탕' 용법을 적용하라!

이합동사(离合动词)는 상황에 따라 분리되고(离), 합해지는(合) 것이 자유로운 단
어로, '동사 + 목적어'의 구조로 되어 있다. 어순 배열 문제에서 이합동사가 나온다
면 동태조사나 보어는 이합동사의 동사 부분과 목적어 부분 사이에 들어가야 한다.
삼계탕에서 대추, 찹쌀, 인삼, 은행 등을 닭 뱃속에 넣는 것을 연상하면 된다.

[어순] 동사 부분 + (동태조사 + 보어) + 목적어 부분

예 睡了一会儿觉 잠깐 잠을 잤다

　　见了一次面 한 번 만났다

　　加过3天班 3일 야근한 적이 있다

4 동사의 중첩형을 숙지하라!

기본형		중첩형
1음절 동사	A	AA / A—A / A了A / A了—A
2음절 동사	AB	ABAB / AB了AB
이합동사	AB	AAB

> **Tip⁺** 여러 개의 동사가 나오는 연동문에서는 맨 마지막 동사를 중첩시킬 수 있다. 따라서 여러 개의 동사 중에서
> 중첩한 동사가 보이면 맨 마지막 동사 자리에 둔다.

| 문제 **1** | 格外 | 空气 | 清新 | 显得 | 雨后的 |

| **문제 분석** | 특별동사 显得가 형용사구 목적어를 이끈다는 점에 주목! ◀ **S2 적용**

| | 유달리 | 공기 | 신선하다 | ~처럼 생각되다 | 비 온 후의 |

| **정답** | 雨后的空气显得格外清新。 비 온 후의 공기는 유달리 신선하게 생각된다. |

단어 格外 géwài 閨 유달리 | 空气 kōngqì 閨 공기 | 清新 qīngxīn 閨 신선하다, 맑고 깨끗하다 | 显得 xiǎnde 閨 ~처럼 생각되다, ~처럼 보이다

해설

**1단계
주어를
찾아라!**

① 空气(공기): 명사로, 문장에서 주어가 될 수 있다.
② 雨后的(비 온 후의): 관형어로, 주어나 목적어 앞에서 수식어가 될 수 있다. → 雨后的空气(비 온 후의 공기)

**2단계
술어를
찾아라!**

① 显得(~처럼 생각되다): 특별동사로, 동사(구)나 형용사(구)를 목적어로 이끌 수 있다. 따라서 문장 전체의 술어가 된다.
② 清新(신선하다): 형용사로, 보통은 문장에서 술어가 될 수 있지만, 형용사 목적어를 취하는 특별동사가 있으므로 목적어 역할을 한다.

**3단계
부사를
삽입하라!**

格外(유달리, 아주): 정도부사로, 형용사와 결합하여 格外清新(유달리 신선하다)이라는 형용사구를 만들어 특별동사의 목적어로 쓸 수 있다. → 显得格外清新(유달리 신선하게 생각되다)
→ 雨后的空气(비 온 후의 공기: 주어부) + 显得(~처럼 생각되다: 술어) + 格外清新(유달리 신선하다: 목적어부)

➡ 따라서 답은 雨后的空气显得格外清新(비 온 후의 공기는 유달리 신선하게 생각된다)의 순서가 된다.

Tip⁺ 특별동사 显得를 발견할 수 있어야 한다. 显得는 동사지만 단독으로 쓰일 수 없고, 뒤에 동사(구)나 형용사(구)를 목적어로 삼는다.

| 문제 분석 | 특별동사 需要가 문장 전체의 술어가 된다는 점에 주목! ⑤2 적용

| | 필요하다　　　수입하다　　　새로운 설비　　　공장　　　한 무더기 |

정답　工厂需要进口一批新设备。　공장은 한 무더기의 새로운 설비를 수입해야 한다.

단어　需要 xūyào 통 필요하다 l 进口 jìnkǒu 통 수입하다 l 设备 shèbèi 명 설비 l 工厂 gōngchǎng 명 공장 l 批 pī 양 무더기, 그룹

해설

1단계 주어를 찾아라!

① 新设备(새로운 설비): 명사로, 문장에서 주어나 목적어가 될 수 있다.

✎**Tip⁺**　1음절 형용사(新)는 的 없이 명사를 수식한다.

② 工厂(공장): 명사로, 문장에서 주어나 목적어가 될 수 있다.

③ 一批(한 무더기): '수사 + 양사'로, 명사 앞에서 수량을 제한하는 관형어 역할을 한다. 批는 '무더기, 그룹'이라는 뜻의 양사이므로, 어울리는 명사는 新设备(새로운 설비)다. → 一批新设备(한 무더기의 새로운 설비)

✎**Tip⁺**　工厂(공장)은 양사 家와 결합하여 一家工厂(공장 하나)이라고 표현한다.

2단계 술어를 찾아라!

① 需要(필요하다): 특별동사로, 동사구나 주술구를 목적어로 취한다.
예 我们需要尽快解决这些问题。
　　우리는 가능한 한 빨리 이 문제를 해결해야 한다. (동사구 목적어)
　　我需要你们来帮忙。 나는 너희의 도움이 필요하다. (주술구 목적어)

② 进口(수입하다): 需要의 목적어가 되는 동사구의 동사로 쓰일 수 있다. 一批新设备(한 무더기의 새로운 설비)와 결합시켜 进口一批新设备(한 무더기의 새로운 설비를 수입하다)라는 동사구를 만든다.

➡ 따라서 답은 工厂需要进口一批新设备(공장은 한 무더기의 새로운 설비를 수입해야 한다)의 순서가 된다.

感动日记

▶ 오늘 새롭게 알게 된 내용, 가장 중요한 핵심내용, 학습 소감과 각오 등을 적어보세요.

1 특별동사 핵심 정리

▶ 여러 가지 특별동사

1) 자동사: 목적어를 가질 수 없으므로, 전치사를 이용해서 대상을 이끈다.

出发	출발하다	从这儿出发 여기서 출발하다
旅行	여행하다	到中国旅行 중국을 여행하다
休息	쉬다	在家休息 집에서 쉬다
着想	생각하다	为他着想 그를 위해 생각하다

2) 타동사: 가장 일반적인 동사로, 목적어를 1개 가질 수 있다.

打	치다	打 + 球 공을 치다
看	보다	看 + 电影 영화를 보다
买	사다	买 + 衣服 옷을 사다
花	소비하다	花 + 时间 시간을 소비하다
玩	놀다	玩 + 电脑 컴퓨터를 하고 놀다

3) 수여동사: '누군가에게 무엇을 준다'는 뜻으로, 목적어를 2개 가질 수 있다.

[형식] 동사 + 간접 목적어(사람) + 직접 목적어(사물)

给	주다	给 + 他 + 面包 그에게 빵을 주다
留	남기다	留给 + 我们 + 作业 우리에게 과제를 남겨주다
告诉	알려주다	告诉 + 他 + 一件事 그에게 한 가지 일을 알려주다
送	선물하다	送 + 她 + 一本书 그녀에게 책 한 권을 선물하다
教	가르치다	教 + 小孩儿 + 弹钢琴 어린아이에게 피아노 치는 것을 가르치다

Tip⁺ 그 외에 递 전해주다 / 还 돌려주다 / 交 건네다 / 借 빌려주다 / 收 받다 / 问 묻다 / 叫 부르다 / 通知 알리다 / 赠 증정하다 등이 있다.

4) 이합동사: '동사 + 목적어' 구조로 된 동사여서 또 다른 목적어를 갖지 않는다.

见面	만나다	跟他见面 그와 만나다
吵架	다투다	跟他吵架 그와 다투다
散步	산책하다	去公园散步 공원에 가서 산책하다
离婚	이혼하다	跟他离婚 그와 이혼하다
毕业	졸업하다	毕业于清华大学 칭화 대학을 졸업하다

▶ 여러 가지 목적어

1) 명사 / 대사 목적어

형식	**동사 + 명사 목적어**	
예시	学习 + 汉语 중국어를 배우다 获得 + 成功 성공을 얻다 实现 + 梦想 꿈을 실현하다	回答 + 问题 질문에 대답하다 复习 + 功课 수업한 것을 복습하다
형식	**동사 + 대사 목적어**	
예시	看 + 人家 다른 사람을 보다 等 + 他们 그들을 기다리다 来到 + 这儿 이곳에 오다	要 + 这个 이것을 원하다 感谢 + 你们 당신들에게 감사하다

2) 동사 / 형용사 목적어

형식	**동사 + 동사 목적어**	
예시	开始 + 课 (×) → 开始 + 上课 수업을 시작하다 (○) 喜欢 + 舞 (×) → 喜欢 + 跳舞 춤을 추는 것을 좋아하다 (○) 加以 + 考虑 고려를 하다 给以 + 帮助 도움을 주다	 难以 + 理解 이해하기 어렵다 予以 + 支持 지지를 해주다
형식	**동사 + 형용사 목적어**	
예시	显得 + 老人 (×) → 显得 + 老 늙어 보인다 (○) 显得 + 年轻 젊어 보인다 显得 + 天真 순진해 보인다	 显得 + 漂亮 예뻐 보인다 显得 + 矮小 왜소해 보인다

3) 동사구 / 형용사구 목적어

형식	동사 + 동사구 목적어
예시	打算 + 汉语 (×)→打算 + 学习汉语 중국어를 배울 계획이다 (○) 准备 + 中国 (×)→准备 + 去中国 중국에 가려고 준비한다 (○) 保证 + 今后不说谎 앞으로 거짓말을 하지 않겠다고 보증한다 需要 + 尽快解决这些问题 가능한 한 빨리 이 문제들을 해결해야 한다
형식	동사 + 형용사구 목적어
예시	显得 + 很老 매우 늙어 보인다 觉得 + 非常荣幸 대단히 영광스럽게 생각한다

4) 주술구 목적어

형식	동사 + 주술구 목적어
예시	我希望你们能够取得好成绩。나는 너희가 좋은 성적을 거둘 수 있길 바란다. 父母总是盼望着儿女考上好大学。 부모는 항상 자녀가 좋은 대학에 들어가기를 바라고 있다. 老李认为他可以当厂长。라오리는 그가 공장장이 될 수 있다고 생각한다. 我一直以为韩老师还没结婚。나는 줄곧 한 선생님이 아직 결혼하지 않은 줄 알았다. 我知道你去年夏天干什么了。나는 네가 작년 여름에 무엇을 했는지 안다. 我觉得他这样做一定有他的道理。 나는 그가 이렇게 한 것은 분명히 그만의 이유가 있을 것이라고 생각한다. 我真不理解你们当时是怎么想的。 나는 너희가 그때 어떻게 생각했는지 정말 이해가 안 간다. 我决定今年九月去中国读博士。 나는 올해 9월에 중국으로 가서 박사과정을 공부하기로 결심했다. 我感觉今天的考试应该还不错。나는 오늘 시험이 괜찮았다고 생각한다. 我发现我忍不住做这种事情。나는 내가 이런 일을 참지 못하고 한다는 것을 발견했다. 我嫌他太自私了。나는 그가 너무 이기적인 것이 싫다. 我怕自己做不了。나는 내가 해낼 수 없을까 걱정된다.

2 이합동사(离合动词) 핵심 정리

동사이긴 하지만, 사실은 '동사 + 목적어'의 형태로 이루어진 단어다. 동사에 이미 목적어가 포함되어 있어 바로 뒤에 목적어를 갖지 못하고, 전치사를 이용하거나 이합동사의 목적어 부분을 수식해주는 형태로 목적어를 보충한다. 동량사나 시량사도 이합동사의 동사 부분 뒤에 써야 한다.

1) 여러 가지 이합동사

帮忙 도와주다	请客 한턱내다	结婚 결혼하다	请假 휴가 내다	生气 화내다
毕业 졸업하다	吵架 다투다	散步 산책하다	游泳 수영하다	聊天 이야기하다
吃苦 고생하다	吃惊 놀라다	发愁 걱정하다	订婚 약혼하다	吃亏 손해 보다
开车 운전하다	送礼 선물하다	打架 싸우다	放假 방학하다	敬酒 술을 권하다
叹气 한숨 쉬다	睡觉 잠을 자다	开头 시작하다	操心 걱정하다	撒谎 거짓말하다
敲门 노크하다	唱歌 노래하다	跳舞 춤추다	上课 수업하다	上当 속다
道歉 사과하다	握手 악수하다	洗澡 목욕하다	问好 안부를 묻다	让座 자리를 양보하다

2) 이합동사의 목적어 보충

형식	① 이합동사의 동사 부분 + [관형어] + 이합동사의 목적어 부분
예시	见面 + 你 (✕) → 见 + 你的 + 面 당신을 만나다 (○)

형식	② [전치사 + 시간 / 장소 / 대상] + 이합동사 ③ 이합동사 + [전치사 + 시간 / 장소]
예시	问好 + 他 (✕) → 向 + 他 + 问好 그에게 안부를 묻다 (○) 毕业 + 清华大学 (✕) → 毕业 + 于 + 清华大学 칭화 대학을 졸업하다 (○)

Tip⁺ 이합동사와 자주 쓰이는 전치사

在…散步 / 请客: ~에서 산책하다 / 한턱내다
为…操心 / 担心: ~을 위해 마음 쓰다 / 걱정하다
给…让路 / 回信 / 让座: ~에게 길을 양보하다 / 답장하다 / 자리를 양보하다
跟…见面 / 跳舞 / 结婚 / 吹牛: ~와 만나다 / 춤을 추다 / 결혼하다 / ~에게 허풍 떨다
向…请假 / 道歉 / 问好: ~에게 휴가 내다 / 사과하다 / 안부를 묻다

3) 이합동사의 특징

① 동태조사 了 / 过는 이합동사의 중간(동사 부분 뒤)에 삽입한다.

예시	来中国以后，他帮了我很多忙。 중국에 온 이후, 그는 나를 많이 도와주었다. 他开了一辈子车，从没出过事。 그는 평생 운전했지만, 한 번도 사고 난 적이 없다.

② 관형어(수식어)는 이합동사의 중간(목적어 부분 앞)에 삽입한다.

예시	最近，他吃了一个大亏。 최근에 그는 큰 손해를 보았다. 昨天你没敬李老师酒吗? 어제 넌 리 선생님께 술 안 권해드렸니?

③ 시량보어 / 동량보어는 이합동사의 중간(동사 부분 뒤)에 삽입한다.

예시

他从小到大从没让妈妈操过一回心。
그는 어렸을 때부터 커서까지 엄마께 한 번도 걱정을 끼쳐 드린 적이 없다.
他先后订了两次婚，不知为什么最终都没有结婚。
그는 연이어 두 번이나 약혼했지만, 왜 그런지 결국에는 모두 결혼하지 않았다.
他去年给领导送了一次礼。 그는 작년에 상사에게 선물을 한 번 했다.

3 동사의 중첩

동사를 중첩하면 '좀 ~하다 / 시험 삼아 ~하다'의 의미로, 동작의 시간이 짧거나 횟수가 적음을 나타내며, 말투를 부드럽게 하는 역할도 한다.

1) 1음절 동사: [기본형] A

형식　① AA / A—A: 중간에 —를 붙여 짧은 시간에 이루어졌음을 나타낸다.

예시

说说 좀 말하다	看看 좀 보다	听听 좀 듣다	做做 좀 하다
试试 좀 해보다	尝尝 좀 맛보다	想想 좀 생각하다	洗洗 좀 씻다
走走 좀 가다	找找 좀 찾다		
说一说 좀 말하다	尝一尝 좀 맛보다	想一想 좀 생각하다	
学一学 좀 배우다	试一试 좀 해보다		

Tip⁺　동사의 중첩형 뒤에 看을 붙이기도 한다.
예 说说看 좀 말해보다 / 打打看 좀 쳐보다 / 写写看 좀 써보다 / 听听看 좀 들어보다 / 想想看 좀 생각해보다

형식　② A了A / A了—A: 과거형은 중간에 了를 붙여준다.

예시

听了听 좀 들어봤다	看了看 좀 봤다	试了试 좀 해봤다
说了一说 좀 말해봤다	想了一想 좀 생각해봤다	

2) 2음절 동사: [기본형] AB

형식　① ABAB

예시

休息休息 좀 쉬다	学习学习 좀 공부하다	练习练习 좀 연습하다
介绍介绍 좀 소개하다	研究研究 좀 연구하다	讨论讨论 좀 토론하다
商量商量 좀 상의하다		

형식　② AB了AB: 과거형은 중간에 了를 붙여준다.

예시

休息了休息 좀 쉬었다	学习了学习 좀 공부했다	练习了练习 좀 연습했다
介绍了介绍 좀 소개했다	研究了研究 좀 연구했다	

 동사 뒤에 '한 번, 잠시'라는 뜻의 동량사 一下를 붙여도 같은 뜻이 된다.
예 休息一下 좀 쉬다 / 学习一下 좀 공부하다 / 练习一下 좀 연습하다 / 研究一下 좀 연구하다 /
讨论一下 좀 토론하다 / 商量一下 좀 상의하다

3) 이합동사(동목구조): [기본형] AB

형식	AAB: '동사 + 목적어' 구조의 이합동사는 동사 부분만 중첩한다.
예시	散散步 산책을 좀 하다 　　聊聊天 이야기를 좀 하다 　　打打球 공을 좀 치다 帮帮忙 일을 좀 돕다 　　补补课 수업을 좀 보충하다 　　洗洗澡 목욕을 좀 하다 梳梳头 머리를 좀 빗다 　　谈谈心 이야기를 좀 나누다

 특별한 중첩 형식
동사1 来 동사1(동사2) 去: 看来看去 이리저리 보다 / 翻来覆去 엎치락뒤치락하다
左 동사1 右 동사1(동사2): 左看右看 이리저리 보다 / 左思右想 이리저리 생각하다
东 동사1 西 동사1(동사2): 东看西看 이리저리 보다 / 东奔西跑 이리저리 뛰어다니다

day 7

1. 肯干　　职员　　表扬　　领导　　很

2. 无奈　　表情　　姑姑的　　显得　　有些

3. 决定　　训练时间　　延长　　他们　　适当地

4. 希望　　身材　　女孩子都　　保持　　苗条的

5. 刚才　　觉　　一会儿　　睡了　　婴儿

day 8

1. 稍微　　显得　　一些　　室内场景　　简单

2. 错误　　要善于　　学生的　　教师　　发现

3. 可非常　　觉得　　我　　无聊　　语法

4. 尽快　　这些问题　　需要　　我们　　解决

5. 处理　　这些历史　　一下了　　早该　　问题

05 처치문과 피동문(把자문과 被자문) I

把자문은 목적어를 앞으로 도치시켜 강조하기 위한 구문으로, 처치 대상을 강조한다 하여 '처치문'이라고 부르고, 被자문은 주어가 행위의 주체자가 아니라 행위 대상이 되는 구문으로, 주어를 피동형으로 만든다 하여 '피동문'이라고 부른다. 把자문과 被자문은 따로 공부하는 것보다 비교하여 학습하는 것이 좋다. 시험에서는 把의 동의어 将과 被의 동의어 叫, 让을 비롯하여 把자문과 被자문에서 부사나 조동사의 위치를 알아야 하는 문제가 자주 출제된다. 이번 장에서는 把, 被를 중심으로 문장의 앞부분에 올 수 있는 다양한 품사들을 마스터해보자.

1 把는 목적어(처치 대상)를, 被는 행위 주체자를 끌고 나온다!

전치사 把는 주어 뒤, 술어 앞에서 술어 뒤에 있던 목적어를 문장 중간으로 끌고 나온다. 전치사 被도 주어 뒤, 술어 앞에서 행위자를 이끈다.

예 小偷儿 + 偷走了 + 我的钱包。 도둑이 + 훔쳐갔다 + 내 지갑을
　　주어　　　술어　　　목적어

→ [把자문] 小偷儿 + 把我的钱包 + 偷走了。 도둑이 내 지갑을 훔쳐갔다. (목적어 강조)
→ [被자문] 我的钱包 + 被小偷儿 + 偷走了。 내 지갑은 도둑이 훔쳐갔다. (행위자 강조)

2 부사, 조동사는 把, 被 앞에 위치시킨다!

부정부사, 일반부사, 조동사 등은 모두 전치사 把, 被 앞에 놓는다.

예 부정부사: 不，没(有)，别，不要
　　 일반부사: 总是，终于，故意，根本，可能，竟然，从来
　　 조동사: 愿意，想，要，会，能，应该，可以

3 범위부사(都, 全, 全部)는 복수를 나타내는 말 뒤에 놓는다!

① 주어가 我们(우리), 每个人(누구나), 所有的人(모든 사람)처럼 복수라면 주어 바로 뒤에 都를 쓴다.

　　예 每个人都要保护环境。 누구든지 모두 환경을 보호해야 한다.

② 전치사 把 뒤에 所有的东西(모든 물건), 这些生词(이 단어들) 등과 같이 복수를 나타내는 말이 나오면 把가 이끄는 전치사구 뒤에 都를 쓴다.

　　예 我把所有的东西都装在箱子里了。 나는 모든 물건을 전부 상자 안에 넣었다.

④ 把자문, 被자문에서 술어 찾는 법!

이러한 특수 구문에서는 술어가 동사 하나만으로 끝나지 않고, 뒤에 결과 · 방향 · 정도보어, 동사의 중첩형 등 다양한 부가 성분이 나온다. 따라서 把자문과 被자문에서 술어를 제대로 찾으려면 '기타 성분'을 포함하고 있는 단어를 찾으면 된다.

① 술어 + 결과보어

> **예** 借给 ~에게 빌려주다 / 当成 ~로 여기다 / 看做 ~로 보다 / 分配给 ~에게 분배하다

② 술어 + 방향보어

> **예** 带进 들여오다 / 存进 예금하다 / 退回来 되돌아오다

③ 술어 + 동태조사

> **예** 删除了 삭제했다 / 采纳了 받아들였다 / 承认了 승인했다

내가 생각하는 HSK란? – HSK는 [　　　　]다.

- HSK는 농사다. 정성을 들인 만큼 결과가 나오기 때문이다. – 조준범
- HSK는 색깔이다. 꾸미면 꾸밀수록 다양하고 돋보이니까. – 현복미
- HSK는 만리장성이다. 올라가는 과정은 어렵고 힘들지만, 정상에서 내려다보면 보람을 느낀다. – 조혜림
- HSK는 스테이플러다. 잘 찍으면 성공한다. – 최의범

문제 1	他　　借给　　朋友　　那本书　　把　　不愿意

| 문제 분석 | 把자문에서 부정부사(不)와 조동사(愿意)의 위치에 주목! ◀ S2, S4 적용

| | 그 | ~에게 빌려주다 | 친구 | 그 책 | ~을 | 바라지 않는다 |

정답　他不愿意把那本书借给朋友。　그는 그 책을 친구에게 빌려주고 싶지 않다.

단어　借 jiè 동 빌리다 | 朋友 péngyou 명 친구 | 本 běn 양 권 | 愿意 yuànyi 조동 ~하고 싶다

해설

**1단계
주어를
찾아라!**

① 他(그): 대사
② 朋友(친구): 명사
③ 那本书(그 책): 지시대사 + 양사 + 명사
명사(구)와 대사는 문장에서 주어, 목적어, 전치사구의 3가지로 쓰인다. 따라서 술어를 찾고, 그에 어울리는 주어와 목적어를 선택해야 한다.

**2단계
술어를
찾아라!**

借给(~에게 빌려주다): '동사(借) + 결과보어(给)'의 형태로, 술어가 될 수 있다.

**3단계
기타 성분을
삽입하라!**

① 把(~를): 전치사로, 처치문을 만드는 把 뒤에는 처치 대상이 나온다. 술어가 借给(~에게 빌려주다)이므로 朋友(친구)나 他(그)를 빌려준다고 말할 수 없다. 따라서 那本书(그 책)와 결합시켜 전치사구인 把那本书(그 책을)를 만든다.
② 不愿意(~하고 싶지 않다): '부정부사 + 조동사'의 형태로, 술어 앞이나, 전치사가 있으면 전치사구 앞에 놓는다. '부사 + 조동사 + 전치사구'의 어순에 맞게 배치한다. → 不愿意把那本书(그 책을 ~하고 싶지 않다)
→ 他(그: 주어) + 不愿意把那本书(그 책을 ~하고 싶지 않다: 부사어) + 借给(~에게 빌려주다: 술어) + 朋友(친구: 목적어)

➡ 따라서 답은 他不愿意把那本书借给朋友(그는 그 책을 친구에게 빌려주고 싶지 않다)의 순서가 된다.

Tip⁺　명사나 명사구가 여러 개 있을 때는 어떤 것이 처치 대상이 되는지 잘 구분해야 한다. 부정부사와 조동사는 모두 전치사 把 앞부분에 위치시키면 된다.

| 문제 분석 | 행위자와 행위 대상의 구분에 주목!　◀ S1, S4 적용

| | 소포 | 되돌아왔다 | ~에 의해 | 그것 | 우체국 |

| 정답 | 那件包裹被邮局退回来了。　그 소포는 우체국에서 되돌아왔다.

| 단어 | 包裹 bāoguǒ 몡 소포 | 退 tuì 동 반환하다 | 邮局 yóujú 몡 우체국

| 해설 |

1단계 주어를 찾아라!

① 包裹(소포) / 邮局(우체국): 명사로, 주어(행위 대상)로 쓰이거나, 被 이하 부분에서 행위자로 쓸 수 있다.
② 那件(그것): '지시대사 + 양사'의 형태다. 양사 件과 어울리는 명사는 包裹(소포)다. → 那件包裹(그 소포)

✎Tip⁺ 우체국은 家라는 양사와 함께 쓰여 一家邮局(한 우체국)라고 표현한다.

2단계 술어를 찾아라!

退回来了(되돌아왔다): 동태조사 了를 보고 술어임을 알 수 있다.

3단계 행위자와 행위 대상을 판단하라!

被(~에 의해): 피동문을 만드는 전치사로, 명사와 결합하여 전치사구를 이룬다. 피동문에서 행위 대상은 주어 자리에 위치하고, 행위 주체자는 被 이하 부분에 나오는데, '소포가 우체국을 되돌려보낸 것'이 아니라 '우체국에서 소포를 되돌려보낸 것'이므로, 행위자는 邮局(우체국)가 되고, 那件包裹(그 소포)는 주어가 된다. → 那件包裹被邮局(그 소포는 우체국에 의해)

✎Tip⁺ 被자문에서 행위자를 알 수 없거나 언급할 필요가 없을 때는 생략할 수도 있다.

4단계 전치사구를 삽입하라!

被가 이끄는 전치사구를 주어 뒤, 술어 앞에 위치시킨다.
→ 那件包裹(그 소포: 주어) + 被邮局(우체국에 의해: 전치사구) + 退回来了(되돌아왔다: 술어)

➡ 따라서 답은 那件包裹被邮局退回来了(그 소포는 우체국에서 되돌아왔다)의 순서가 된다.

✎Tip⁺ 피동문에 등장하는 명사 중에서 행위자와 행위 대상을 잘 구분해야 한다.

1 把자문과 被자문

1) 把자문(처치문)

중국어 문장의 기본 어순은 '주어 + 술어 + 목적어'다. 把자문은 기본 문장에서 술어 뒤에 놓이는 목적어를 술어 앞으로 도치시켜, 그 목적어(대상)를 어떻게 처치했는지의 동작 결과를 강조하는 문장이다.

> [일반문]　주어 + 술어 + 　목적어
>
> 　　　　　他 + 吃了 + 我的苹果。 그는 내 사과를 먹었다.

누가 사과를 먹었는지(주어), 또는 그가 무엇을 먹었는지(목적어)를 강조한다.

> [把자문]　주어 + 把 + 목적어(처치 대상) + 　술어
>
> 　　　　　他 + 把 + 　我的苹果　 + 吃掉了。 그가 내 사과를 먹어버렸다.

그가 사과를 어떻게 했는지, 가져갔는지 버렸는지 먹었는지 등의 처지 결과를 강조한다.

> **Tip⁺** 말하는 사람과 듣는 사람이 모두 대상을 확실히 인지하고 있는 상황에서, 그 대상이 어떻게 되었는지 동작의 결과를 강조할 때 처치문을 쓴다.

2) 被자문(피동문)

피동문은 주어가 동작을 하지 않고, 다른 누군가에 의해서 어떤 동작을 당하거나, 심지어 그로 인해 피해를 보았다는 뜻이 있다.

예 他被老师称为模范学生。 그는 선생님에게 모범학생으로 불린다. (행위의 주체자가 주어가 아님)

　　我被老师批评了一顿。 나는 선생님께 한바탕 꾸지람을 들었다. (주어가 피해를 당함)

2 把자문과 被자문 비교

기본 문장:　他　　打破了　我的杯子。　　　그는 내 컵을 깼다.
　　　　　　주어　+　술어　+　목적어

把 자 문 :　他　　把　我的杯子　打破　了。　　그가 내 컵을 깨버렸다.
　　　　　　주어 + 把 + 처치 대상 + 술어 + 기타 성분

被 자 문 :　我的杯子　被　他　　打破　了。　　내 컵은 그에 의해 깨졌다.
　　　　　　주어 + 被 + 행위자 + 술어 + 기타 성분

1) 목적어(처치·행위 대상) 위치 비교

기본 문장의 목적어는 맨 끝에서 점점 앞으로 옮겨진다.

把자문	처치 대상인 목적어를 도치시켜 문장 중간인 把 뒤에 둔다. (전치사의 목적어)
被자문	행위를 당한 대상을 도치시켜 문장 맨 앞인 被 앞에 둔다. (주어)

2) 주어(행위자) 위치 비교

把자문	행위의 주체자가 문장 맨 앞인 把 앞에 위치한다. (주어)
被자문	행위의 주체자가 문장 중간인 被 뒤에 위치한다. (전치사의 목적어)

3) 기타 문장 성분 위치 비교

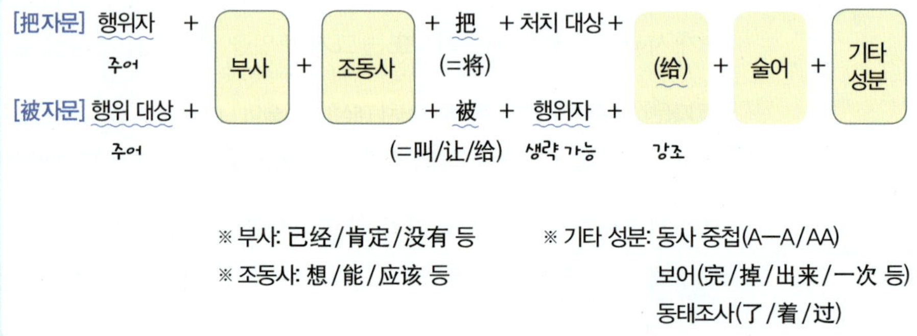

3 把자문과 被자문의 공통점

1) 把와 被는 전치사로, 뒤에 명사를 이끈다.

형식	把 / 被 + 명사 + 술어
예시	他把我的钱包拿走了。 그는 내 지갑을 가지고 갔다. 我的钱包被他拿走了。 내 지갑은 그가 가지고 갔다.

형식	被 + (명사) + 술어 단, 被자문에서는 행위의 주체자가 명확해서 굳이 말할 필요가 없거나, 불확실해서 밝힐 수 없을 때, 被 뒤에 나오는 명사(행위자)를 생략할 수 있다.
예시	我被(她)气得说不出话来了。 나는 (그녀 때문에) 화가 나서 말을 할 수가 없었다. → 그녀 때문에 화가 났다는 것이 설명하지 않아도 명백한 상황이면, 행위 주체자를 생략할 수 있다. 自从那次事件后，他的名字逐渐被(人们)淡忘了。 그 사건 이후로 그의 이름은 점점 (사람들에게) 잊혀졌다.

2) 부사, 조동사는 전치사인 把와 被 앞에 위치한다.

형식	① 조동사 + 把 / 被 + …

예시	我要把今天的作业做完。 나는 오늘 숙제를 끝내야 한다. 那本小说会被别人借走的。 그 소설책은 다른 사람이 빌려갈 것이다.

> ✏️**Tip⁺** 단골로 나오는 조동사: 想 ～하고 싶다 / 要 ～해야 한다 / 会 ～할 것이다 / 应该 ～해야 한다 /
> 愿意 ～하길 바란다 / 肯 기꺼이 ～하다

형식	② 부사 + 把 / 被 + …

예시	我已经把你忘记了。 난 이미 널 잊었다. 他竟然把自己的名字写错了。 그는 뜻밖에도 자신의 이름을 잘못 적었다. 饼干可能被孩子吃光了。 과자는 아마도 아이가 다 먹어버렸을 것이다.

형식	예외적으로 범위부사(全部 / 都 등)는 범위를 나타내는 어휘 뒤에 위치한다.

예시	他把爱都给她了。 그는 사랑을 모두 그녀에게 주었다. 孩子不小心把我的短信全删了。 아이가 실수로 나의 문자 메시지를 전부 삭제했다. 你把这些生词全部背完。 너는 이 단어들을 모두 외워라.

> ✏️**Tip⁺** 단골로 나오는 부사: 已经 이미 / 终于 마침내 / 竟然 뜻밖에 / 可能 아마도 / 肯定 분명히 /
> 从来 여태껏 / 总是 늘, 언제나 / 故意 고의로

형식	③ 일반부사 + 부정부사 + 把 / 被 + … 부사가 2개라면 일반부사 뒤에 부정부사를 쓴다.

예시	他根本没有把自己的事情做完。 그는 자신의 일을 전혀 완성하지 않았다. 她的想法从来没有被大家接受过。 그녀의 생각은 여태껏 사람들에게 받아들여진 적이 없다.

> ✏️**Tip⁺** 단골로 나오는 부정부사: 别 ～하지 마라 / 不 아니다 / 没(有) ～ 않다

형식	④ (부정)부사 + 조동사 + 把 / 被 + …

예시	你不能把我忘掉。 너는 나를 잊어버려서는 안 된다. 我不想被别人嘲笑。 나는 다른 사람에게 비웃음을 받고 싶지 않다. 你一定会被别人铭记在心的。 너는 분명히 다른 사람으로부터 마음속 깊이 새겨질 것이다.

3) 강조 용법으로 쓰인 给는 술어 앞에 위치한다.

예시	他往往把不该忘的事也给忘了。 그는 종종 잊어서는 안 되는 일도 잊어버렸다. 他们被眼前的影像给惊呆了。 그들은 눈앞의 형상에 넋이 나갔다.

4) 목적어는 특정한 것이어야 한다.

예시	把一个面包递给我。 (×) → 把那个面包递给我。 (○) 그 빵을 나에게 건네줘. 把一封信交给班长。 (×) → 把这封信交给班长。 (○) 이 편지를 반장에게 전해줘.

day 9

1. 把　　总是　　小孩子　　成年的儿女　　父母　　当成

2. 根本　　看做是　　他的朋友　　把你　　他　　没

3. 把　　她　　信息　　删除了　　全部　　手机里的

4. 建议　　工人们的　　采纳了　　已经　　公司　　被

5. 预订　　3号桌　　已经　　了　　被　　别人

day 10

1. 别　　酒吧　　宠物　　把　　带进

2. 他　　故意　　谜底　　把谜语的　　不　　告诉我

3. 节省下来的钱　　把　　银行里了　　他　　存进　　都

4. 名牌大学　　了　　录取　　他　　那所　　被

5. 终于　　研究成果　　被　　承认了　　学术界　　他的

처치문과 피동문(把字문과 被字문) II

新HSK의 기출문제를 분석해보면, 쓰기 제1부분에서 把字문과 被字문 문제가 매회 각 1문제씩(총 2문제)은 꼭 출제되는 높은 출제율을 보이고 있다. 이번 장에서는 把字문과 被字문이 뒤에 어떠한 꼬리 성분을 끌고 나오는지, 또 어떤 형태로 변형될 수 있는지 집중적으로 배워본다. 출제 비중이 높은 부분인 만큼 완벽하게 학습해두자.

5끝 시크릿 백전백승

1 술어 뒤에는 항상 다른 성분이 있다!

술어 뒤에 쓰이는 수식 성분에는 여러 가지 보어(결과/방향/동량/시량/정도)와 동태조사, 동사의 중첩형, 이중 목적어 등이 있다. 이러한 기타 성분들이 동사 술어 이하에 반드시 나와야 한다.

예 결과보어: 在，给，到
　　방향보어: 出来，下来，上来
　　동량보어: 一次，一遍
　　시량보어: 五天，一个小时
　　동태조사: 了，着，过

2 把와 被는 다른 말로 바꿔 쓸 수 있다!

把는 将으로, 被는 叫，让으로 바꿔 표현할 수 있다. 이러한 단어들이 제시되면 把자문이나 被자문이 될 수 있다는 것을 알아야 한다.

예 你别将这个秘密说出去。 너는 이 비밀을 발설하지 마라. (把자문)
　　那个花瓶叫孩子打碎了。 그 화병은 아이에 의해 깨졌다. (被자문)

3 被 뒤의 행위자(주체자)는 생략할 수 있다!

일반적으로 전치사는 뒤에 명사 성분이 있어야 하지만, 전치사 被는 행위자를 언급할 필요가 없거나 불확실할 경우, 뒤에 나오는 명사를 생략할 수 있다. 즉 동사와 직접 결합할 수 있다는 뜻이다.

> Tip+ 叫, 让은 被의 동의어지만 뒤에 나오는 행위자(주체자)를 생략할 수 없다.
> 예 我叫吸引住了。(×) → 我被吸引住了。(○) 나는 매료되었다.

4 강조를 나타내는 给와 所는 술어 앞에 놓는다!

① **给**: 동작을 강조하기 위해 술어 앞에 쓸 수 있다. 把자문과 被자문에 모두 쓰인다.

예 [把자문] 我把他的名字给忘了。 나는 그의 이름을 잊어버렸다.

[被자문] 他的名字被我给忘了。 그의 이름은 나에 의해 잊혀졌다.

② **所**: 被…所… / 为…所…의 형태로 쓰인다. 被자문에서만 쓸 수 있다.

예 我被这部电影所感动。 나는 이 영화에 감동받았다.

5 把자문과 被자문의 변형 형태를 기억하라!

把…当作… = 以…为… ~을 ~로 삼다
被…所… = 为…所… ~에 의해 ~ 되다

把자문은 '以＋명사＋为＋명사'로, 被자문은 '为＋명사＋所＋술어'로 바꿔 쓸 수 있다. 따라서 이런 단어가 보이면 把나 被가 없더라도 把자문이나 被자문임을 알아채야 한다.

예 [把자문] 以他为代表 그를 대표로 하다

以他为榜样 그를 본보기로 삼다

北方以面食为主。 북쪽은 밀가루 음식을 주식으로 한다.

[被자문] 为人们所喜欢 사람들에게 사랑받다

为人们所看不起 사람들에게 업신여김을 당하다

为歌声所吸引 노랫소리에 매료되다

| 문제 ① | 每个士兵 | 他 | 给了 | 分配 | 把食物 |

| 문제 분석 | 把자문의 술어 뒤에 각종 보어가 나올 수 있음에 주목! ─ **S1 적용**

| | 모든 병사 | 그 | 주었다 | 분배하다 | 음식을 |
| 정답 | 他把食物分配给了每个士兵。 그는 모든 병사에게 음식을 분배해주었다. |

단어 士兵 shìbīng 몡 병사 | 分配 fēnpèi 됭 분배하다 | 食物 shíwù 몡 음식물

해설

1단계 주어를 찾아라!
① 每个士兵(모든 병사): 명사구
② 他(그): 대사
모두 문장 안에서 주어나 목적어가 될 수 있다. 술어의 의미에 따라 주어인지 목적어인지 판단한다.

2단계 술어를 찾아라!
① 分配(분배하다): 동사로, 술어가 될 수 있다.
② 给了(주었다): '동사 + 동태조사'의 형태로, 여기서 给는 分配 뒤에서 결과보어 역할을 할 수 있다. '술어 + 결과보어 + 동태조사'의 순서가 되도록 배열한다. → 分配给了(분배해주었다)

3단계 주어·목적어를 판단하라!
分配(분배하다)는 여러 사람에게 나눠준다는 뜻이므로, 목적어가 여러 사람을 나타내는 每个士兵(모든 병사)이 되고, 주어는 他(그)가 되는 것이 적절하다. → 他分配给了每个士兵(그는 모든 병사에게 분배해주었다)

4단계 기타 성분을 삽입하라!
把食物(음식을): '전치사 + 명사'의 형태다. 전치사 把와 처치 대상(食物)이 결합된 전치사구로, 주어 뒤, 술어 앞에 위치한다.
→ 他(그: 주어) + 把食物(음식을: 부사어) + 分配给了(분배해주었다: 술어) + 每个士兵(모든 병사: 목적어)

➡ 따라서 답은 他把食物分配给了每个士兵(그는 모든 병사에게 음식을 분배해주었다)의 순서가 된다.

Tip⁺ 把자문과 被자문은 술어 뒤에 기타 성분(각종 보어 등)을 끌고 나온다. 동사나 형용사는 술어 뒤에서 결과보어가 될 수 있으며, 동태조사가 있다면 술어 동사 뒤가 아니라 보어 뒤에 나와야 한다.

认为是　　　建设史上的　　　长城　　奇迹　　被

| **문제 분석** | 被자문에서 행위자를 생략하고 바로 술어가 나올 수 있음에 주목!　◀ S3 적용

| ~라고 여기다 | 건설 역사상의 | 만리장성 | 기적 | ~에 의해 |

정답　长城被认为是建设史上的奇迹。　만리장성은 건설 역사상의 기적으로 여겨진다.

단어　认为 rènwéi 통 여기다 | 建设 jiànshè 명 건설 | 史 shǐ 명 역사 | 长城 Chángchéng 명 만리장성 | 奇迹 qíjì 명 기적

해설

1단계 주어를 찾아라!

① 建设史上的(건설 역사상의): 관형어로, 구조조사 的가 있으므로 뒤에 명사를 결합시킬 수 있다.

② 长城(만리장성) / 奇迹(기적): 모두 명사로, 문장에서 주어나 목적어가 될 수 있다.

의미상 '건설 역사상의 만리장성'보다 '건설 역사상의 기적'이 자연스러우므로 建设史上的奇迹로 배열한다.

2단계 술어를 찾아라!

认为是(~라고 여기다): 동사로, 술어 자리에 위치시킨다. 의미상 '만리장성이라고 여기다'보다 '건설 역사상의 기적이라고 여기다'가 자연스러우므로, 술어와 어울리도록 목적어(建设史上的奇迹)를 배치시킨다.

3단계 기타 성분을 삽입하라!

被(~에 의해): 전치사로, 주어 뒤, 술어 앞에 위치시킨다. 일반적으로 전치사는 뒤에 명사를 끌고 나와 전치사구를 만들지만, 被 는 다른 전치사들과는 다르게 행위자를 언급할 필요가 없다면 생략하고, 바로 술어와 결합할 수 있다.

➡ 따라서 답은 长城被认为是建设史上的奇迹(만리장성은 건설 역사상의 기적으로 여겨진다)의 순서가 된다.

Tip⁺　被는 전치사 중에서도 유일하게 명사를 생략할 수 있다. 무조건 전치사 뒤에 명사를 붙여야 한다는 생각에 长城이나 奇迹를 被 뒤에 배치해서는 안 된다.

感动日记

▶ 오늘 새롭게 알게 된 내용, 가장 중요한 핵심내용, 학습 소감과 각오 등을 적어보세요.

1 把자문 · 被자문의 기타 성분

把자문과 被자문은 술어 뒤에 동태조사나 각종 보어 등의 기타 성분을 반드시 써주어야
한다. 술어 뒤에서 기타 성분의 역할을 할 수 있는 것은 어떤 것들인지 살펴보자.

기타 성분	把자문	被자문
결과보어 동사 + 在 / 给 / 到 / 成 / 作 / 为	把那部小说翻译成英文 그 소설을 영문으로 번역하다	他被选为最佳选手。 그는 가장 훌륭한 선수로 뽑혔다.
방향보어 동사 + 出来 / 下来 / 上来	把那个书包递过来 그 책가방을 건네주다	被大伙儿拉出来 사람들로부터 끌려나오다
정도보어 동사 / 형용사 + 得 + 동사 / 형용사	把课文背得很熟练 본문을 매우 능숙하게 외우다	被打得厉害 심하게 얻어맞다
동량보어 동사 + 一次 / 一遍	把今天学的生词抄了一遍 오늘 공부한 단어를 한 번 베껴 썼다	被浏览了十几次 10여 번 대충 훑어졌다
시량보어 동사+ 一天 / 一个小时	把时间延长了一天 시간을 하루 연장했다 把婚礼推迟了半年 결혼을 반년 미루었다	我被他打了一个小时。 나는 그에게 한 시간 동안 맞았다.
가능보어	我把夏天受不了。(×)	夏天被我受不了。(×)
동태조사 동사 + 了 / 着 / 过	他把书带着。 그는 책을 가지고 있다. 他把书带来了。 그는 책을 가지고 왔다.	他被老师批评了。 그는 선생님한테 혼이 났다. 他被老师批评过。 그는 선생님에게 혼난 적이 있다.
동사 중첩 A一A / AA	把那首诗背一背。 그 시를 외워봐라.	我的日记被他看看。(×)
감각 · 인지 · 심리동사	我把那件事知道了。(×) 同学们把课文明白了。(×)	那条消息被他知道了。 그 소식을 그가 알아버렸다. 他被这部电影感动了。 그는 이 영화에 감동받았다.

4급에서 기본적인 내용을 알아야 하는 문제가 출제되었다면, 5급에서는 조금 더 고급스런 표현이나 서면어 등의 문제가 출제될 가능성이 높다. 把，被의 동의어는 무엇이고, 어떻게 바뀌어 표현될 수 있는지 알아두자.

변형 표현	把자문	被자문
전치사 동의어	把(회화체) = 将(서면어) 예 他把衣服扔到床上。 　그는 옷을 침대 위로 던졌다. 弟弟将成绩单藏了起来。 동생은 성적표를 숨겼다.	被 = 给，叫，让 (被，给만 행위자 생략 가능) 예 他被(校长)表扬了一顿。 　그는 (교장 선생님으로부터) 칭찬받았다. 她给(这首歌儿)吸引住了。 그녀는 (이 노래에) 매료되었다.
서면어	以 A 为 B : A를 B로 삼다 예 我以我的祖国为荣。 　나는 내 조국을 영광으로 삼는다. 他以现实为背景创作了小说。 그는 현실을 배경으로 삼아 소설을 창작했다. 很多国家以英语为母语。 여러 국가가 영어를 모국어로 삼는다.	被 / 为 … 所 + 2음절 동사 : ～에 의해 ～되다 예 他不想为公司所控制，于是辞了职。 　그는 회사에 통제당하기 싫어서 사직했다. 很多人往往为家人所影响。 많은 사람이 종종 가족에 의해 영향을 받는다. 教练为队员们的精神所激励。 코치는 팀원들의 정신에 격려받았다.
고정 구문	把 … 동사 + 成 / 作 / 为 … : ～를 ～로 ～하다(把 … 当成 / 看作 / 视为 / 制作为 …) 예 他把我视为偶像。 　그는 나를 우상으로 본다. 邻居家的阿姨把我当作女儿。 이웃집 아주머니는 나를 딸로 여긴다. 他把"骑"字看成"椅"字。 그는 '骑'자를 '椅'자로 잘못 보았다.	被 … 동사 + 为 … : ～에 의해 ～로 ～되다(被 … 称为 / 视为 / 选为 / 认为 / 呼为 / 誉为 / 封为 / 命名为 …) 예 他被选为班长了。 그는 반장으로 뽑혔다. 这颗新发现的行星被命名为"银河九号"。 새로 발견된 이 행성은 '은하 9호'로 이름 지어졌다. 很多独生子女被父母视为"掌上明珠"。 많은 외동자녀는 부모들에게 '보물'처럼 여겨진다.

1) 정도보어와의 연용

把자문은 기타 성분으로 정도보어를 끌고 나올 수 있다. 술어 뒤에 정도보어를 써주면 된다.

형식	把 + 처치 대상 + 술어 + 정도보어
예시	这件事把她急得直冒汗。 이 일은 그녀를 땀이 계속 날 정도로 다급하게 했다.
	孩子把妈妈气得不得了。 아이는 엄마를 대단히 화나게 했다.
	妈妈把房间打扫得干干净净。 엄마께서는 방을 깨끗하게 청소하셨다.

2) 겸어문과의 연용

겸어문에서 把자문 구조를 함께 쓸 때는, 겸어동사(叫, 让)를 먼저 쓰고 把자문을 나중에 쓴다.

형식	주어 + 叫 / 让 + 명사 + 술어 + 把자문
예시	我叫他马上开车把她送回家。 나는 그에게 즉시 차를 몰고 그녀를 집으로 데려다 주도록 했다.
	老师叫学生回家把作业拿来。 선생님은 학생에게 집으로 돌아가 숙제를 가져오도록 했다.
	经理让我尽快把工作做完。 팀장님은 나에게 최대한 빨리 일을 완성하라고 했다.

3) 연동문과의 연용

동사가 2개 이상 나오는 연동문에서 把자문 구조를 함께 쓸 때는, 다른 동사들을 먼저 쓰고 把자문을 나중에 쓰면 된다.

형식	주어 + 동사1 + 동사2 + 把자문
예시	我打电话让妻子把孩子接回来。 나는 전화해서 아내에게 아이를 데리고 오라고 했다.
	你开车去把李教授接到这儿来。 너는 차를 몰고 가서 리 교수님을 이리로 모시고 와라.
	他写信告诉妈妈把冬天的衣服寄到学校来。 그는 편지를 써서 엄마에게 겨울옷을 학교로 부쳐달라고 말했다.

day 11

1. 提前了　　面试的　　五天　　公司　　时间　　把

____

2. 李太太　　给　　聚会的事　　把　　忘了

____

3. 以　　榜样　　成功人士　　我们　　应该　　为

____

4. 所　　骗子的　　他　　被　　迷惑　　甜言蜜语

____

5. 被　　镜子　　粉碎　　摔得　　一个圆圆的

____

day 12

1. 把问题　　不要　　这么　　你　　严重　　说得

____

2. 分数　　以　　不能　　目的　　为　　学习

____

3. 领域　　这个理论　　被　　很多　　应用到

____

4. 为　　剧情　　感动　　这部电影的　　很多观众都　　所

____

5. 被　　给吓跑了　　小朋友们　　别　　小狗

____

07 특수 구문 (연동문, 겸어문, 비교문)

day 13~14

> 특수 구문을 공부할 때 가장 중요한 것은 개념 이해다. 연동문은 여러 개의 동사가 연속해서 등장하는 문장을 말한다. 겸어문은 사역동사가 있어서 동작을 시키는 사람과 행하는 사람이 달라지며, 앞 절의 목적어(동작을 지시받는 사람)가 뒤 절에서는 주어(동작을 하는 사람)가 되어 2가지 역할을 겸한다. 비교문은 두 가지 대상을 비교하는 문장이다.

1 연동문에서 동사는 동작의 발생 순서대로 나열하라!

연동문이 출제되면 동사가 최소 2개 이상 주어진다. 동사는 동작의 발생 순서나 시간의 흐름에 따라 나열하고 어울리는 목적어를 붙여준다. 동사 위치의 몇 가지 규칙성을 알아두는 것도 도움이 된다.

▶ **첫 번째 동사 찾는 비법**

① 왕래발착 동사(来, 去, 到 등), 존재동사(有)는 첫 번째 동사가 될 가능성이 크다.

> 예 去图书馆借书 도서관에 가서 책을 빌리다
>
> 有能力帮助你 너를 도와줄 능력이 있다
>
> 没有时间帮助你 너를 도와줄 시간이 없다

② 동태조사 着가 있으면 첫 번째 동사가 될 가능성이 크다.

> 예 带着 가지고 있다 / 领着 들고 있다 / 陪着 모시고 있다
>
> 站着 서 있다 / 躺着 누워 있다 / 坐着 앉아 있다

▶ **마지막 동사 찾는 비법**

① 완료를 나타내는 了나 경험을 나타내는 过가 있으면 마지막 동사가 된다.

> 예 整理了 정리했다 / 感动了 감동했다
>
> 旅行过 여행한 적이 있다 / 讨论过 토론한 적이 있다

② 중첩형이거나, 동량보어(一下 등)를 가지고 있으면 마지막 동사가 된다.

> 예 商量商量 상의 좀 하다 / 问问老师 선생님께 좀 물어보다
>
> 打听一下 한 번 물어보다 / 研究一下 한번 연구하다 / 登记一下 한번 등록하다

2 겸어문에 쓰이는 사역동사 让, 叫, 令, 使를 숙지하라!

겸어문에 쓰이는 동사는 매우 다양하지만, 가장 기본적인 동사는 让, 叫, 令, 使와 같은 사역동사로, 이런 동사들이 발견되면 그 즉시 겸어문임을 알아채야 한다. 연동문에서 사역동사가 나오면 첫 번째 동사가 된다.

예 爸爸叫我去机场接姑妈。 아빠는 나에게 공항에 가서 고모를 마중하라고 시키셨다.

3 연동문과 겸어문에서 부사, 조동사는 첫 번째 동사 앞에 둔다!

[연동문] 我来这里曾经找过他。(×) → 我曾经来这里找过他。(○)
나는 예전에 이곳에 와서 그를 찾은 적이 있다.

[겸어문] 我让他从来没有抽烟。(×) → 我从来没有让他抽烟。(○)
나는 여태껏 그에게 담배를 피우라고 한 적이 없다.

4 비교문에서 긍정형은 比, 부정형은 不如 / 没有를 쓴다!

예 我比你高。 나는 너보다 키가 크다. → 앞의 내용을 긍정

我没有你高。 / 我不如你高。 나는 너만큼 키가 크지 않다. → 뒤의 내용을 긍정

5 비교문에서 두 번째로 언급되는 명사는 생략할 수 있다!

주어와 비교 대상에 공통된 명사 부분이 있다면 생략할 수 있다.

예 这件衣服比那件(衣服)漂亮。 이 옷은 그(옷)보다 예쁘다.

今年的收入比去年(的收入)增加了。 올해의 수입은 작년(의 수입)보다 증가했다.

6 비교문의 다양한 표현법을 암기하라!

이 장의 '시크릿 보물상자'에 정리된 비교문의 다양한 표현법을 익혀두면 어떠한 비교문 문제가 나와도 자유자재로 어순을 배열할 수 있다.

| 문제 1 | 锻炼　　　　去运动场　　　　他　　　偶尔　　　会 |

| 문제 분석 | **연동문에서 동작의 발생 순서와 부사, 조동사의 위치에 주목!** ◀━ S1, S3 적용

| | 단련하다　　　　운동장에 가다　　　　　그　　　　가끔　　　~할 것이다 |

| 정답 | 他偶尔会去运动场锻炼。　그는 가끔 운동장에 가서 (몸을) 단련할 것이다. |

| 단어 | 锻炼 duànliàn 통 (몸을) 단련하다 | 运动场 yùndòngchǎng 명 운동장 | 偶尔 ǒu'ěr 부 가끔

| 해설 |

1단계
주어를 찾아라!

他(그): 대사로, 문장 안에서 주어가 될 수 있다.

2단계
술어를 찾아라!

① 锻炼(단련하다): 동사
② 去运动场(운동장에 가다): 동사 + 목적어
동사가 2개 이상 나오는 연동문에서는 동작의 발생 순서에 따라 동사를 배치한다. 먼저 운동장에 간 다음에 몸을 단련할 수 있으므로 去运动场锻炼(운동장에 가서 (몸을) 단련하다)의 순서로 배열한다.

3단계
기타 성분을 삽입하라!

① 偶尔(가끔): 부사
② 会(~할 것이다): 조동사
부사, 조동사, 전치사와 같은 성분들이 나오면 '주어 + (부사 + 조동사 + 전치사) + 술어 + 목적어'의 순서로 배열한다.
→ 他(그: 주어) + 偶尔会(가끔 ~할 것이다: 부사 + 조동사) + 去运动场
　 (운동장에 가다: 동사1 + 목적어) + 锻炼(단련하다: 동사2)

➡ 따라서 답은 他偶尔会去运动场锻炼(그는 가끔 운동장에 가서 (몸을) 단련할 것이다)의 순서가 된다.

✎Tip⁺ 동사가 여러 개 나오는 연동문에서 동사는 동작의 순서나 시간 순서대로 나열하고, 부사나 조동사는 일반적으로 첫 번째 동사 앞에 위치시킨다.

　一部　　　电影　　　他拍的　　　感人　　　比一部

| 문제 분석 | '수량사 + 比 + 수량사' 비교문에 주목!　◀ S6 적용

한 편	영화	그가 찍은	감동적이다	한 편보다

| 정답 | 他拍的电影一部比一部感人。　그가 찍은 영화는 한 편 한 편 모두 감동적이다.

| 단어 | 部 bù ⑱ 편, 부 | 电影 diànyǐng ⑲ 영화 | 拍 pāi ⑧ 촬영하다 | 感人 gǎnrén ⑲ 감동적이다

| 해설 |

1단계
주어를 찾아라!

① 电影(영화): 명사
② 他拍的(그가 찍은): 구조조사 的가 있으므로 명사와 결합할 수 있다.
→ 他拍的电影(그가 찍은 영화)으로 결합시켜 주어를 만든다.

2단계
술어를 찾아라!

感人(감동적이다): 형용사로, 술어가 될 수 있다.

3단계
특수 비교문을 파악하라!

① 一部(한 편): 수사 + 양사
② 比一部(한 편보다): 전치사 + 수사 + 양사
比를 보면 비교문임을 알 수 있고, 동일한 수량사가 2개 있으므로 '수량사 + 比 + 수량사' 구조의 비교문임을 알 수 있다. → 一部比一部(한 편 한 편 모두)

🖍 Tip⁺
一 + 일반양사 + 比 + 一 + 일반양사: 모두(= 都 / 所有的)
一 + 시간양사 + 比 + 一 + 시간양사: 점점 더(= 越来越)

➡ 따라서 답은 他拍的电影一部比一部感人(그가 찍은 영화는 한 편 한 편 모두 감동적이다)의 순서가 된다.

🖍 Tip⁺
越来越(점점 ~해지다), '一 양사 比 一 양사'도 비교문의 표현 방식이다.

感动日记

▶ 오늘 새롭게 알게 된 내용, 가장 중요한 핵심내용, 학습 소감과 각오 등을 적어 보세요.

쓰기 영역은 집에 와서 다시 한번 푸니까 이해가 잘 된다. 내 것으로 소화시키는 느낌! 걱정은 연동 문제끼리 겸어문끼리 모아 놓으면 잘 알겠는데 섞여 있으면 헷갈린다. 단어를 더 많이 외워야겠다. 단어를 외우면 까먹고, 또 외우면 또 까먹고. ㅠㅠ 분발하자!

1 연동문 핵심 정리

주어는 하나인데, 연속해서 2개 이상의 동사가 나오는 문장이다. 시간상으로 보면 앞의 동사 행위가 먼저 이루어지고, 뒤의 동사가 나중에 이루어진다. 따라서 동작이 일어나는 순서대로 동사를 나열해주면 된다.

[기차와 같은 연동문]

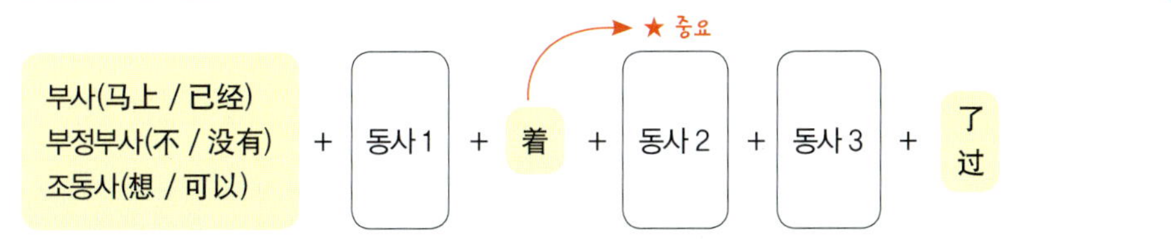

▶ 연동문의 형식

형식	동사 술어만 연속해서 나올 수도 있고, 각각의 동사가 목적어를 가질 수도 있다. ① 주어 + 술어(동사)1 + 술어(동사)2 ② 주어 + 술어(동사)1 + 목적어 + 술어(동사)2 ③ 주어 + 술어(동사)1 + 목적어1 + 술어(동사)2 + 목적어2
예시	他去留学了。 그는 유학 갔다. 他去中国留学了。 그는 유학하러 중국에 갔다. 他去中国学汉语了。 그는 중국어를 배우러 중국에 갔다.

▶ 연동문의 특징

1) 목적어를 필요에 따라 가질 수도 있고, 생략할 수도 있다.

예시	我去(旅行社)买(飞机票)。 내가 (여행사에) 가서 (비행기표를) 살게.

2) 앞의 동사가 来 / 去일 경우, 역방향으로 번역하는 것이 자연스럽다. (목적어 강조)

예시	你来我家喝杯茶吧。 당신 우리 집에 와서 차 한잔해요. → 당신 차 한잔하러 우리 집에 오세요. 他去邮局寄信。 그는 우체국에 가서 편지를 부친다. → 그는 편지를 부치러 우체국에 간다.

3) 부정형은 첫 번째 동사 앞에 不 / 没를 써서 표현한다.

> **예시**
> 我不坐船去中国。 나는 배를 타고 중국에 가지 않는다.
> 他们不去旅行了。 그들은 여행을 가지 않는다.
> 他没坐飞机回国。 그는 비행기를 타고 귀국하지 않았다.

4) 동사를 중첩할 경우, 마지막 동사를 중첩한다.

> **예시**
> 我想找他商量商量。 나는 그를 찾아 상의 좀 하고 싶다.

5) 일반적으로 동태조사 着는 첫 번째 동사 뒤에, 了 / 过는 마지막 동사 뒤에 위치한다.

형식	① 동사1 + 着 + 동사2

> **예시**
> 站着讲课 서서 강의하다　　　　坐着回答问题 앉아서 문제에 대답하다
> 躺着聊天 누워서 수다를 떨다

형식	② 동사1 + 동사2 + 了 / 过

> **예시**
> 去询问过 가서 물어본 적이 있다
> 去印度旅行了 인도에 가서 여행했다

형식	③ 동사1 + 了 / 过 + 목적어, 就 / 才 / 再 + 동사2: ~하고 나서야 ~하다

> **형식**
> 결과절을 이끄는 부사 就 / 才 / 再가 있으면 了 / 过는 첫 번째 동사 뒤에 쓴다. 여기서 동사1은 이미 완성된 동작일 수도 있고, 아직 일어나지 않은 동작일 수도 있다. 동사1이 완성되고 나서야 동사2를 할 수 있다는 뜻이 된다.

> **예시**
> 他吃了饭就出发。 그는 밥을 먹고 나서 바로 출발한다. (미래 완료 / 미완성 동작)
> 我想洗了澡再去见朋友。
> 나는 목욕을 하고 나서 다시 친구를 보러 갈 생각이다. (미래 완료 / 미완성 동작)
> 做了一个小时才完成 한 시간 동안 하고 나서야 비로소 완성했다 (완료된 동작)

▶ 有자 연동문

형식	동사 有가 연동문에서 쓰이면 무조건 첫 번째 동사가 된다. ① 有 + 목적어 + 동사2　　　　[동사2]할 [목적어]가 있다 ② 没有 + 목적어 + 동사2　　　[동사2]할 [목적어]가 없다

> **예시**
> 我有几个问题问老师。 나는 선생님에게 물어볼 문제가 몇 개 있다.
> 我有一件事跟你商量。 나는 너와 상의할 일이 하나 있다.
> 没有时间去找你 너를 찾아 갈 시간이 없다
> 没有钱吃饭 밥 먹을 돈이 없다

> **Tip+** 연동문에서 첫 번째 동사가 되는 有는 구체적인 명사(衣服, 书 등)와 추상적인 명사(时间, 机会, 问题, 办法 등)를 모두 목적어로 취할 수 있다. 그러나 겸어문에서 겸어동사 有는 행위자를 나타내야 하므로 불특정한 사람(一个人, 一个朋友 등)을 목적어로 취한다.

한 문장 안에서 앞 절의 목적어가 뒤 절의 주어 역할을 겸하는 문장을 말한다.

我 주어	请 술어	他 목적어 他 주어	来吃 술어	饭 목적어

→ 我请他来吃饭。

나는 그에게 와서 밥을 먹으라고 청했다.

▶ **겸어문의 유형**

1) 사역이나 부탁·요청을 나타내는 겸어문

형식	① 사역동사: '~에게 ~을 시키다 / ~하게 하다' 등 사역의 의미를 나타낸다. 예 让 / 叫 / 令 / 使 / 派 / 命令 / 逼 등
예시	同屋让我接电话。 룸메이트는 나에게 전화를 받게 했다. 老板常常逼员工做繁重的工作。 사장님은 종종 직원들이 힘든 일을 하게 압박하신다.
형식	② 요청동사: '~에게 ~을 청하다 / 부탁하다'의 의미를 나타낸다. 예 请 / 请求 / 劝 / 要求 등
예시	我请他喝咖啡。 나는 그에게 커피 마시기를 청했다. 我要求他不要离开我。 나는 그에게 나를 떠나지 말라고 요구했다.

2) 원인을 나타내는 겸어문

형식	심리동사: 감정을 나타내는 동사를 쓰고 목적어 자리에 그 원인을 쓴다. 예 喜欢 / 表扬 / 批评 / 原谅 / 责备 / 羡慕 / 讨厌 / 嫌 등
예시	老师表扬我学习努力。 선생님께서는 내가 열심히 공부한다고 칭찬하셨다. 妈妈批评他懒惰。 엄마께서는 그가 게으르다고 꾸짖으셨다. 我嫌他个子矮。 나는 그가 키가 작아서 싫다.

3) 보충 설명하는 겸어문 (有자 겸어문)

형식	존재동사: 첫 번째 동사로 有 / 没有가 나오고, 두 번째 동사로 보충 설명을 한다. '~할(하는) ~가 있다 / 없다'의 의미를 나타낸다. 예 有 / 没有
예시	有一个人在外边儿等你。 밖에서 너를 기다리는 사람이 한 명 있다. 他有一个女朋友很好看。 그는 매우 예쁜 여자친구가 한 명 있다. 我有一个学生特别认真。 나는 특별히 열심히 하는 학생이 한 명 있다.

Tip⁺ 겸어문에서 有의 목적어는 一个, 一些와 같은 수량사의 수식을 받아 불특정한 것을 나타내며, 뒤 절의 주어가 될 수 있어야 한다.

4) 호칭이나 인정을 나타내는 겸어문

형식	**'~을 ~라고 칭하다 / 인정하다'의 의미를 나타낸다.** 예 称 / 叫 / 选…为 / 作 / 当 등
예시	我们叫他 "校内诸葛亮"。 우리는 그를 '교내 제갈량'이라고 부른다. 老师选这本书作教材。 선생님은 이 책을 교재로 선택하셨다. 大家选他当代表。 모두 그를 대표로 선출했다.

▶ 겸어문의 특징

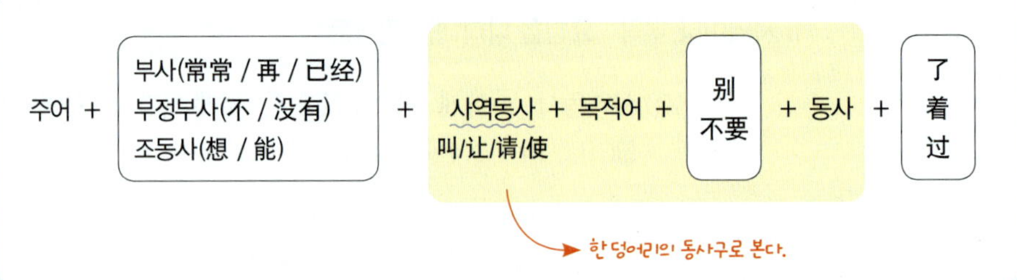

1) 일반부사는 사역동사 앞에 나온다.

예시	我打算明天再让他去一趟。 나는 내일 그에게 다시 한 번 가보라고 할 생각이다. 这件事真让我头疼。 이 일은 정말 나를 골치 아프게 한다.

2) 부정부사는 일반적으로 첫 번째 동사 앞에 나온다.

예시	他不让我们参加今天的晚会。 그는 우리에게 오늘 저녁 파티에 참석하지 못하게 했다. 我们没请他来，是他自己来的。 우리는 그를 오라고 초대하지 않았는데, 그 스스로 온 것이다.

3) 조동사는 일반적으로 첫 번째 동사 앞에 나온다.

예시	我要请他参加比赛。 나는 그에게 시합에 참가하라고 부탁하려고 한다. 我能让他解决这件事。 나는 그에게 이 일을 해결하게 할 수 있다.

4) 동태조사 了 / 着 / 过는 일반적으로 두 번째 동사 뒤에 온다.

예시	他让我拿着杯子。 그는 나에게 컵을 가지고 있으라고 했다. 我们请他唱了一首歌儿。 우리는 그에게 노래를 한 곡 불러달라고 요청했다. 你让我明白了真正的爱情。 당신은 나에게 진정한 사람을 알게 해주었다.

5) 두 번째 동사는 중첩할 수 있다. (사역동사 让 / 叫 / 使 / 请 등은 중첩하지 않는다.)

> **예시**
> 我请他帮帮你吧。 내가 그에게 너를 좀 도와주라고 부탁할게.
> 我让他去检查检查(= 检查一下)。 나는 그에게 가서 검사를 좀 해보라고 했다.
> 你能让我见见她吗? 당신은 내가 그녀를 만나보게 해줄 수 있나요?

6) 把자문과 함께 쓸 수 있다.

> **예시**
> 妈妈叫姐姐把衣服洗干净。 엄마는 언니에게 옷을 깨끗이 빨라고 하셨다.

7) 연동문과 함께 쓸 수 있다.

> **예시**
> 老张让我带照相机来拍照片。 라오장은 나에게 사진기를 가져와서 사진을 찍게 했다.
> 爸爸叫我去机场接姑妈。 아빠는 나에게 공항에 가서 고모를 마중하라고 하셨다.

3 비교문 핵심 정리

비교문은 주로 두 가지 대상의 차이점과 그 정도를 비교하는 문장이다. 비교문은 자칫하면 헷갈리기 쉬우므로 반복하여 확실하게 익혀두자.

[기본 어순]

A	比	B	更好	→ A 〉B	A는 B보다 더 좋다
A	没有	B	好	→ A 〈 B	A는 B만큼 좋지 않다 (비교문의 부정 형식)
A	不如	B	(好)	→ A 〈 B	A는 B만(큼 좋지) 못하다 (술어 생략 가능)
A	不比	B	好多少	→ A ≒ B	A는 B보다 얼마 좋지 않다 (=差不多)
A	跟	B	一样好	→ A = B	A는 B와 똑같이 좋다

▶ 比를 이용한 비교문

比는 전치사로 뒤에 명사를 끌고 나온다. 전치사구를 생략하고 해석하면 의미를 더 쉽게 이해할 수 있다.

주어 + **比 + 명사** + | 부사: 更 / 还 (○)
 很 / 非常 (×) | + 술어 + | (수량구: 一点 / 一些) |

전치사구를 생략하면, '[주어]가 [술어]하다'라는 뜻이다.

형식	① 기본 형식: A 比 B + 술어	A는 B보다 ~하다
예시	他的个子比我高。 그의 키는 나보다 크다.	

형식	② 응용 형식: A 比 B 还 / 更 + 술어 A 比 B + 술어 + 得多 / 多了 A 比 B + 술어 + 一点儿 / 一些 A 比 B + 술어 + 수량구 A 不比 B + 술어 + 多少 A 比 B + 술어 不了 + 多少	A는 B보다 더 ~하다 A는 B보다 많이 ~하다 A는 B보다 좀 ~하다 A는 B보다 ~만큼 ~하다 A는 B보다 얼마 ~하지 않다 A는 B보다 얼마 ~하지 못하다
예시	他的个子比我更高。 그의 키는 나보다 더 크다. (他 > 我) 他的个子比我高得多。 그의 키는 나보다 많이 크다. (他 > 我) 他的个子比我高一些。 그의 키는 나보다 좀 크다. (他 > 我) 他的个子比我高三厘米。 그의 키는 나보다 3cm 크다. (他 > 我) 他的个子不比我高多少。 그의 키는 나보다 얼마 크지 않다. (他 ≒ 我) 他的个子比我高不了多少。 그의 키는 나보다 얼마 크지 못하다. (他 ≒ 我)	

1) 비교문에서 일부 정도부사는 쓸 수 없다.

형식	비교 의미를 나타내는 부사 更 / 还 / 再 / 都 / 稍微 등은 쓸 수 있지만, 很 / 非常 / 十分 / 特别 / 比较 / 相当 등은 쓸 수 없다.
예시	他的汉语水平比我更差。 (○) 그의 중국어 실력은 나보다 더 못하다. 他的汉语水平比我非常差。 (×)

2) 수량보어를 사용하여 구체적인 수량을 나타낼 수 있다.

형식	A 比 B + 早 / 晚 / 多 / 少 (1음절 형용사) + 1음절 동사 + 수량보어: A는 B보다 ~만큼 일찍 / 늦게 / 많게 / 적게 ~하다
예시	他比昨天晚来了10分钟。 그는 어제보다 10분 늦게 왔다. 我的小孩儿比平时少吃了一口。 내 아이는 평상시보다 한 입 적게 먹었다. 售货员不比顾客多懂多少。 판매원이 고객보다 얼마 많이 알지 못한다.

▶ **像 / 有 / 不如를 이용한 비교문**

두 비교 대상이 성질과 상태, 수량, 정도에서 비슷한지 여부를 나타낸다.

A 像 B +	这么 / 那么 / 这样 / 那样	+ 술어	A는 B처럼 그렇게 ~하다
A 有 B			A는 B만큼 (그렇게) ~하다
A 没有 B +	(这么 / 那么 / 这样 / 那样)	+ 술어	A는 B만큼 (그렇게) ~하지 못하다
A 不如 B			A는 B만(큼 그렇게) ~ 못하다

생략가능

1) 像을 이용한 비교문에서는 술어 앞에 这么 / 那么 / 这样 / 那样을 반드시 쓴다.
  (有 / 不如 비교문에서는 생략 가능)

> 예시
> 她像她妈妈那么漂亮。 그녀는 그녀의 엄마처럼 그렇게 예쁘다.
> 她有她妈妈(那么)漂亮。 그녀는 그녀의 엄마만큼 (그렇게) 예쁘다.
> 她不如妈妈(那么)漂亮。 그녀는 엄마만큼 (그렇게) 예쁘지 못하다.
> 她的长相不如妈妈。 그녀의 생김새는 엄마만 못하다.

2) 像을 이용한 비교문에서는 一样을 사용하여 정도를 나타낼 수 있다.
  (有 / 不如 비교문에서는 사용 불가)

> 예시
> 清华大学的水平像北京大学一样高。 칭화 대학의 수준은 베이징 대학처럼 똑같이 높다.
> 清华大学的水平有北京大学(那么)高。 칭화 대학의 수준은 베이징 대학만큼 (그렇게) 높다.
> 清华大学的水平不如北京大学(那么)(高)。
> 칭화 대학의 수준은 베이징 대학만(큼 그렇게) (높지) 못하다.

▶ 跟을 이용한 비교문

| A + | 跟
和
与
同 | + B + | 一样
差不多 | + 형용사 / 심리동사 |
| | | | 不一样 | + ~~술어~~ |

1) 跟(~와)은 和 / 与 / 同과 바꿔 쓸 수 있다.

> 예시
> 他的头跟我一样大。 = 他的头同我一样大。 그의 머리는 나와 같이 크다.

2) 一样 / 差不多 뒤에는 술어를 쓸 수 있다.

> 예시
> 买一件衣服跟买一辆自行车一样贵。
> 옷 한 벌 사는 것이 자전거 한 대 사는 것과 똑같이 비싸다.

3) 一样의 부정형은 不一样을 쓰며, 뒤에 술어가 올 수 없다.

> 예시
> 我的能力和他的能力一样(强)。 나의 능력은 그의 능력과 같(이 좋)다. (긍정형)
> 我的能力和他的能力不一样。 나의 능력은 그의 능력과 같지 않다. (부정형)

4) (不)一样은 부사와 결합하여 쓸 수 있다.

$$A \quad 跟 \quad B \ + \ \boxed{\begin{array}{c} 很 \,/\, 太 \,/\, 非常 \,/\, 差不多 \,/\, \\ 几乎 \,/\, 完全 \,/\, 根本 \,/\, 都 \ 등 \end{array}} \ + \ (不)一样$$

▶ 越来越를 이용한 비교문

형식	① 越: '점점 / 더욱더'라는 뜻의 부사다. ② 越 A 越 B: 'A할수록 B하다'라는 뜻으로, 조건에 따라 상황이 변함을 나타낸다. 　= 愈 A 愈 B (서면어) ③ 越来越 B: '갈수록 B하다'의 의미로, 시간이 흐름에 따라 정도가 증가됨을 뜻한다. = 愈来愈 B (서면어)
예시	雨越下越大。비가 오면 올수록 더 거세진다. 雨越来越大。비가 점점 더 거세진다.

▶ '수량사 比 수량사' 비교문

一와 양사가 결합하여 전치사 比 앞뒤에 중복 사용되면, 정도나 비율의 증가를 나타낸다.

형식	① 一 + 일반양사 + 比 + 一 + 일반양사: '하나같이 모두' (수량을 나타냄) 　일반 사물을 세는 양사가 사용되면 '都, 所有的'의 뜻을 나타낸다. 　예 个 / 件 / 种 / 张 / 本 / 部 등
예시	这里的东西一个比一个贵。이곳의 물건은 하나같이 다 비싸다. 学生画的画儿一张比一张有趣。학생이 그린 그림은 하나같이 모두 흥미롭다.
형식	② 一 + 시간양사 + 比 + 一 + 시간양사: '갈수록 더욱' (변화를 나타냄) 　시간과 관련된 양사가 사용되면 '越来越'의 뜻을 나타낸다. 　예 次 / 天 / 年 등
예시	这几次考试一次比一次难。요 몇 번의 시험은 갈수록 어렵다. 我们的生活一天比一天好。우리들의 생활은 날이 갈수록 좋아진다. 他的英语水平一年比一年流利。그의 영어 실력은 해가 갈수록 유창해진다.

▶ **再를 이용한 최상급 표현**

형식	① 再 + 형용사 + 不过了 : 더 이상 ~할 수 없다 ② 형용사 + 得不能再 + 형용사 + 了 : ~한 정도가 더 이상 ~할 수 없다 ③ 没有(什么)比 + A + 再(更) + 형용사 + 的了 : A보다 더 ~한 것은 (아무것도) 없다 **Tip⁺** 没有는 전치사 比 앞에 붙이고, 의문대사가 있으면 의문대사 앞에 붙인다.
예시	再容易不过了 더 쉬울 수는 없다 (= 제일 쉽다) 容易得不能再容易了 쉬운 정도가 더 이상 쉬울 수는 없다 没有什么比这个再容易的了。 이것보다 더 쉬운 것은 어떤 것도 없다.

day 13

1. 前台　　请您　　去　　一下　　登记

———————————————————

2. 出席此次　　要　　她　　学术讨论会　　邀请专家

———————————————————

3. 把握　　他对角度的　　佩服　　令人

———————————————————

4. 让我　　班长　　收起来　　把考卷

———————————————————

5. 去年　　今年的雪　　早下了　　比　　一个星期

———————————————————

day 14

1. 新鲜空气　　到外边　　你　　透一下　　陪我

———————————————————

2. 谦虚　　使　　进步　　人

———————————————————

3. 很羡慕　　她　　苗条的　　让人　　身材

———————————————————

4. 叫　　帮她　　姥姥　　干活儿　　我

———————————————————

5. 都温暖　　安慰的话　　比什么　　一个拥抱

———————————————————

08 강조 & 고정 구문

쓰기 제1부분

문장 속에서 자신이 강조하고자 하는 부분을 좀 더 확실하게 전달하고, 문장을 감칠맛 나게 만들기 위해서 강조 구문을 쓴다. 부정부사를 한 번 쓰면 부정문이지만, 두 번 쓰면 오히려 강한 긍정이 되고, 连과 也 사이에 주어·목적어·수량·동작 등을 넣어 강조하거나, 是와 的 사이에 시간·장소·대상·출발점·방식을 넣어 강조하기도 한다. 또한 '의문대사 + 都'는 '예외 없이 모두'라는 강조의 의미가 된다. 다양한 강조 구문과 고정 구문을 숙지하여 어순 배열 만점에 도전해보자.

5끝 시크릿 백전백승

S1 이중부정문을 숙지하라!

어순 배열에서 没有와 不가 동시에 나오면 没有를 먼저 쓰고, 그 다음에 不를 쓴다.

예 我们家没有一个人不喜欢唱歌。

우리 집에는 노래 부르는 것을 좋아하지 않는 사람이 하나도 없다.(= 다 좋아한다)

S2 都가 나오면 3가지 경우의 수를 생각하라!

어순 배열 문제에서 都는 크게 3가지 용법으로 출제되는데, '복수 + 都', '连…都', '의문대사 + 都'가 바로 그것이다. 따라서 都가 등장하면 我们 / 他们 등 복수로 된 주어가 있는지, 힌트가 될 수 있는 连이 있는지, 什么 / 谁 / 哪儿과 같은 의문대사가 있는지 3가지를 확인해야 한다.

① 복수 + 都

我们 / 他们 / 同事们 / 每 / 一切 / 所有 / 全部 / 到处 / 随时 등 복수를 나타내는 단어와 함께 쓰여 '예외 없이 모두'임을 강조한다.

예 胡同里到处都是垃圾。 골목 안 곳곳이 모두 쓰레기다.

② 连 + 주어 / 목적어 / 수량사 + 都 / 也

连과 都 사이에 주어, 목적어, 수량사, 동작 동사를 넣어 강조한다. 종종 连이 생략된 형태로 나오므로, 복수 명사나 대사가 없는데 都가 나오면 连…都 강조 구문이 아닌지 의심해봐야 한다. 都를 也로 바꾸어 쓰기도 한다.

예 我连他的名字都不知道。 나는 그의 이름조차도 모른다. (목적어 강조)

③ 의문대사 + 都

什么 / 谁 / 哪个 / 哪儿 등의 대사는 都와 결합하여 불특정한 대상을 가리킨다.

예 他什么都能吃。 그는 아무거나 다 잘 먹는다.

3 是…的 강조 구문은 가운데에 강조하려는 내용을 넣어라!

일반적으로 술어 앞에 시간·장소·대상 등을 나타내는 부사어가 놓이지만, 是…的 강조 용법은 이미 발생한 일임을 알고 있다는 전제 하에 시간·장소·대상·출발점·방식 등의 강조 대상을 是 뒤에 놓는다. 的는 일반적으로 문장 맨 끝에 온다.

예 这本书是从图书馆借来的。 이 책은 도서관에서 빌려온 것이다.

4 고정 구문를 암기하라!

문제를 풀면서 자주 보게 되는 고정 구문은 반드시 정리하여 암기해둔다.

① A给B留下…印象: A가 B에게 ~한 인상을 남기다

예 他的态度给我留下了深刻的印象。 그의 태도는 나에게 깊은 인상을 남겼다.

② A给B带来…: A가 B에게 ~을 가져다주다

예 孩子给我们带来了幸福。 아이는 우리에게 행복을 가져다주었다.

③ 要是…就好了: 만약 ~라면 좋을 텐데 / 좋았을 텐데

예 要是能考上大学就好了。 만약 대학에 붙을 수 있으면 좋을 텐데.

내가 생각하는 HSK란? – HSK는 [   ]다.

- HSK는 봄나물이다. 겨울을 이겨내고 돋아나기 때문이다. – 최인영
- HSK는 도전이다. 자격증이 없는 내가 자격증을 만들 수 있는 첫 도전이다. – 조혜영
- HSK는 다리다. 나의 중국어 실력에 있어서 튼튼한 기초가 되어준다. – 박재근
- HSK는 오뚜기다. 다 쓰러져가던 내 마음을 HSK가 다시 일으켰다. – 정지용
- HSK는 친구다. 가끔은 미워하고 토라지기도 하지만, 다시 화해하고 친해진다. – 김기연

| 문제 **1** | 连一个亲人 | 没有 | 他 | 在这个城市 | 也 |

|문제 분석| **连…也 강조 구문에 주목!**  S2 적용

| 한 명의 친척조차도 | 없다 | 그 | 이 도시에 | 또한 |

정답
他在这个城市连一个亲人也没有。　그는 이 도시에 한 명의 친척조차도 없다.
在这个城市他连一个亲人也没有。　이 도시에 그는 한 명의 친척조차도 없다.

단어 连 lián 젭 ~조차도 | 亲人 qīnrén 몡 친족, 가까운 사람 | 没有 méiyǒu 동 없다 | 城市 chéngshì 몡 도시

해설

1단계
**강조 구문임을
간파하라!**

连一个亲人(한 명의 친척조차도)과 也(또한)를 보고 강조 구문임을 알 수 있다. 连과 也사이에 강조할 내용인 一个亲人(한 명의 친척)이 위치하도록 배열한다. → 连一个亲人也(한 명의 친척조차도)

Tip⁺ 连…也가 수량을 강조할 때는 两个, 三个와 같은 특정 수량은 쓸 수 없고, 최소한 의 수량인 一个, 一次, 一点儿 등만을 사용할 수 있다. 술어는 무조건 부정형으로 나온다.
예 连一点儿也不知道(조금도 알지 못한다)
连一次也没见过(한 번도 만난 적이 없다)
连一块钱也没有(한 푼도 없다)

2단계
**주어를
찾아라!**

他(그): 대사로, 문장에서 주어가 될 수 있다.

3단계
**술어를
찾아라!**

没有(없다): 부정부사로 쓰일 때도 있지만, 이 문제에서는 有의 부정형 동사로 쓰여 술어가 된다.

4단계
**기타 성분을
삽입하라!**

在这个城市(이 도시에): '전치사 + 명사'의 형태로, 주어 뒤나 술어 앞에 모두 놓일 수 있다.

➡ 따라서 답은 他在这个城市连一个亲人也没有(그는 이 도시에 한 명의 친척조차도 없다), 또는 在这个城市他连一个亲人也没有(이 도시에 그는 한 명의 친척조차도 없다)의 순서 가 된다.

Tip⁺ 주어진 어휘에서 连…也를 발견할 수 있어야 한다. 连…也 사이에 주어, 목적어, 수량사, 동작 동사 등을 삽입하 여 강조할 수 있다.

　　谁也　　　期末考试　　　没有　　　这次　　　不及格

| 문제 분석 | '의문대사＋也／都' 강조 구문과 '没有…不'의 이중부정 형식에 주목!　S1, S2 적용

| | 누구도 | 기말고사 | 없다 | 이번 | 합격하지 못하다 |

정답　这次期末考试谁也没有不及格。
이번 기말고사는 누구도 합격 못 하지 않았다. (= 이번 기말고사에 예외 없이 모두 합격했다.)

단어　谁 shéi 때 누구 | 期末 qīmò 명 학기말 | 考试 kǎoshì 명 시험 | 及格 jígé 통 합격하다

해설

1단계
강조 구문임을 간파하라!

이 문제에는 두 가지의 강조 용법이 제시되어 있다.
① 谁也(누구도): 평서문에서 의문대사는 특정한 것을 강조하는 데 쓰이며 뒤의 都，也와 호응하여 '모든'의 의미를 나타낸다. (= 모든 사람)
② 没有(~ 않다) / 不及格(합격하지 못하다): 이중부정은 두 개의 부정부사가 함께 나와 긍정의 의미를 강조한다. → 没有不及格(합격 못 하지 않았다 = 모두 합격했다)

2단계
주어를 찾아라!

① 期末考试(기말고사): 명사로, 주어가 될 수 있다.
② 这次(이번): '지시대사 + 양사'의 형태로, 뒤에 수식을 받는 명사(피수식어)가 필요하다. → 这次期末考试(이번 기말고사)

3단계
술어를 찾아라!

没有不及格(합격 못하지 않다): 동사의 이중부정형으로, 술어가 될 수 있다.

➡ 따라서 답은 这次期末考试谁也没有不及格(이번 기말고사는 누구도 합격 못 하지 않았다)의 순서가 된다.

Tip⁺
1. 의문대사 뒤에 都, 也가 나오면 所有(모든)를 의미한다. 예 谁也(누구도 = 모두)
2. 이중부정문에서는 没有가 먼저 나오고 不가 나중에 나온다.

▶ 오늘 새롭게 알게 된 내용, 가장 중요한 핵심내용, 학습 소감과 각오 등을 적어 보세요.

1 이중부정 강조 구문

이중부정은 부정을 두 번 사용하여 강한 긍정이나 전체 긍정(= 所有, 都)을 나타낸다.

1) 没有…不…로 긍정을 나타낸다.

> **예시**
>
> 这几天没有一天不下雨。 요 며칠 하루도 비가 내리지 않은 날이 없다. (= 매일 비가 왔다.)
>
> 我们家没有一个人不喜欢唱歌。
> 우리 집에는 노래 부르는 것을 좋아하지 않는 사람이 한 명도 없다. (= 다 좋아한다.)
>
> 去过长城的人没有不说好的。
> 만리장성에 가본 사람은 좋다고 말하지 않는 사람이 없다. (= 다 좋다고 한다.)
>
> 我们班没有不努力学习的。 우리 반에는 열심히 공부하지 않는 학생이 없다. (= 다 열심히 한다.)

2) 不…不…로 긍정을 나타낸다.

> **예시**
>
> 今天的会议很重要，我不能不去。
> 오늘 회의는 매우 중요해서, 나는 안 갈 수 없다. (= 반드시 가야 한다.)
>
> 他不会不来接你的。 그가 너를 마중하러 오지 않을 리 없다. (= 반드시 마중 나온다.)

3) 非…不可로 긍정을 나타낸다.

> **예시**
>
> 今天非下雨不可。 오늘은 꼭 비가 오고야 말 것이다. (판단을 나타냄)
>
> 明天我朋友举行婚礼，我非去不可。 내일 내 친구가 결혼식을 해서 나는 반드시 가야 한다.

2 (连)…都 / 也 강조 구문

连…都는 连…也로 바꾸어 쓸 수 있으며, 중간에 강조하려는 내용을 넣어주면 된다. 连은 생략되고 都나 也 만 제시되는 경우가 많다.

> **형식**   (连) + 주어 / 목적어 / 동사 / 수량구 + 都 / 也

1) 주어를 강조한다.

> **예시**   这次比赛(连)七十岁的老人都参加了。 이번 시합에는 칠순 노인까지도 참가했다.

2) 목적어를 강조한다.

> **예시**
> 我(连)天安门广场也没去过。 나는 천안문 광장조차도 가보지 않았다.
> 你(连)这么简单的话都听不懂。 너는 이런 간단한 말조차도 이해 못 한다.
> 他(连)信封上的邮票都没贴。 그는 편지 봉투 위에 우표조차 붙이지 않았다.

3) 동사를 강조한다.

> **예시**
> 他(连)想也没想，就同意了。 그는 생각조차 하지 않고 바로 동의했다.
> 这份合同，他(连)看都没看就签字了。 이번 계약을, 그는 보지도 않고 바로 서명했다.

4) 수량을 강조한다.

> **예시**
> 教室里(连)一个人也没有。 교실에는 한 사람도 없다.
> 他(连)一点儿也不了解这里的情况。 그는 이곳의 상황을 조금도 알지 못한다.
> 忙得(连)一口饭都没有时间吃 바빠서 밥 한 술도 먹을 시간이 없다

> **Tip+** 수량을 강조할 때는 최소한의 수량에도 미치지 못했음을 나타내며, 수량사로 一次, 一天, 一点儿, 一会儿, 一个人 등을 자주 쓴다.

3 의문대사 강조 구문

의문문이 아닌 평서문에서 의문대사 谁, 什么, 哪儿, 怎么 등이 사용된다면, 의문을 나타내는 것이 아니라 불특정한 임의의 대상을 강조하는 것이다.

1) 사람·장소·사물·방법을 강조한다.

> **형식** 의문대사 + 都 / 也 + (不): 어느 ~라도 모두 ~하(지 않)다
> 모든 것에 예외가 없음을 강조하며, 뒤에 都 / 也를 끌고 나온다.
>
> **예시**
> 谁都想知道这件事。 누구나 이 일을 알고 싶어한다. (사람 강조)
> (＝所有人)
> 公园里哪儿都是人。 공원은 어디나 사람들로 가득하다. (장소 강조)
> (＝所有地方)
> 我什么东西也不想吃。 나는 아무것도 먹고 싶지 않다. (사물 강조)
> (＝所有东西)
> 这个问题你怎么解决都可以。 이 문제는 네가 어떻게 해결해도 된다. (방법 강조)
> (＝所有方法)

> **Tip+** 의문대사 뒤에 都나 也가 반드시 있어야 하며, 也는 일반적으로 부정부사(不)가 있는 문장에 쓰인다.

2) 의문대사를 반복하여 임의의 대상을 강조한다.

같은 의문대사를 반복 사용하여 불특정한 사람이나 사물을 나타낸다. 앞쪽의 의문대사는 조건을 제시하고, 뒤쪽의 의문대사는 제한된 사람·시간·장소·방법 등을 가리킨다. 의문대사는 주어, 목적어, 관형어, 부사어가 될 수 있다.

형식	**의문대사 + 就 + 의문대사: ~든지 간에 바로 그 ~이(을) ~한다** 예 什么 / 谁 / 哪 / 哪儿 / 怎么 / 什么时候 등
예시	谁喜欢去谁就去。 누구든 가고 싶은 사람이 가라. (주어로 쓰임) 你想吃什么就吃什么。 네가 먹고 싶은 게 무엇이든 그것을 먹어라. (목적어로 쓰임) 你喜欢什么就没什么。 네가 좋아하는 게 무엇이든 그것만 없다. (목적어로 쓰임) 你喜欢谁就给谁。 네가 좋아하는 사람이 누구든 그 사람에게 주어라. (목적어로 쓰임) 哪儿好玩儿就去哪儿玩儿。 어디든 재미있는 곳에 가서 논다. (주어 / 목적어로 쓰임) 哪个好看就买哪个。 어느 것이든 예쁜 것을 산다. (주어 / 목적어로 쓰임) 你什么时候方便，我就什么时候去找你。 네가 언제가 편하든지 나는 그때 너를 찾아 가겠다. (부사어로 쓰임)
형식	**조동사는 앞 절에 나오고, 사역동사는 뒤 절에 나온다.**
예시	你想喝多少水，就喝多少水。 네가 마시고 싶은 만큼 물을 마셔라. 谁有钱，就让谁出钱。 돈 있는 사람한테 돈을 내라고 해라.

✎ **Tip⁺** '什么 + 명사', '怎么 + 동사', '哪 + 수량사'의 결합으로 자주 사용된다.

4 是…的 강조 구문

어떤 동작이나 행위가 과거에 이미 실현되었거나 완성되었음을 강조하며, 문장 뒤에 了를 쓰지 않는다. 동작이나 행위가 행해진 시간·장소·대상·목적·방식·조건을 강조하거나 화자의 관점·생각·태도를 강조할 때, 강조하고 싶은 단어 바로 앞에 是를 쓰고, 문장 맨 뒤에 的를 써서 표현한다.

형식	**是 + 강조 대상(시간 / 장소 / 대상 / 목적 / 방식 / 조건 등) + 的**

✎ **Tip⁺** 是…的 강조 구문에서 是는 생략할 수 있다.

1) 시간·장소·대상·목적·방식·조건을 강조한다.

예시	我是一年前认识他的。 나는 일 년 전에 그를 알게 되었다. (시간 강조) 他是在饭店工作的。 그는 호텔에서 일한다. (장소 강조) 我是坐飞机来的北京。 나는 비행기를 타고 베이징에 온 것이다. (방식 강조) 汽车是在大家的帮助下修好的。 자동차는 모두의 도움으로 고칠 수 있었다. (조건 강조)

2) 관점 · 생각 · 태도를 강조한다.

<table>
<tr><td>예시</td><td>这样做是应该的。이렇게 하는 것은 당연한 일이다.
问题是一定能解决的。문제는 반드시 해결할 수 있다.
这个看法他是不会同意的。이 견해에 그는 동의하지 않을 것이다.</td></tr>
</table>

5 所를 사용한 강조 구문

강조 구문에서 所는 특별한 의미를 지니지 않고, 동사 앞에서 동사의 의미를 강조한다.

형식	所 + 동사 + 的 + 명사
예시	你们所讨论的问题我并不关心。너희가 토론한 문제에 나는 전혀 관심이 없다. 大学生所关心的不只是就业问题。대학생들이 관심을 갖는 것은 비단 취업 문제만은 아니다.

Tip⁺ 所를 생략해도 의미에 큰 변화는 없다.

day 15

1. 摔坏了　　玻璃　　不可　　箱子里的　　非

2. 听话的　　谁　　孩子　　都　　喜欢

3. 游泳　　我　　连　　不会　　都

4. 在教室里　　我　　他的　　是　　看见

5. 深刻的　　给他　　印象　　北京　　留下了

day 16

1. 不认真　　我们班　　学习　　没有一个同学

2. 谁　　请客　　就　　谁迟到　　让

3. 我一次也　　衣服　　没　　这个牌子的　　买过

4. 孩子　　都　　这个道理　　明白　　连几岁的

5. 永远　　好了　　要是能　　保持年轻　　就

09 부사와 부사어

쓰기 제1부분

동사나 형용사 앞에서 시간·정도·범위·빈도·부정·가능·어기 등을 나타내는 품사를 부사라고 한다. 동사나 형용사는 문장 속에서 술어로 쓰여 부사의 수식을 받기도 하고, 구조조사 地의 도움을 받아 술어를 수식하는 부사어가 되기도 한다. 이번 장에서는 술어를 꾸며주는 문장 성분인 부사어와 동사와 형용사를 꾸며주는 품사인 부사에 대해 살펴본다.

S1 부사어의 기본 어순을 익혀라!

부사어는 기본적으로 술어 앞에 위치하며, '부사 + 조동사 + 전치사구'의 순서로 나열한다.

[어순] 주어 + [부사 + 조동사 + 전치사구] + 술어

S2 부사를 크게 4가지로 나누어 생각하라!

부사의 종류는 아주 다양하고, 한 문장 안에서 여러 개가 나올 수도 있다. 이때 순서는 어기부사 → 일반부사 → 부정부사 / 정도부사의 순서가 된다.

① 어기부사: 말의 뉘앙스를 나타내는 부사로, 대개 술어부의 맨 앞에 나오며, 주어 앞에 나오는 경우도 있다.

  예 难道 설마 ~하겠는가 / 究竟 도대체, 어쨌든 / 也许 아마, 짐작하건대 / 可能 어쩌면 / 大概 아마도 / 幸亏 다행히, 운 좋게 / 简直 그야말로 / 几乎 거의

② 일반부사: 시간부사, 빈도부사, 상태부사 등을 포괄한다.

  예 已经 이미 / 一直 줄곧 / 曾经 일찍이 / 互相 서로 / 一定 분명히

③ 부정부사 / 정도부사: 술어와 가장 가까이에 위치한다.

  예 부정부사: 不 아니다 / 没有 ~ 않다

  정도부사: 很 매우 / 非常 대단히 / 挺 꽤 / 十分 충분히

④ 범위부사: 전체인지 부분인지 범위를 나타낸다.

  예 都 모두 / 全 완전히

  只 다만 / 仅 겨우

3 범위부사의 예외적인 어순에 유의하라!

부사는 일반적으로 술어나 전치사구 앞에 놓이지만, 범위부사는 전치사구 뒤나 주어 앞에 놓이기도 한다.

① 부분을 나타내는 범위부사: 只，仅，就，光 등

　[전치사구 뒤] 这条裤子比那条只长1厘米。 이 바지는 그것보다 1센티미터밖에 길지 않다.

　　　　　　 我向老师只问过一次。 나는 선생님에게 딱 한 번 물어본 적이 있다.

　[주어 앞] 光他一个人去。 단지 그 혼자서 간다. → 주어 앞에서 범위를 제한함

② 전체를 나타내는 범위부사: 都，全，全部 등

　[전치사구 뒤] 我把过时的衣服都扔了。 나는 유행이 지난 옷들을 모두 버렸다.

　　　　　　 → 복수를 나타내는 말 뒤에 놓임

4 기타 부사의 예외적인 어순에 유의하라!

부정부사와 정도부사 등도 전치사구 뒤에 나올 수 있다.

예 我对这个问题非常感兴趣。 나는 이 문제에 대단히 흥미를 느낀다.

　我对这个问题没有感兴趣。 나는 이 문제에 대해 흥미를 느끼지 않는다.

　我对这个问题从来没有考虑过。 나는 이 문제에 관하여 여태껏 생각해본 적이 없다.

　Tip⁺ 부사 从来는 부정부사와 짝을 이뤄 전치사구 뒤에 나온다.

　韩国的歌手在亚洲各国很受欢迎。 한국의 가수들은 아시아 각국에서 매우 사랑받는다.

　这家商店的东西比那家更便宜。 이 상점의 물건은 저 집보다 훨씬 싸다.

| 문제 ❶ | 公司的 | 大家 | 服从 | 都 | 安排 | 应该 |

| 문제 분석 | 조동사(应该)의 위치에 주목!　S1 적용

| | 회사의 | 다들 | 따르다 | 모두 | 안배하다 | ~해야 한다 |

정답　大家都应该服从公司的安排。　다들 모두 회사의 안배에 따라야 한다.

단어　公司 gōngsī 몡 회사 | 服从 fúcóng 동 따르다, 복종하다 | 安排 ānpái 동 (시간을) 안배하다 | 应该 yīnggāi 조동 ~해야 한다

해설

1단계 주어를 찾아라!

① 公司的(회사의): 구조조사 的가 있으므로 뒤에 수식을 받는 명사가 나올 수 있다.

② 大家(다들): 대사로, 사람을 나타내는 인칭대사는 문장에서 주어가 될 수 있다.

2단계 술어를 찾아라!

① 服从(따르다): 동사로, 문장에서 술어가 될 수 있다.

② 安排(안배하다): 동사지만, 公司的와 결합하여 목적어로 쓸 수 있다. → 公司的安排(회사의 안배)

3단계 기타 성분을 삽입하라!

① 都(모두): 부사로, 복수를 나타내는 주어(大家) 뒤에 위치시킨다.

② 应该(~해야 한다): 조동사로, 부사 뒤, 술어 앞에 놓으면 된다. → 大家都应该服从(다들 모두 따라야 한다)

→ 大家(다들: 주어) + 都应该(모두 ~해야 한다: 부사어) + 服从(따르다: 술어) + 公司的安排(회사의 안배: 목적어)

➡ 따라서 답은 大家都应该服从公司的安排(다들 모두 회사의 안배에 따라야 한다)의 순서가 된다.

Tip⁺ 복잡한 부사어 문제에서는 '부사 + 조동사'의 어순을 잘 기억해야 한다. 동사지만 명사처럼 쓰여 목적어가 될 수 있는 단어에도 유의한다.

Tip⁺ 이 문장은 목적어를 강조하기 위해서 公司的安排大家都应该服从(회사의 안배에 다들 모두 따라야 한다)의 순서로 쓸 수도 있다. 하지만 예외적으로 변형된 문장보다는 기본 어순에 입각한 보편적인 문장을 만드는 습관을 기르는 것이 좋다.

| 문제 분석 | 전치사구의 위치에 주목!   S1 적용

| 주인 | 흔들었다 | ~를 향하여 | 강아지 | 꼬리 |

정답 小狗朝主人摇了摇尾巴。 강아지는 주인을 향해서 꼬리를 흔들었다.

단어 主人 zhǔrén 몡 주인 | 摇 yáo 툉 흔들다 | 朝 cháo 전 ~을 향하여 | 狗 gǒu 몡 개 | 尾巴 wěiba 몡 꼬리

해설

1단계 주어를 찾아라!
主人(주인) / 小狗(강아지) / 尾巴(꼬리): 모두 명사로, 문장에서 주어, 목적어, 전치사구에 쓰인다. 술어에 따라 주어와 목적어를 결정한다.

2단계 술어를 찾아라!
摇了摇(흔들다): '동사 + 了 + 동사'로, 이미 완료된 동작을 나타내는 동태조사 了를 사용하여 摇了摇라고 중첩한 형태다. 문장에서 술어가 될 수 있다.

3단계 주어·목적어를 판단하라!
① 동사 술어 摇(흔들다)와 어울리는 목적어는 尾巴(꼬리)이므로, '술어 + 목적어' 순서로 결합시킨다. → 摇了摇尾巴(꼬리를 흔들었다)
② 꼬리를 흔드는 주체는 강아지이므로 小狗(강아지)가 주어가 된다. → 小狗摇了摇尾巴(강아지는 꼬리를 흔들었다)

4단계 기타 성분을 삽입하라!
朝(~을 향하여): 전치사로, 주어(小狗)와 목적어(尾巴)를 제외하고 남은 명사인 主人(주인)과 결합시킨 다음, 주어 뒤, 술어 앞에 삽입한다. → 朝主人(주인을 향하여)
→ 小狗(강아지: 주어) + 朝主人(주인을 향하여: 부사어) + 摇了摇(흔들었다: 술어) + 尾巴(꼬리: 목적어)

➡ 따라서 답은 小狗朝主人摇了摇尾巴(강아지는 주인을 향해서 꼬리를 흔들었다)의 순서가 된다.

感动日记

▶ 오늘 새롭게 알게 된 내용, 가장 중요한 핵심내용, 학습 소감과 각오 등을 적어보세요.

1 부사어의 기본 어순: 부사어(地) + 피수식어

예 已经　能　跟中国人　说话了　　이미 중국인과 말할 수 있다
　　부사　조동사　전치사구　　동사
　　　　　　부사어

2 비교적 복잡한 부사어

부사어의 어순은 관형어처럼 고정되어 있지 않고, 위치가 비교적 자유롭다.

✎ Tip⁺ 전치사구의 형태로 주어부 앞에 나올 수도 있다.

[어순] (전치사 + 명사), 주어 + 부사 / 조동사 / 전치사구 (기타 수식어 地) + 술어
　　　　　　부사어　　　　　　　　　　　　　　부사어

▶ 전치사(구)의 어순

1) 주어 앞에만 나오는 전치사구

형식	① 随着　~함에 따라
예시	随着经济发展，人们的生活质量提高了。(○) 경제가 발전함에 따라서, 사람들의 삶의 질도 향상되었다. 人们的生活质量随着经济发展提高了。(×)
형식	② 关于　~에 관하여
예시	关于明天的安排，我们还得商量一下。(○) 내일 일정에 관해, 우리는 다시 상의를 좀 해야 한다. 我们还得关于明天的安排商量一下。(×)

2) 주어 앞과 뒤에 모두 나올 수 있는 전치사구

형식	① 对 / 对于　～에 대해서
예시	对于赔偿的问题，我们讨论一下。 배상 문제에 대해서, 우리 상의해봅시다. 我们对于赔偿的问题讨论一下。 우리 배상 문제에 대해 상의해봅시다. **Tip⁺** 关于는 부사어일 때 주어부 앞에만 위치하지만, 对于는 주어부 앞이나 뒤에 모두 올 수 있다.

형식	② 为了　～를 위해서
예시	为了找工作，他跑了好多地方。 일자리를 구하기 위해, 그는 여러 곳을 뛰어다녔다. 他为了找工作跑了好多地方。 그는 일자리를 구하기 위해 여러 곳을 뛰어 다녔다.

Tip⁺ 기타 전치사: 根据 ～에 의거하여 / 按照 ～에 따라 / 趁 ～를 틈타 / 沿着 ～를 끼고 / 通过 ～를 거쳐

3) 예외적인 전치사구의 어순

형식	시간명사 + 전치사구 + 부사 시간을 나타내는 성분이 여러 개일 경우, 전치사구는 시간명사 뒤, 또는 부사 앞에 나올 수 있다.
예시	他从小就喜欢学语言。 그는 어렸을 때부터 언어 배우는 것을 좋아했다. 　　전치사구 + 부사 我从今天起再也不抽烟了。 나는 오늘부터 더 이상 담배를 피우지 않겠다. 　　전치사구　+　부사 老师昨天 从上午 一直工作到深夜。 선생님은 어제 오전부터 줄곧 저녁까지 일하셨다. 　시간명사 + 전치사구　+　부사

4) 전치사의 순서

형식	① 목적 · 근거 · 협동: 为了 / 根据 / 跟 ② 장소 · 공간 · 방향 · 노선: 在 / 从 / 往 / 向 / 朝 / 沿着 ③ 대상: 对 / 把 / 向
예시	我已经在学校 把作业做完了。 나는 이미 학교에서 숙제를 다 했다. 　　② 장소　③ 대상 我以前为了工作 向他求了好几次。 나는 예전에 일을 위해서 그에게 여러 번 도움을 청했다. 　　① 목적　　③ 대상 他从书包里 把书拿了出来。 그는 가방 속에서 책을 꺼내 들었다. 　② 공간　③ 대상

일반적으로 동작자의 심리 상태를 묘사하는 부사어를 먼저 쓰고, 동작의 진행 상태를 묘사하는 부사어를 나중에 쓴다.

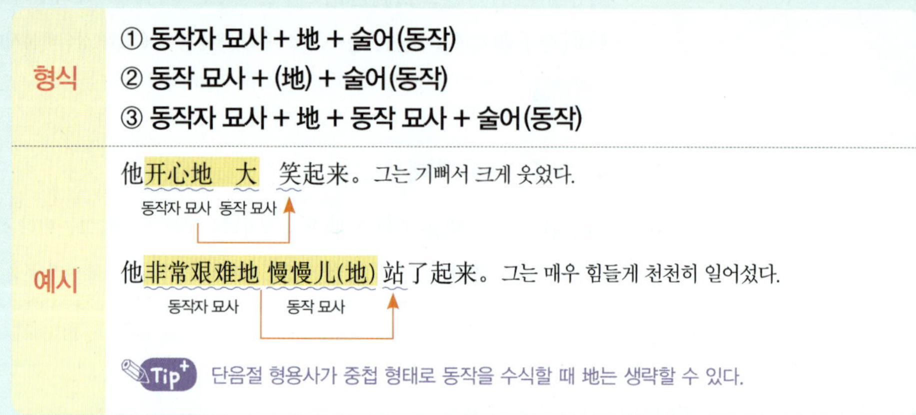

형식	① 동작자 묘사 + 地 + 술어(동작) ② 동작 묘사 + (地) + 술어(동작) ③ 동작자 묘사 + 地 + 동작 묘사 + 술어(동작)
예시	他**开心地 大** 笑起来。 그는 기뻐서 크게 웃었다. 동작자 묘사　동작 묘사 他**非常艰难地 慢慢儿(地)** 站了起来。 그는 매우 힘들게 천천히 일어섰다. 동작자 묘사　　동작 묘사

Tip+ 단음절 형용사가 중첩 형태로 동작을 수식할 때 地는 생략할 수 있다.

1) 地가 필요한 부사어

형식	① 동사 / 동사구 + 地
예시	她**不停地**吃。 그녀는 쉬지 않고 먹는다. 他**唠唠叨叨地**说个没完。 그는 수다스럽게 끝없이 말한다.
형식	② 2음절 형용사(구) / 2음절 형용사 중첩형 + 地
예시	他**非常热情地**帮助我。 그는 매우 친절하게 나를 도와준다. 他**高高兴兴地**说。 그는 신이 나서 말한다.
형식	③ 주술구 + 地
예시	他**一个人孤独地**站在那里。 그는 혼자서 외롭게 그곳에 서 있다.
형식	④ 고정 표현(성어) + 地
예시	他**全心全意地**为大家服务。 그는 전심전력으로 모두를 위해 봉사한다.
형식	⑤ 수량사 중첩 + 地
예시	事情要**一件一件地**做。 일은 하나씩 하나씩 해야 한다.

2) 地가 필요 없는 부사어

형식	① 1음절 형용사 / 1음절 형용사의 중첩형
예시	我明天一定要**早**来。 나는 내일 반드시 일찍 오겠다. 他**静静(地)**坐在那儿。 그는 조용히 그곳에 앉아 있다.
형식	② 2음절 형용사가 2음절 동사를 수식하는 형태
예시	**幸福(地)**生活 행복하게 생활하다 **努力(地)**学习 열심히 공부하다

3 복잡하고 긴 부사어

부사어를 구성하는 여러 가지 수식 성분의 기본 순서를 알아두면 아무리 어려운 부사어가
나와도 어순을 정리할 수 있다.

순서	수식 성분
1	시간사
2	어기부사 / 접속부사
3	빈도부사 / 범위부사
4	동작자 묘사 성분 + 地
5	전치사구 1: 목적 · 근거 · 협동
6	전치사구 2: 장소 · 공간 · 방향 · 노선
7	전치사구 3: 대상
8	동작 묘사 성분 (地 생략 가능)

정리해보면 '시간사 + 부사 + 동작자 묘사 성분 + 전치사구 + 동작 묘사 성분'의 순서가 된
다. 아래의 대표 문장을 외워두었다가 어순에 맞게 대입해본다.

[대표 문장]

他 // 多年来 / 一直 / 默默地 / 在这里 / 为祖国 / 认真地 // 培养着 // 人才。

주어(동작자)　시간사　　빈도부사　동작자 묘사　장소 전치사구　대상 전치사구　동작 묘사　　술어(동작)　　목적어

그는 여러 해 동안 줄곧 묵묵히 이곳에서 조국을 위해 열심히 인재를 양성하고 있다.

他 // 正在 / 小心地 / 从书包里 / 一本一本地 // 掏出书来。

주어(동작자)　시간부사　동작자 묘사　공간 전치사구　　동작 묘사　　술어(동작) + 목적어

그는 조심스럽게 가방 안에서 한 권 한 권 책을 꺼내고 있다.

他 // 又 / 把作文 / 好好地 // 检查了一遍。

주어(동작자)　빈도부사　대상 전치사구　동작 묘사　　술어(동작)

그는 또 작문을 꼼꼼하게 한 번 검사했다.

我 // 得 / 认认真真地 / 跟他 / 好好 // 谈一谈。

주어(동작자)　조동사　동작자 묘사　대상 전치사구　동작 묘사　술어(동작)

나는 진지하게 그와 잘 한 번 이야기해야겠다.

他 // 每天 / 用汉语 / 跟中国人 // 交谈。

주어(동작자)　시간사　근거 전치사구　대상 전치사구　술어(동작)

그는 매일 중국어로 중국인과 이야기한다.

我们 // 以前 / 常常 / 为大家 // 服务。

주어(동작자)　시간사　빈도부사　대상 전치사구　술어(동작)

우리는 예전에 자주 모두를 위해 봉사했다.

1) 시간을 나타내는 말은 위치가 비교적 자유로워서, 주어 앞뒤에 모두 올 수 있다.

예시
我们以前常常在一起学习。 우리는 이전에 자주 함께 공부했다.
以前我们常常在一起学习。 이전에 우리는 자주 함께 공부했다.

2) 장소를 나타내는 말은 강조를 위해 앞으로 나오기도 한다.

예시
他突然从床上坐了起来。 그는 갑자기 침대에서 일어나 앉았다.
他从床上突然坐了起来。 그는 침대에서 갑자기 일어나 앉았다.

3) 동작을 묘사하는 말은 동사 앞에 나오지만, 강조하기 위해 전치사구 앞에 나올 수 있다.

예시
他跟我慢慢地聊了起来。 그는 나와 천천히 이야기하기 시작했다.
他慢慢地跟我聊了起来。 그는 천천히 나와 이야기하기 시작했다.

day 17

1. 得　　向老师　　一下　　我　　打听　　考试的内容

____

2. 一家酒吧　　一直　　小马　　经营　　在

____

3. 想过　　我　　从来　　对这个问题　　没有

____

4. 有点儿　　会　　今天的天气　　冷　　可能

____

5. 打算　　分别　　我们俩　　调查　　进行

____

day 18

1. 贡献　　为祖国　　运动员们　　想　　巨大的　　作出

____

2. 注重　　都　　调查研究　　许多同志　　比较

____

3. 了解　　对学生的　　情况　　老师　　十分

____

4. 感谢　　得　　你　　好好儿　　老板

____

5. 再　　会议　　推迟　　不能　　日期　　了

____

제2부분

기출문제 탐색전

쓰기 제2부분은 총 2문제로, 하나는 주어진 5개의 단어를 모두 활용하여 한 편의 글을 작문하는 것이고, 다른 하나는 주어진 그림을 보고 연상되는 이야기를 논리적으로 쓰는 것이다. 분량은 모두 80자 내외로 원고지 형식에 맞춰 작성해야 한다. 4급의 작문 문제에 비하면 난이도가 상당히 높으며, 배점도 문제당 30점씩 총 60점으로 높은 비중을 차지하기 때문에 5급 쓰기 성적의 성패를 좌우하는 부분이다. 문제 수가 적다고 얕보지 말고 꾸준히 연습해야 한다.

문제

> 99. 请结合下列词语（要全部使用），写一篇80字左右的短文。
>
> 价格、日用品、广场、格外、耽误

> 100. 请结合这张图片写一篇80字左右的短文。
>
> 

1. 99번은 제시된 단어들을 활용하여 작문하는 문제로, 반드시 단어를 모두 사용해야 한다. 뜻을 몰라서 사용하지 않거나, 부적합하게 사용했을 경우 감점된다.

   → 단어를 보고 주제를 정한 다음, 서론 / 본론 / 결론으로 나누어 이야기를 전개한다.

2. 100번은 사진을 보고 자유롭게 이야기를 구상하는 문제로, 단어의 제약은 없다.

   → 사진을 보고 자신이 표현할 수 있는 적절한 주제를 떠올린다. 사진에 드러난 사실적인 정보를 써도 좋고, 사진과 관련된 자신의 견해나 경험담을 써도 된다.

3. 가로 16칸, 세로 6줄의 96자 원고지가 주어진다. 다섯째 줄까지 채우면 80자라는 점을 기억하고 글자 수를 조정하면서, 원고지 작성법에 맞게 작성한다.

99.

		我	每	次	去	学	校	都	要	经	过	一	个	不	太
大	的	广	场	,		广	场	周	围	有	很	多	卖	东	西	的
小	店	。	上	次	经	过	广	场	的	时	候	,		看	到	有
一	家	商	店	正	在	打	折	,		其	中	日	用	品	的	价
格	格	外	便	宜	,		我	就	进	去	买	了	很	多	东	西,
结	果	耽	误	了	学	校	的	课	。						

나는 매번 학교에 갈 때마다 그다지 크지 않은 광장을 지나쳐야 하는데, 광장 주위에는 물건을 파는 작은 상점이 많이 있다. 지난번에 광장을 지날 때는 할인 행사를 하는 한 가게를 보았는데, 그중 생활용품 가격이 특히 싸기에 들어가서 많은 물건을 샀고, 결국 학교 수업에 늦었다.

100.

		我	这	两	天	有	点	着	凉	了	,		不	过	不	太
想	去	医	院	。	听	人	说	医	院	挂	号	特	别	难	,
而	且	治	疗	费	用	也	非	常	高	。		另	外	,		只	是
稍	微	有	点	咳	嗽	,		病	得	也	不	严	重	,		在	家
里	随	便	吃	点	药	再	休	息	一	下	就	会	好	的	,
去	医	院	显	然	不	是	个	好	选	择	。				

나는 요 며칠 감기에 약간 걸렸는데, 병원에 별로 가고 싶지 않다. 다른 사람 말로는 병원에 가면 접수하기도 너무 어렵고, 게다가 진료비도 굉장히 비싸다고 한다. 그밖에도 단지 기침을 조금 할 뿐, 병이 그렇게 심하지도 않으니, 집에서 편한 대로 약을 좀 먹고 쉬면 곧 좋아질 것이다. 병원에 가는 것은 확실히 좋은 선택이 아니다.

01 상황별 이야기 구성하기

쓰기 제2부분

쓰기 제2부분의 첫 번째 문제는 제시된 5개의 단어를 활용하여 80자 정도의 글을 원고지에 쓰는 것이다. 이 유형은 크게 상황, 장소, 화제의 3가지 형태로 접근할 수 있는데, 이번 장에서는 다양한 '상황'을 소재로 이야기를 구성하여 작문하는 방법을 배워본다.

※ 작문 속 상황: 방학 계획, 초대, 유학, 결혼, 고민 등

S1 어휘력을 늘려라!

이 유형은 반드시 제시된 5개의 어휘를 모두 사용하여 작문해야 하며, 어휘를 빠뜨리거나 잘못 사용하면 감점의 요인이 된다. 제시된 단어를 보고 뜻과 품사, 짝꿍 단어를 바로 떠올릴 수 있는 '어휘 고수'가 되어야 한다.

예 [제시어] 宿舍、理解、开心、帮助、坦率

[단어 파악] 宿舍 sùshè 명 기숙사 / 理解 lǐjiě 동 이해하다 / 开心 kāixīn 형 즐겁다, 유쾌하다 / 帮助 bāngzhù 동 돕다 / 坦率 tǎnshuài 형 솔직하다

S2 주제어를 정하라!

5개의 제시어를 살펴보면 상황을 설정할 수 있는 힌트 단어가 있다. 주제 단어를 제대로 골라내야 이야기를 전개하기가 쉬워진다.

예 [제시어] 宿舍、理解、开心、帮助、坦率 → 도움을 받는 상황을 설정해본다.

S3 서론, 본론, 결론을 구상하라!

80자 작문은 쓰기에 자신 있는 사람에게는 짧게 느껴질 수 있지만, 초보자에게는 매우 긴 글이다. 주어진 단어들을 매끄럽게 연결하려면 한국어로 이야기를 구성하는 것만도 쉽지가 않다. 따라서 이야기의 주제 단어를 결정했다면, 5개 단어를 어떻게 활용할 것인지 윤곽을 잡는 것이 중요하다. 도입부와 전개 부분, 결말 부분에는 어떤 단어를 사용할 것인지 구상해보자.

 [제시어] 宿舍、理解、开心、帮助、坦率
[스토리 구상] 각 부분에 1~2개의 단어를 배치한다.

서론

宿舍 / 坦率

나는 기숙사 생활을 한다. 고민거리가 있어 룸메이트에게 솔직하게 말했다.

↓

본론

理解 / 帮助

룸메이트는 나를 이해해주고, 도와주었다.

↓

결론

开心

이렇게 친절한 룸메이트와 함께 있으니 정말 유쾌하고 즐겁다.

4 창의적인 사고력을 길러라!

기출문제 기준으로 볼 때 5개의 제시어 가운데 1개 정도는 다른 단어들과 연관성이 떨어지는, 조금 엉뚱한 단어일 경우가 많은데, 그 어휘를 얼마나 잘 활용하느냐가 30점을 획득하는 데 관건이 된다. 중국어로 문장을 만드는 것도 중요하지만, 먼저 한국어로 이야기를 만드는 '스토리 구성 능력'을 길러야 한다. 자신이 중국어로 표현할 수 있는 범위 안에서 독창적인 이야기를 만들어보자.

5 접속사 등 어법 요소를 활용하라!

접속사를 이용하면 제시어로 작문한 문장들을 자연스럽게 연결할 수 있다. 이야기를 구성하거나 작문하는 데 큰 어려움이 없다면, 전치사나 접속사 등의 간단한 어법 요소를 활용해 좀 더 맛깔스러운 글을 만들어보자. 하지만 어법이 틀렸을 때는 오히려 감점 요인이 되므로, 자신이 없다면 좀 더 확실한 표현으로 바꿔 쓴다.

문제 请结合下列词语（要全部使用），写一篇80字左右的短文。

考试、充分、提前、后悔、借口

|문제 분석| 1. 단어 활용하여 작문하기 (첫 번째 답안)
2. 핵심 어법 활용하여 작문하기 (두 번째 답안) **S2, S3, S5 적용**

단어 考试 kǎoshì 몡 시험　　充分 chōngfèn 혱 충분하다　　提前 tíqián 됭 앞당기다
后悔 hòuhuǐ 됭 후회하다　　借口 jièkǒu 몡 핑계

해설

1단계 주제어 정하기

考试(시험)를 주제로 하여 시험이나 공부에 관한 상황을 떠올린다.

2단계 흐름 잡기

시험을 잘 못 봤다
→ 자신에 대해 변명을 늘어놓다 / 후회한다
→ 다음엔 미리미리 충분한 준비를 해야겠다

3단계: 방법1 단어 활용하기

考试: 考试没有通过 / 考试成绩不好 / 准备考试 / 参加考试
充分: 充分地准备 / 充分利用时间 / 做了充分的准备
提前: 提前准备 / 提前开始复习 / 提前一个星期开始准备 / 提前到了
后悔: 感到非常后悔 / 觉得后悔 / 对…很后悔 / 后悔得要命
借口: 给自己找借口 / 找各种借口玩儿 / 有借口 / 这是他的借口

3단계: 방법2 핵심 어법 활용하기

1. 宁可 A 也不 B (차라리 A할지언정, B하지 않는다)
   이해 득실을 따져서 A를 선택한다는 뜻이다.
   예 宁可踢一天足球，也不想坐下来认真地复习。
   종일 축구를 할지언정, 앉아서 열심히 복습하고 싶어하지 않는다.

2. 连…也 (심지어 ~조차도)
   连…也 사이에 一个, 一点儿 등을 넣어 최소한의 수량의 강조하고, 술어
   는 不, 没를 써서 부정형으로 한다.
   예 考试成绩(连)一点儿也不好。 시험 성적은 조금도 좋지 않다.

3. 접속사 虽然 A 但是 B (비록 A하지만, 그러나 B하다)
   사실에 반하는 역접의 결과를 나타낸다.
   예 虽然提前一个星期开始复习，但是我没有充分利用时间。
   비록 일주일 전부터 복습을 시작했지만, 나는 시간을 충분히 활용하지 못했다.

4. 정도보어: …得要命 (~하는 정도가 심하다)

要命 대신에 要死, 不得了 등을 써도 같은 뜻이다.

예 我现在后悔得要命。 나는 현재 후회가 막심하다.

| 모범 답안 1 | 단어 활용 답안

	这	次	考	试	没	有	通	过	,	仔	细	想	想	就
是	因	为	总	给	自	己	找	借	口	。	宁	可	踢	一	天
足	球	,	也	不	想	坐	下	来	认	真	地	复	习	,	现
在	我	感	到	非	常	后	悔	。	下	次	考	试	,	我	一
定	要	提	前	开	始	复	习	,	做	好	充	分	地	准	备,
争	取	得	到	好	成	绩	。								

이번 시험에 통과하지 못한 것은 자세히 생각해보면 바로 내가 항상 자신을 위한 핑계를 찾았기 때문이다. 종일 축구를 할지언정, 자리에 앉아서 열심히 복습하고 싶어하지 않았고, 지금은 정말 후회가 된다. 다음 시험에는 반드시 미리미리 복습을 시작하고 충분한 준비를 해서, 꼭 좋은 성적을 얻도록 노력하겠다.

> **단어** 通过 tōngguò 통 통과하다 | 仔细 zǐxì 형 꼼꼼하다 | 总 zǒng 부 언제나 | 宁可 nìngkě 부 설령 ~할지라도 | 踢足球 tī zúqiú 축구를 하다 | 认真 rènzhēn 형 착실하다 | 复习 fùxí 동 복습하다 | 感到 gǎndào 동 느끼다 | 一定 yídìng 부 반드시 | 开始 kāishǐ 동 시작하다 | 准备 zhǔnbèi 동 준비하다 | 争取 zhēngqǔ 동 쟁취하다, 노력하다 | 成绩 chéngjì 명 성적

| 모범 답안 2 | 어법 활용 답안

	这	次	的	考	试	成	绩	一	点	儿	也	不	好	。
虽	然	提	前	一	个	星	期	开	始	复	习	,	但	是	我
没	有	充	分	利	用	时	间	。	我	总	是	找	各	种	借
口	玩	儿	游	戏	,	结	果	该	复	习	的	内	容	没	复
习	。	我	现	在	后	悔	得	要	命	,	以	后	再	也	不
玩	儿	游	戏	了	。										

이번 시험은 성적이 조금도 좋지 않았다. 비록 1주일 전에 미리 복습을 시작하긴 했지만, 나는 시간을 충분히 활용하지 못했다. 나는 언제나 이런저런 핑계를 찾아 게임을 하며 놀았고, 결국 복습해야 할 내용을 복습하지 않았다. 나는 지금 정말 뼈저리게 후회한다. 앞으로 다시는 게임을 하지 않겠다.

> **단어** 虽然 suīrán 접 비록 ~지만 | 利用 lìyòng 동 이용하다 | 时间 shíjiān 명 시간 | 总是 zǒngshì 부 항상 | 游戏 yóuxì 명 게임, 놀이 | 结果 jiéguǒ 명 결과 | 内容 nèiróng 명 내용 | 要命 yàomìng 부 엄청

Tip⁺ 이 유형의 모범 답안은 2가지로 구성되어 있다. 첫 번째 답안은 제시된 단어를 활용한 이야기 구성 능력을 기르는 데 중점을 둔 것이고, 두 번째 답안은 2~3개의 어법 사항을 적용하여 어법 활용 능력을 향상시키는 데 중점을 둔 것이다. 답안에서 단어와 어법이 어떻게 활용되었는지에 유의하면서 반복하여 연습해보자.

Tip⁺ 스스로 이야기를 구성하기가 어렵다면 모범 답안의 번역문을 보고 중국어로 만드는 연습부터 시작한다. 한 문장이라도 스스로의 힘으로 써낼 수 있는 것이 중요하다.

1 원고지 답안 작성법

쓰기 답안은 기본적으로 중국어 원고지 사용법에 따라 작성해야 한다. 원고지에 답안을 작성하게 하는 것은 띄어쓰기와 문장 부호 사용법 등 기본적인 작문 규범에 대해 얼마나 이해하고 있는지 파악하기 위함이다. 따라서 쓰기 시험에서 원고지 형식에 맞게 답안을 작성하는 것은 가장 기본적인 요소이며, 채점자에게 주는 첫인상이기도 하다.

▶ **본문 작성법**

1) 전체 답안은 80자 내외로 쓴다.

쓰기 제2부분의 답안지는 가로 16칸, 세로 6줄의 96자 원고지로 되어 있다. 하지만 80자 내외로 쓰라고 요구하므로 75자~85자 분량으로 글을 완성하는 것이 가장 좋다.

Tip+ 여섯째 줄 다섯째 칸까지가 85자 분량이다.

(	중	략	)	如	果	有	机	会	,	下	次	我	要	参	加
别	的	比	赛	。	→85자										

2) 단락을 시작할 때, 맨 앞의 두 칸은 비우고 쓴다.

우리말에서 단락 첫 자는 한 칸을 띄고 시작하지만, 중국어에서는 두 칸을 띈다.

√	√	每	年	学	校	都	举	办	运	动	会	,	每	个	学
生	都	要	参	加	。	我	参	加	了	长	跑	(	중	략	)

3) 한 칸에 한 글자씩 쓴다.

중국어와 알파벳 대문자는 한 칸에 한 글자씩 쓴다. 알파벳 소문자나 아라비아 숫자 등은 한 칸에 두 글자씩 쓴다.

Tip+ 숫자는 중국어로 쓰지 않아도 된다.

A	B	C	D	E	F		ab	cd	ef				
20	11	年	6	月	16	号							

▶ 문장 부호 표기법

1) 반드시 중국어 문장 부호를 사용한다.

중국어에는 우리말과 다른 문장 부호가 있어 혼동하기 쉽다. 특히 마침표(。)나 모점(、), 쉼표(,) 등을 무심코 잘못 사용하지 않도록 유의하자.

2) 문장 부호는 일반적으로 한 칸에 하나씩 쓴다.

① 다음 문장 부호는 칸의 좌측에 붙여서 쓴다.

,	。	、	"	"

② 다음 문장 부호는 칸의 가운데에 쓴다.

！	？	：

③ 따옴표는 앞뒤의 문장 부호와 함께 한 칸에 쓴다.

。"	："	？"

④ 줄임표와 줄표는 두 칸에 나누어 쓴다.

······	——

3) 문장 부호는 행의 첫 칸에 쓰지 않는다.

한 행의 마지막 칸에서 문장이 끝나고, 문장 부호가 그 다음 줄로 넘어갈 경우, 문장 부호는 다음 줄 첫 칸이 아니라, 그 행의 마지막 칸에 글자와 함께 표기해준다.

✎ **Tip⁺** " 와 《는 다음 줄 첫칸에 쓸 수 있다.

		最	近	我	代	表	我	们	公	司	到	大	华	公	司
进	行	了	考	察	，	对	方	的	张	经	理	接	待	了	我。

▶ 교정 부호 사용법

1) 사이 띄우기(∨): 띄어 써야 할 곳을 붙였을 때 쓴다.

2) 삽입하기(‿): 글자나 문장 부호가 빠졌을 때 쓴다.

3) 붙이기(⌒): 붙여 써야 할 곳이 떨어져 있을 때 쓴다.

2 **중요 단어 모음**

5급의 필수단어 2500개를 모두 암기하기 부담스럽다면, 먼저 쓰기 문제에 나올 만한 중요한 단어부터 학습해보자.

※ 뜻을 잘 알지 못하는 단어에 체크한다.

1) 동사

	단어	뜻		단어	뜻
☐	安慰 ānwèi	위로하다	☐	把握 bǎwò	파악하다, 포착하다
☐	摆 bǎi	놓다, 배열하다	☐	保持 bǎochí	유지하다, 지키다
☐	保存 bǎocún	보존하다, 지키다	☐	保留 bǎoliú	남겨두다, 간직하다
☐	避免 bìmiǎn	피하다, (모)면하다	☐	编辑 biānjí	편집하다
☐	称赞 chēngzàn	칭찬하다	☐	承认 chéngrèn	승인하다, 인정하다
☐	吃亏 chīkuī	손해보다, 손해를 입다	☐	传染 chuánrǎn	전염하다, 옮다
☐	辞职 cízhí	사직하다, 직장을 관두다	☐	打工 dǎgōng	아르바이트하다
☐	打招呼 dǎ zhāohu	인사하다	☐	担任 dānrèn	맡다, 담당하다
☐	导致 dǎozhì	일으키다, 초래하다	☐	多亏 duōkuī	덕분이다, 덕택이다
☐	发表 fābiǎo	발표하다, 선포하다	☐	发愁 fāchóu	근심하다, 걱정하다
☐	罚款 fákuǎn	벌금을 부과하다	☐	反复 fǎnfù	되풀이하다, 반복하다
☐	放松 fàngsōng	늦추다, 이완시키다	☐	分别 fēnbié	이별하다, 헤어지다
☐	付款 fùkuǎn	돈을 내다, 계산하다	☐	改善 gǎishàn	개선하다
☐	告别 gàobié	이별을 고하다	☐	沟通 gōutōng	교류하다, 소통하다
☐	关怀 guānhuái	관심을 가지다	☐	过期 guòqī	기한을 넘기다
☐	忽视 hūshì	소홀히 하다	☐	怀念 huáiniàn	그리워하다
☐	缓解 huǎnjiě	풀어지다, 완화시키다	☐	恢复 huīfù	회복하다, 회복되다
☐	灰心 huīxīn	낙담하다, 낙심하다	☐	接触 jiēchù	닿다, 접촉하다
☐	接待 jiēdài	접대하다, 응접하다	☐	结账 jiézhàng	결산하다, 계산하다
☐	戒烟 jièyān	담배를 끊다	☐	记忆 jìyì	기억하다, 떠올리다
☐	排队 páiduì	정렬하다, 줄을 서다	☐	赔偿 péicháng	물어주다, 변상하다
☐	取消 qǔxiāo	취소하다	☐	确认 quèrèn	확인하다
☐	善于 shànyú	잘하다, 능숙하다	☐	上当 shàngdàng	속다, 사기당하다
☐	胜利 shènglì	승리하다	☐	实现 shíxiàn	실현하다, 달성하다
☐	甩 shuǎi	흔들다, 휘두르다	☐	缩短 suōduǎn	줄이다, 단축하다
☐	调整 tiáozhěng	조정하다, 조절하다	☐	挑战 tiǎozhàn	도전하다
☐	推辞 tuīcí	거절하다, 사퇴하다	☐	推荐 tuījiàn	추천하다
☐	显得 xiǎnde	~처럼 보이다	☐	相处 xiāngchǔ	함께 지내다
☐	想念 xiǎngniàn	그리워하다	☐	消费 xiāofèi	쓰다, 소비하다
☐	象征 xiàngzhēng	상징하다	☐	消灭 xiāomiè	사라지다, 없어지다
☐	欣赏 xīnshǎng	감상하다	☐	延长 yáncháng	늘이다, 연장하다
☐	迎接 yíngjiē	영접하다, 마중하다	☐	营业 yíngyè	영업하다

	단어	뜻		단어	뜻
☐	应付 yìngfu	대응하다, 대처하다	☐	应聘 yìngpìn	초빙에 응하다, 지원하다
☐	掌握 zhǎngwò	파악하다, 정통하다	☐	珍惜 zhēnxī	소중히 여기다, 아끼다
☐	针对 zhēnduì	겨누다, 조준하다	☐	争论 zhēnglùn	변론하다, 쟁론하다
☐	嘱咐 zhǔfù	분부하다, 당부하다	☐	阻止 zǔzhǐ	저지하다, 가로막다

2) 명사

	단어	뜻		단어	뜻
☐	傍晚 bàngwǎn	저녁 무렵	☐	包裹 bāoguǒ	소포, 보따리
☐	本领 běnlǐng	기량, 능력, 수완	☐	鞭炮 biānpào	폭죽
☐	表情 biǎoqíng	표정	☐	病毒 bìngdú	(컴퓨터) 바이러스
☐	差别 chābié	차이, 구별	☐	长途 chángtú	장거리 (전화 / 버스)
☐	常识 chángshí	상식, 일반 지식	☐	成就 chéngjiù	성취, 성과, 업적
☐	除夕 chúxī	섣달 그믐날 밤	☐	传统 chuántǒng	전통
☐	错误 cuòwù	착오, 잘못	☐	待遇 dàiyù	대우, 대접
☐	对象 duìxiàng	대상, 결혼 상대	☐	方案 fāng'àn	방안, 방식, 계획
☐	费用 fèiyong	비용	☐	风格 fēnggé	태도, 품격
☐	服装 fúzhuāng	복장, 옷차림	☐	隔壁 gébì	이웃(집)
☐	公寓 gōngyù	아파트	☐	姑娘 gūniang	아가씨, 처녀
☐	观点 guāndiǎn	관점, 입장	☐	规模 guīmó	규모
☐	国庆节 Guóqìngjié	국경절	☐	行业 hángyè	직업, 업종
☐	灰尘 huīchén	먼지	☐	伙伴 huǒbàn	동료, 동반자
☐	家务 jiāwù	가사, 집안일	☐	讲座 jiǎngzuò	강좌
☐	教训 jiàoxun	교훈	☐	戒指 jièzhi	반지
☐	角色 juésè	배역, 역할	☐	烤鸭 kǎoyā	오리구이
☐	课程 kèchéng	교육 과정, 커리큘럼	☐	连续剧 liánxùjù	연속극
☐	秘密 mìmì	비밀	☐	奇迹 qíjì	기적
☐	前途 qiántú	앞길, 발전성	☐	趋势 qūshì	추세, 경향
☐	身材 shēncái	몸매, 체격	☐	失眠 shīmián	불면(증)
☐	试卷 shìjuàn	시험지	☐	特征 tèzhēng	특징
☐	系统 xìtǒng	계통, 체계, 시스템	☐	小伙子 xiǎohuǒzi	총각, 젊은이
☐	形象 xíngxiàng	형상, 이미지	☐	幸运 xìngyùn	행운, 좋은 운수
☐	智慧 zhìhuì	지혜	☐	愿望 yuànwàng	염원, 바람

	단어	뜻		단어	뜻
☐	悲观 bēiguān	비관하다, 비관적이다	☐	惭愧 cánkuì	부끄럽다, 창피하다
☐	彻底 chèdǐ	철저하다, 철저히 하다	☐	充分 chōngfèn	충분하다
☐	匆忙 cōngmáng	매우 바쁘다	☐	出色 chūsè	뛰어나다, 특출나다
☐	倒霉 dǎoméi	재수 없다, 운수 사납다	☐	单调 dāndiào	단조롭다
☐	独特 dútè	독특하다	☐	地道 dìdao	진짜의, 본고장의
☐	干燥 gānzào	건조하다, 마르다	☐	繁荣 fánróng	번영하다, 번창하다
☐	好奇 hàoqí	호기심 있다, 궁금하다	☐	豪华 háohuá	호화롭다, 사치스럽다
☐	谨慎 jǐnshèn	신중하다, 조심스럽다	☐	激烈 jīliè	격렬하다, 치열하다
☐	可怕 kěpà	두렵다, 무섭다	☐	可靠 kěkào	확실하다, 믿음직하다
☐	了不起 liǎobuqǐ	대단하다, 뛰어나다	☐	苗条 miáotiao	날씬하다
☐	陌生 mòshēng	낯설다, 생소하다	☐	偶然 ǒurán	우연하다
☐	平衡 pínghéng	균형이 맞다	☐	平静 píngjìng	평온하다, 차분하다
☐	谦虚 qiānxū	겸허하다, 겸손하다	☐	巧妙 qiǎomiào	교묘하다
☐	勤奋 qínfèn	근면하다	☐	善良 shànliáng	선량하다, 착하다
☐	舍不得 shěbude	아쉬워하다, 아까워하다	☐	时髦 shímáo	유행이다, 최신식이다
☐	舒适 shūshì	편안하다, 쾌적하다	☐	坦率 tǎnshuài	솔직하다
☐	特殊 tèshū	특수하다, 특별하다	☐	痛快 tòngkuài	통쾌하다, 유쾌하다
☐	完美 wánměi	결함이 없다, 완벽하다	☐	温暖 wēnnuǎn	온화하다, 따뜻하다
☐	温柔 wēnróu	온유하다, 부드럽다	☐	稳定 wěndìng	안정되다, 안정적이다
☐	鲜艳 xiānyàn	화려하다, 산뜻하다	☐	虚心 xūxīn	겸허하다, 겸손하다
☐	拥挤 yōngjǐ	붐비다, 혼잡하다	☐	犹豫 yóuyù	머뭇거리다, 망설이다
☐	周到 zhōudào	주도면밀하다, 빈틈없다	☐	自豪 zìháo	자랑스러워하다

4) 부사

	단어	뜻		단어	뜻
☐	毕竟 bìjìng	결국, 끝내, 필경	☐	反正 fǎnzhèng	결국, 어차피, 어쨌든
☐	单独 dāndú	단독으로, 혼자서	☐	到底 dàodǐ	도대체, 결국
☐	的确 díquè	확실히, 정말	☐	仿佛 fǎngfú	마치, ~ 같이
☐	干脆 gāncuì	아예, 차라리	☐	怪不得 guàibude	어쩐지
☐	急忙 jímáng	급히, 황급히, 바삐	☐	简直 jiǎnzhí	그야말로, 너무나, 전혀
☐	尽量 jǐnliàng	가능한 한, 최대한	☐	居然 jūrán	뜻밖에, 의외로
☐	临时 línshí	때가 되어서	☐	特意 tèyì	특별히, 일부러

1. 活动、组织、留学、单调、深刻

2. 婚礼、沟通、幸福、充满、鼓励

1. 打招呼、魅力、尽量、轻松、邀请

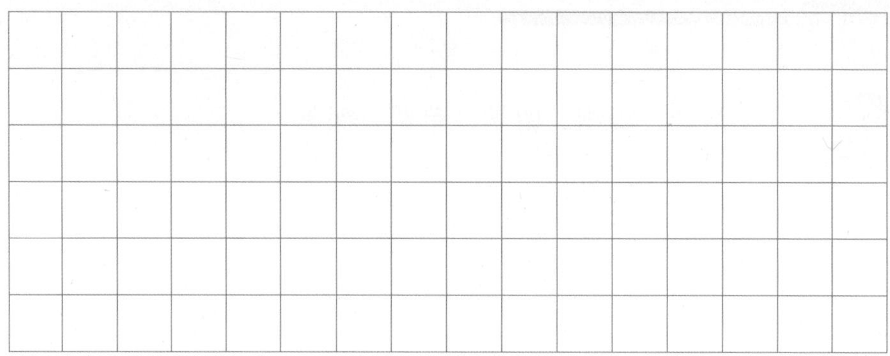

2. 耽误、烦恼、教育、不耐烦、惭愧

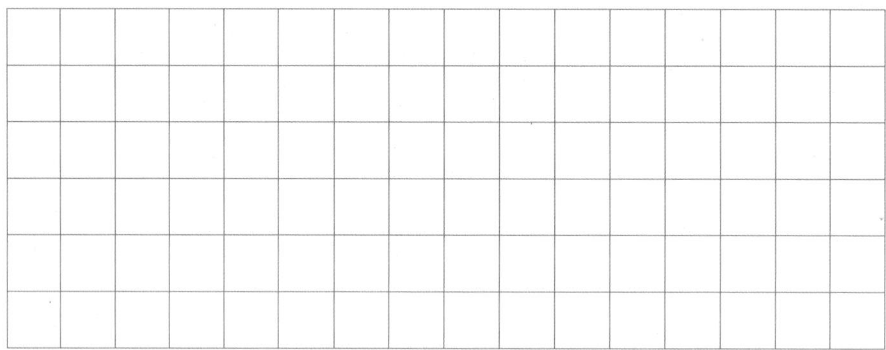

02 장소별 이야기 구성하기

쓰기 제2부분

이번 장에서는 여러 '장소'를 소재로 이야기를 구성하여 작문하는 연습을 해본다. 작문 연습을 할 때는 교재에 나오는 문제를 먼저 스스로의 힘으로 작문해보고, 다시 같은 문제를 교재에서 제시하는 단어 활용법과 어법 요소 활용법으로 작문해보는 것도 좋다. 중요한 것은 많은 문제를 푸는 것보다 한 문제라도 제대로 쓸 줄 아는 것이기 때문이다. 이렇게 하다 보면 자신감은 저절로 생기게 된다.

※ **작문 속 장소: 학교, 회사, 상점, 음식점, 도서관 등**

  시크릿 백전백승

1 장소를 연상하라!

5개의 제시어 중 명확하게 장소를 가리키는 단어가 없더라도 학교, 회사, 상점, 음식점, 병원 등, 특정한 장소에서 일어나는 행동이나, 쓰이는 말들을 찾아낸다면, 장소 관련 에피소드를 만들 수 있다. 제시어들을 보고 어떤 장소에서 일어나는 이야기를 구성할 수 있는지를 떠올려보자.

2 서술자 시점을 정하라!

자신을 주인공으로 하여 이야기를 전개해나가는 1인칭 시점으로 작문할지, 제3자의 이야기를 묘사하는 3인칭 시점으로 작문할지를 정한다. 초보자라면 1인칭 시점으로 쓰는 것이 가장 무난하다.

3 시제를 정리하라!

작문은 이미 발생했거나 경험한 과거 시제로 쓰는 것이 보편적이지만, 글 속에서 모든 동작이 이미 완료된 것은 아닐 수도 있다. 예를 들어, 旅游는 '여행을 다녀왔다', 혹은 '여행을 가려고 계획 중이다'로, 考试는 '시험을 보았다', 혹은 '내일 시험이 있다'로, 买衣服는 '옷을 샀다', 혹은 '옷을 사려고 한다'로 표현될 수 있다. 이러한 경우, 打算, 准备, 想, 要 등을 적절히 활용하여 문장을 만든다.

| 문제 | 请结合下列词语(要全部使用)，写一篇80字左右的短文。 |

沙滩、晒、暑假、舒服、期待

|문제 분석| 1. 단어 활용하여 작문하기 (첫 번째 답안)
2. 핵심 어법 활용하여 작문하기 (두 번째 답안) **S1, S2, S3 적용**

단어
沙滩 shātān 몡 모래사장   晒 shài 동 햇볕을 쬐다   暑假 shǔjià 몡 여름방학
舒服 shūfu 휑 편안하다   期待 qīdài 동 기대하다

해설

1단계 주제어 정하기

暑假(여름방학)를 주제로 하여 이야기가 전개될 장소를 떠올린다.

| 서론 暑假 | → | 본론 沙滩 / 晒 | → | 결론 舒服 / 期待 |

2단계 흐름 잡기

여름방학이 되면 ~할 계획이다
→ 모래사장에서 일광욕을 한다
→ 매우 편안하다 / 매우 기대된다

3단계: 방법1 단어 활용하기

沙滩: 去(找)沙滩 / 那儿的沙滩美丽极了 /
　　　在…沙滩上走(玩 / 休息 / 晒太阳 / 散步)
晒: 晒太阳 / 晒晒太阳 / 躺着晒太阳 / 晒黑了
暑假: 放暑假了 / 暑假到了 / 暑假来了 / 暑假打算去… /
　　　暑假快点到来 / 就要放暑假了
舒服: 休息(吃 / 过 / 玩)得很舒服 / 舒服极了 / 一定非常舒服
期待: 期待着下个暑假 / 期待跟你一起去玩 / 真期待暑假快点到来

3단계: 방법2 핵심 어법 활용하기

1. 상용구: 就要…了 (곧, 머지않아 ~하다)
   아직 발생하지 않은 동작을 나타낸다. 快要…了와 동의어지만, 就要…了는 앞에 시간사(明天, 下个月 등)를 끌고 나올 수 있다.
   예 下个星期就要放暑假了。 다음 주면 곧 여름방학이다.

2. 又 A 又 B (A하기도 하고, B하기도 하다)
   두 가지 동작이나 상황이 동시에 존재함을 나타낸다.
   예 我们又游泳，又在沙滩上玩儿球。
   우리는 수영도 하고, 모래사장에서 공놀이도 하였다.

3. 除了 A 以外, 还 B (A를 제외하고도, 또 B하다)
   앞에서 언급한 것 이외에 또 다른 것을 보충할 때 쓴다.

<table>
<tr><td></td><td></td><td>晚</td><td>上</td><td>跟</td><td>朋</td><td>友</td><td>们</td><td>除</td><td>了</td></tr>
</table>

예 晚上跟朋友们除了一起吃饭以外，还一起唱歌跳舞了。

저녁에 친구들과 함께 밥을 먹는 것 외에, 또 함께 노래 부르고 춤도 추었다.

4. 정도보어: …极了 (매우 ~하다)

'형용사 + 极了'의 형식으로 쓰여, 정도가 매우 높음을 나타낸다.

예 高兴极了 매우 기쁘다 / 舒服极了 매우 편안하다

| 모범 답안 1 | 단어 활용 답안

		下	个	星	期	就	要	放	暑	假	了	，	我	和	家
人	打	算	去	海	南	岛	旅	游	。	听	说	那	儿	的	沙
滩	美	丽	极	了	，	我	想	在	沙	滩	上	晒	晒	太	阳,
也	想	在	海	里	游	游	泳	。	我	预	订	了	一	个	高
档	的	宾	馆	。	我	觉	得	在	那	儿	一	定	非	常	舒
服	，	真	期	待	暑	假	快	点	到	来	。				

다음 주면 곧 여름방학이다. 나는 가족들과 하이난다오 섬으로 여행을 갈 계획이다. 듣자하니 그곳의 모래사장은 매우 아름답다고 한다. 나는 모래사장에서 일광욕도 좀 하고, 바다에서 수영도 좀 하고 싶다. 나는 고급 호텔을 예약했다. 나는 그곳이 매우 편안하리라고 생각하며, 여름방학이 빨리 오기만을 정말 기대한다.

단어 放 fàng 图 (학교나 직장이) 쉬다 | 家人 jiārén 图 가족 | 打算 dǎsuan 图 계획하다 | 旅游 lǚyóu 图 여행하다 | 听说 tīngshuō 图 듣자하니 ~라고 하다 | 美丽 měilì 图 아름답다 | 太阳 tàiyáng 图 태양 | 游泳 yóuyǒng 图 수영하다 | 预订 yùdìng 图 예약하다 | 高档 gāodàng 图 고급이다 | 宾馆 bīnguǎn 图 호텔 | 觉得 juéde 图 ~라고 여기다 | 一定 yídìng 图 반드시 | 到来 dàolái 图 닥쳐오다

| 모범 답안 2 | 어법 활용 답안

		我	期	待	的	暑	假	到	了	，	我	和	朋	友	们
决	定	去	海	边	玩	儿	。	到	了	海	边	，	我	们	又
游	泳	，	又	在	沙	滩	上	玩	儿	球	，	累	的	时	候
就	躺	着	晒	太	阳	。	晚	上	跟	朋	友	们	除	了	一
起	吃	饭	以	外	，	还	一	起	唱	歌	跳	舞	了	，	今
天	过	得	舒	服	极	了	。								

내가 기다리던 여름방학이 왔다. 나는 친구들과 해변에 놀러 가기로 했다. 해변에 도착해서, 우리는 수영도 하고, 모래사장에서 공놀이도 했으며, 피곤할 때는 누워서 일광욕을 했다. 저녁에는 친구들과 함께 밥을 먹는 것 외에도, 함께 노래를 부르고 춤을 추며 놀았다. 오늘은 매우 편하게 보냈다.

단어 决定 juédìng 图 결정하다 | 海边 hǎibiān 图 해변 | 玩儿 wánr 图 놀다, 즐기다 | 球 qiú 图 공 | 累 lèi 图 피곤하다 | 躺 tǎng 图 눕다 | 除了…以外 chúle…yǐwài ~ 이외에 | 唱歌 chànggē 图 노래 부르다 | 跳舞 tiàowǔ 图 춤을 추다 | 过 guò 图 보내다

이 유형의 모범 답안은 2가지로 구성되어 있다. 첫 번째 답안은 제시된 단어를 활용한 이야기 구성 능력을 기르는 데 중점을 둔 것이고, 두 번째 답안은 2~3개의 어법 사항을 적용하여 어법 활용 능력을 향상시키는 데 중점을 둔 것이다. 답안에서 단어와 어법이 어떻게 활용되었는지에 유의하면서 반복하여 연습해보자.

1 문장 부호의 종류와 용법

작문 내용을 원고지에 작성할 때는 올바른 문장 부호를 사용해야 한다. 문장 부호도 하나의 글자로 취급하므로, 잘못 사용하면 감점의 요인이 된다. 문장 부호의 정확한 쓰임을 학습하여 좋은 점수를 획득하도록 하자.

1) 마침표(。), 모점(、), 쉼표(,)

문장 부호	설명 및 예문
句号 마침표 (。)	평서문 끝에서 문장이 끝남을 나타낸다. 한글 마침표와 생김새가 다르므로 주의한다. 他发明了新机器，大大提高了工作效率。 그는 새 기계를 발명해서, 업무 효율을 크게 향상시켰다. 一九九二年韩中两国已经建交了。 1992년에 한·중 양국은 이미 수교하였다.
顿号 모점 (、)	문장 속에서 병렬 관계의 어휘 또는 구를 나열할 때 쓴다. 맨 마지막 단어 앞에는 일반적으로 和를 사용한다. 한국어에 없는 부호이므로 쉼표와 혼동하지 않도록 주의한다. 尘土可以进入到眼睛、鼻子、口和耳朵中。 먼지는 눈, 코, 입, 그리고 귓속까지 들어갈 수 있다. 用筷子的国家有越南、日本、韩国和中国等。 젓가락을 사용하는 국가에는 베트남, 일본, 한국, 그리고 중국 등이 있다. 造成环境污染的污染物是：废水、废气、塑料袋、木筷和饮食垃圾等。 환경오염을 일으키는 오염물은 폐수, 배기가스, 비닐봉지, 나무젓가락, 그리고 음식물 쓰레기 등이다. 绿色食品有着许多叫法，比如"自然食品"、"健康食品"、"有机农业食品"等等。 녹색 식품은 많은 명칭이 있다. 예를 들면, '자연 식품', '건강 식품', '유기농 식품' 등이다.
逗号 쉼표 (,)	문장 중간에서 쉼을 표시하며, 절을 구분한다. (주어와 술어 사이, 목적어구 뒤, 부사어 뒤에 필요에 따라 넣을 수 있다.) 我们看得见的星星，绝大多数是恒星。 (주어와 술어 사이) 우리가 육안으로 볼 수 있는 별은, 대부분 항성이다. 对于这个城市，他并不陌生。 (목적어구 뒤) 이 도시에 대해서, 그는 전혀 낯설지 않다. 据说苏州园林有一百多处景点，我到过的不过十多处。 (문장 중간) 쑤저우 원림에는 백여 곳의 명소가 있다고 하는데, 내가 가본 곳은 십여 곳에 불과하다.

2) 느낌표(!)와 물음표(?)

문장 부호	설명 및 예문
叹号 느낌표 (!)	감탄문이나 명령문, 반어문 등의 끝에서 부름이나 감탄, 놀람, 명령, 칠책, 바람 등의 감정을 나타낸다. 我多么想看看他老人家呀! 내가 그 어르신을 얼마나 뵙고 싶어했는데! 停止射击! 사격 중지! 我什么时候说的! 내가 언제 그런 말을 했어! 说来说去，原来你还没听懂啊! 아무리 말해도, 너는 아직도 못 알아들은 거구나! 朋友! 仔细想想吧! 친구야! 자세히 생각 좀 해봐!
问号 물음표 (?)	문장 끝에서 의심이나 의문을 나타낸다. 主持这个节目的是你还是我? (선택 의문문) 이 프로그램을 진행하는 사람이 당신인가요 아니면 저인가요? 这句话的意思你明白了吗? (일반 의문문) 이 말의 의미를 넌 이해했니?

3) 쌍점(:)과 쌍반점(;)

문장 부호	설명 및 예문
冒号 쌍점 (:)	① 앞뒤 문장의 의미가 같거나, 인용문을 제시할 때 사용한다. 俗话说: 一年之计在于春，一日之计在于晨。 속담에 일 년 계획은 봄에 있고, 하루의 계획은 새벽에 있다고 말했다. ② 앞 문장을 해석하거나 부연 설명할 때 사용한다. 马克思主义哲学告诉我们: 正确的认识来源于社会实践。 마르크스주의 철학은 우리에게 말해준다. '올바른 지식은 사회적 실천에서 나온다.'라고.
分号 쌍반점 (;)	① 병렬된 두 개 이상의 대등한 구문 사이에 쓴다. 肉食量高; 水果、蔬菜量低; 室外活动量少，是形成肥胖的一种生活模式。 육류 섭취량이 높고, 과일, 야채 섭취량은 적고, 실외 활동량까지 적다면 비만이 되는 생활 방식이다. 从现在做起：不随地吐痰; 不乱扔垃圾; 拒绝使用一次性木筷; 塑料袋要处理好; 多植树造林。 지금부터 아무 곳에나 침을 뱉지 않고, 함부로 쓰레기를 버리지 않고, 1회용 나무젓가락 사용을 절제하고, 비닐봉투를 잘 처리하고, 나무를 많이 심어 숲을 조성해야 한다. ② 대비되는 두 개 이상의 구문 사이에 쓴다. 不幸的是，想当音乐家的孩子，耳朵突然聋了; 想成为画家的孩子，眼睛忽然瞎了。 불행하게도, 음악가가 되고 싶던 아이는 갑자기 귀머거리가 되었고, 화가가 되고 싶던 아이는 갑자기 눈이 멀게 되었다.

4) 큰 따옴표(" ")와 작은 따옴표(' ')

문장 부호	설명 및 예문
双引号 큰 따옴표 (" ")	① 문장 속에서 다른 사람의 말을 직접 인용할 때 사용한다. 他常常对孩子说："不要欺负善良的人。" 그는 종종 아이에게 "선량한 사람들을 괴롭히지 마라."라고 말한다. 王明很礼貌地说："谢谢。"老人说："不客气。" 왕밍은 아주 예의 바르게 "감사합니다."라고 말했고, 노인은 "천만에."라고 말했다. ② 특별한 뜻이 있거나 강조하려는 말에 사용한다. 古时候有一个节日叫"愚人节"。 예전에 "만우절"이라는 날이 있었다. "周末婚"夫妻一到周末就见面。 "주말부부"는 부부가 주말이 되면 만난다.
单引号 작은 따옴표 (' ')	인용문 안에서 다시 인용 또는 강조할 때 사용한다. 妈妈对孩子说："你对着大山喊'我爱你'，好吗？" 엄마는 아이에게 "네가 산에게 '나는 너를 사랑해'라고 외쳐봐, 알았지?"라고 말했다.

5) 기타 문장 부호

문장 부호	설명 및 예문
省略号 줄임표 (……)	열거되는 단어를 생략하거나 말을 다 하지 않고 줄일 때 사용한다. 6개의 점 부호로, 원고지에 쓸 때는 한 칸에 점 3개씩, 두 칸에 걸쳐 쓴다. 这个工厂可以生产肥皂、香水、化妆品……百种产品。 이 공장은 비누, 향수, 화장품 등 백여 종의 제품을 생산할 수 있다. 女孩子说："这辆车是你爸爸送给你的生日礼物？天啊，我也希望……" 여자아이는 말했다. "이 차가 당신 아버지가 당신에게 준 생일선물이예요? 세상에, 나도……."
间隔号 가운뎃점 (·)	외국, 또는 소수민족의 인명에서 성과 이름을 구분 짓거나, 책 이름과 편·장·권 등을 구분할 때, 월과 날짜를 구분할 때 쓴다. 爷爷参加过"五·四"运动。 할아버지는 5·4운동에 참여하셨다.
双书名号 책 이름표 (《 》)	책, 글, 잡지, 저작물 등의 명칭을 표시할 때 쓴다. 昨天爸爸有时间，于是和我一起复习《社会》这门功课。 어제 아빠가 시간이 나셔서, 나와 함께 《사회》과목을 복습했다.
破折号 줄표 (——)	화제를 전환하거나 문장, 단어, 구의 내용을 보충 설명할 때 쓴다. 小李脸上总是带着微笑——那种改变一生命运的笑。 샤오리는 얼굴에 항상 미소를 띠고 있다— 일생의 운명을 바꾼 그런 종류의 웃음이다.

구슬이 서 말이어도 꿰어야 보배다. 아무리 단어와 어법 지식을 많이 알아도 이야기를 만들어내지 못하면 중국어로 작문할 수도 없다. 제시된 단어를 보고 스토리를 구성하는 능력을 길러보자.

▶ **2개 단어로 이야기 만들기**

단어	스토리 구상	작문
遇到 yùdào 만나다 鼓励 gǔlì 격려하다	친구가 어려움을 만났을 때는 당연히 그를 격려해주어야 한다.	朋友遇到困难的时候，你应该鼓励他。
烦恼 fánnǎo 고민스럽다 聊天儿 liáotiānr 잡담하다	고민이 있을 때, 나는 종종 엄마와 이야기를 한다.	有烦恼的时候，我常常和妈妈聊天儿。
批评 pīpíng 나무라다, 꾸짖다 不耐烦 búnàifán 견디지 못하다	선생님께서 나를 나무라셨을 때, 나는 매우 견딜 수 없었다.	老师批评我的时候，我觉得很不耐烦。
困难 kùnnan 어려움 尽量 jǐnliàng 가능한 한	친구가 어려움이 있을 때, 나는 가능한 한 그들을 돕는다.	朋友有困难的时候，我尽量帮助他们。
健康 jiànkāng 건강 跑步 pǎobù 달리기하다	나는 건강을 위해 매일 아침 달리기를 하러 간다.	我为了健康每天早晨去跑步。
暑假 shǔjià 여름방학 旅游 lǚyóu 여행하다	매년 여름방학에, 나는 친구들과 여행을 간다.	每年暑假，我都和朋友们去旅游。
热情 rèqíng 다정하다 打招呼 dǎ zhāohu 인사하다	동료를 만나면, 당연히 다정하게 인사를 건네야 한다.	见到同事，应该热情地打招呼。
深刻 shēnkè (인상이) 깊다 电影 diànyǐng 영화	이것은 나에게 인상이 깊은 영화다.	这是一部让我印象深刻的电影。
游戏 yóuxì 게임, 놀이 耽误 dānwu 지체하다, 그르치다	게임에 빠졌기 때문에, 그는 학업을 그르쳤다.	因为迷上了游戏，他耽误了学习。
压力 yālì 스트레스 放松 fàngsōng 긴장을 풀다	요즘 스트레스가 너무 심해, 휴가를 이용하여 잘 좀 풀어야겠다.	最近的压力太大了，趁着假期好好儿地放松一下。
毕业 bìyè 졸업(하다) 惭愧 cánkuì 부끄럽다	대학 졸업 후, 지금까지도 직장을 못해서 너무 부끄럽게 느낀다.	大学毕业以后，到现在还没找到工作，感觉很惭愧。
方法 fāngfǎ 방법 效率 xiàolǜ 효율	선생님께서 가르쳐주신 학습 방법을 사용하니, 효율이 과연 향상되었다.	用了老师教的学习方法，效率果然提高了。
批评 pīpíng 나무라다, 꾸짖다 优点 yōudiǎn 장점	학생을 늘 나무라지 말고, 그의 장점을 발견해야 한다.	不要总是批评学生，你应该发现他的优点。

단어	스토리 구상	작문
漂亮 piàoliang 예쁘다 羡慕 xiànmù 부러워하다	그녀는 예쁠 뿐 아니라, 성적도 매우 좋아서, 급우들은 모두 그녀를 부러워한다.	她不仅漂亮，而且成绩很好，同学们都羡慕她。
身材 shēncái 몸매 运动 yùndòng 운동(하다)	예쁜 몸매를 갖기 위해서, 그녀는 매일 운동하러 간다.	为了有一个好身材，她每天都去运动。
发展 fāzhǎn 발전하다 质量 zhìliàng 품질	회사가 발전하고 싶다면, 상품의 품질은 매우 중요하다.	公司想发展，商品质量很重要。
谦虚 qiānxū 겸손하다 学习 xuéxí 배우다, 본받다	당신은 너무 겸손해요, 우리는 당신을 보고 본받아야 합니다.	您太谦虚了，我们应该向您学习。
买单 mǎidān 계산하다 钱包 qiánbāo 지갑	계산할 때, 나는 비로소 지갑을 가져오지 않았다는 것을 발견했다.	买单的时候，我才发现自己没带钱包。
干脆 gāncuì 아예 打包 dǎbāo 포장하다	나는 이미 배가 부르니, 남은 건 아예 포장하자.	我已经吃饱了，剩下的干脆打包吧。
帮忙 bāngmáng 도움을 주다 感谢 gǎnxiè 감사하다	나를 이렇게 많이 도와줘서 고마워, 내가 너에게 어떻게 감사해야 하지?	谢谢你帮了我这么大的忙，我应该怎么感谢你呢?
临时 línshí 잠시의 飞机票 fēijīpiào 비행기표	사장님이 잠시 베이징에 출장을 가셔서, 나에게 그를 도와 비행기표를 사라고 하셨다.	老板临时去北京出差，让我帮他买飞机票。
饭馆 fànguǎn 식당, 음식점 味道 wèidao 맛	듣자하니 회사 부근에 음식점이 새로 열었는데, 맛이 정말 괜찮다고 한다.	听说公司附近新开了一家饭馆，味道非常不错。
约会 yuēhuì 약속 提前 tíqián (시간을) 앞당기다	오늘 친구와 약속이 있는데, 나는 30분 일찍 도착했다.	今天跟朋友有约会，我提前三十分钟到了。
成绩 chéngjì 성적 后悔 hòuhuǐ 후회하다	이번 시험 성적이 좋지 않아서, 열심히 복습하지 않은 것이 정말 후회된다.	这次的考试成绩不好，真后悔没认真复习。
借口 jièkǒu 핑계 迟到 chídào 지각하다	어떤 핑계가 있든, 지각하는 것은 옳지 않다.	不管你有什么借口，迟到都是不对的。
黑色 hēisè 검은색 适合 shìhé 적합하다, 어울리다	엄마께서는 검은색 옷이 그녀에게 매우 어울린다고 생각하신다.	妈妈认为黑色的衣服很适合她。
环境 huánjìng 환경 关注 guānzhù 관심을 갖다	최근 환경오염 문제는 매우 많은 사람의 관심을 받게 되었다.	最近环境污染问题受到了很多人的关注。
压力 yālì 스트레스 缓解 huǎnjiě 완화시키다	요즘 업무 스트레스가 너무 커서, (스트레스를) 좀 풀어야 한다.	最近工作压力太大了，应该好好儿缓解一下。

단어	스토리 구상	작문
遇到 yùdào 만나다 乐观 lèguān 낙관적이다	어떤 일을 만나든지 간에, 그녀는 항상 낙관적으로 대한다.	不管遇到什么事情，她都乐观地面对。
永远 yǒngyuǎn 영원히 满足 mǎnzú 만족하다	그는 영원히 만족하지 못하는 사람이다.	他是一个永远都不满足的人。
健康 jiànkāng 건강 重要 zhòngyào 중요하다	돈은 매우 중요하다. 그러나 건강이 더 중요하다.	钱很重要，可是健康更重要。
事故 shìgù 사고 堵车 dǔchē 차가 막히다	앞에 교통사고가 나서, 차가 막힌다.	前面发生了交通事故，所以堵车了。
批评 pīpíng 나무라다, 꾸짖다 委屈 wěiqu 억울하다	오늘 그녀는 선생님께 꾸지람을 듣고는, 매우 억울하다고 느꼈다.	今天她被老师批评了，觉得很委屈。
严重 yánzhòng 심각하다 医院 yīyuàn 병원	너 병이 너무 심각하니, 빨리 병원 가서 진찰받아봐.	你病得太严重了，快点儿去医院看看吧。
发展 fāzhǎn 발전하다 污染 wūrǎn 오염시키다	사회가 발전함에 따라, 환경오염은 하루가 다르게 심각해지고 있다.	随着社会的发展，环境污染一天比一天严重。
春节 Chūnjié 설날 堵车 dǔchē 차가 막히다	매년 설날마다, 길에 차가 심하게 막힌다.	每年春节的时候，路上堵车堵得很厉害。
扔 rēng 내버리다 浪费 làngfèi 낭비하다	빵을 다 먹지 않고 버리면 너무 낭비다.	面包没吃完就扔了，太浪费了。
减肥 jiǎnféi 살을 빼다 坚持 jiānchí 견지하다, 지속하다	나는 살을 빼기가 매우 힘들다는 것을 안다. 너는 꼭 지속해야 한다.	我知道减肥很辛苦，你一定要坚持下去。
困难 kùnnan 어려움 放弃 fàngqì 포기하다	어떤 어려움을 만나든지 포기해서는 안 된다.	不管遇到什么困难，都不能放弃。
努力 nǔlì 노력하다 成功 chénggōng 성공하다	노력하기만 하면, 반드시 성공할 수 있다.	只要努力，就一定会成功。

1. 牛仔裤、推荐、身材、购物、合适

2. 虚心、效率、学期、鼓励、羡慕

1. 买单、干脆、感谢、临时、海鲜

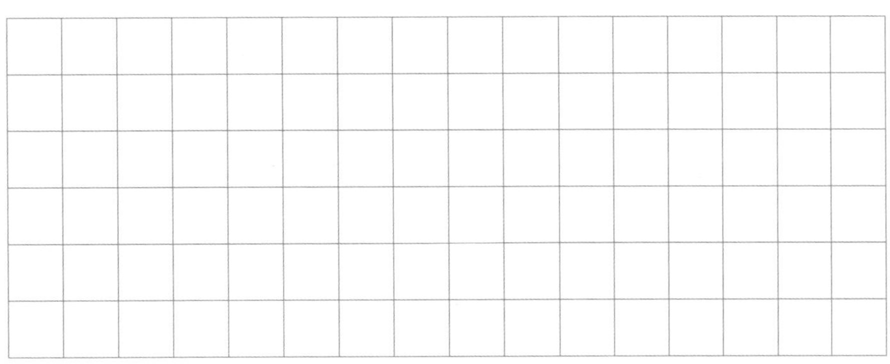

2. 成立、扩大、信心、服务、谦虚

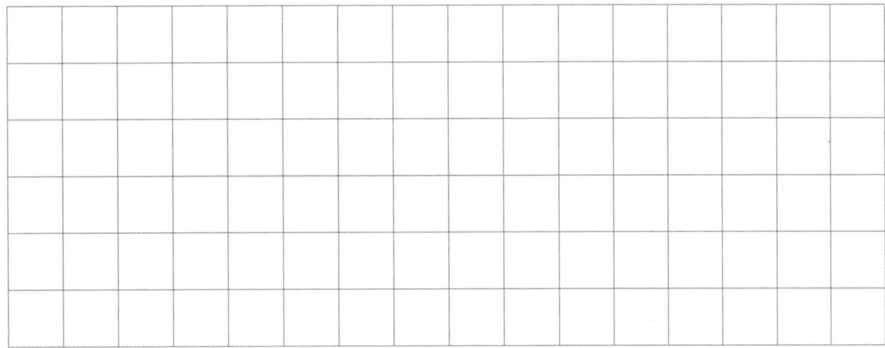

03 화제별 이야기 구성하기

쓰기 제2부분

이번 장에서는 우리 주변에서 자주 이슈가 되는 화제를 중심으로 이야기를 구성하여 작문하는 연습을 해본다. 현대인들은 일이나 공부에 대한 스트레스에 시달리며, 자신의 건강과 다이어트에 대해 관심이 높다. 또한 출퇴근 시간마다 겪는 교통체증 문제, 전세계적인 문제가 되어버린 환경오염 문제에 이르기까지, 작문에서 다룰 수 있는 화제는 무궁무진하다. 자신의 경험이나 생각을 바탕으로 이야기를 풀어나가보자.

※ 작문 속 화제: 스트레스, 다이어트, 환경, 교통, 건강 등

5끝 시크릿 백전백승

1 화제를 선정하라!

5개의 제시어를 보고, 어떤 화제에 대해 쓸 것인지, 글의 중심이 되는 주제를 선정한다.

2 관련 에피소드를 떠올려라!

자신이 직접 겪은 일도 좋고, TV나 신문에서 접했던 내용도 좋다. 아니면 주변 사람의 경험을 약간 각색하여 화제를 이끌어내도 된다. 중국어로 작문하기 전에 한국어로 대략적인 이야기를 구상해보고, 주어진 시간이 길지 않으니, 밑그림이 그려지면 바로 작문할 준비를 한다.

3 논리적으로 구성하라!

대략적 이야기가 설정되었다면, 앞뒤 상황이 논리적으로 자연스럽게 연결될 수 있도록 세부적인 부분을 생각해가며 작문한다. 80자 내외의 짧은 글로 표현해야 하기 때문에 간결하면서도 알찬 내용이 되어야 한다.

4 원고지 작성법에 맞게 작성하라!

원고지에 답안을 작성할 때는 반드시 중국어 원고지 사용법에 맞게 작성한다. 최대한 단정하고 바른 글씨로 쓰고, 오탈자가 없도록 유의한다.

문제 请结合下列词语(要全部使用)，写一篇80字左右的短文。

减肥、坚持、放弃、婚礼、成功

| 문제 분석 | 1. 단어 활용하여 작문하기 (첫 번째 답안)
2. 핵심 어법 활용하여 작문하기 (두 번째 답안) **S1, S2, S3, S4 적용**

단어
减肥 jiǎnféi 통 살을 빼다, 다이어트하다   坚持 jiānchí 통 유지하다, 지속하다   放弃 fàngqì 통 포기하다
婚礼 hūnlǐ 명 결혼식   成功 chénggōng 통 성공하다

해설

1단계 주제어 정하기

减肥(다이어트)를 주제로 하여 이야기를 구성한다.

2단계 흐름 잡기

다이어트를 여러 번 해본 적이 있다
→ 지속하지 못하고 포기했다
→ 얼마 후면 결혼식이다 / 열심히 해서 꼭 성공하겠다

3단계: 방법1 단어 활용하기

减肥: 开始减肥 / 为了减肥 / 减过肥 / 正在努力地减肥 / 减肥不是件容易的事情

坚持: 坚持下去 / 坚持运动 / 坚持学习 / 没坚持多长时间

放弃: 很快就放弃了 / 没过几天就放弃了 / 放弃机会 / 不想放弃 / 放弃权利

婚礼: 举行婚礼 / 参加婚礼 / 漂亮的婚礼 / 再过两个月就是我的婚礼了

成功: 终于成功了 / 想成功 / 一定会成功的 / 成功的人

3단계: 방법2 핵심 어법 활용하기

1. 접속사: 无论 / 不论 / 不管 (~에 관계없이)
   여러 가지 경우의 수가 있더라도 결론이 바뀌지 않음을 나타낸다. 无论은 서면어로, 의문대사 如何와 호응하여 无论如何의 형식으로 자주 쓰인다.

   예 这次无论如何也要坚持下去。
   이번에는 어찌하든 간에 꼭 끝까지 해낼 것이다.

2. 상용구: 就要…了 / 快要…了 (곧 ~하다)
   모두 시간의 임박을 나타내는데, 就要…了만 구체적인 시간사(明天 / 下个星期 / 周末 등)와 함께 쓸 수 있다.

   예 我下个月就要举行婚礼了。 나는 다음 달이면 곧 결혼식을 한다.

3. 접속사: 因为(왜냐하면)

원인을 나타내며, 뒤 절에 결론을 밝히는 접속사 所以와 함께 쓰기도 한다.

　예　因为太辛苦，(所以)没过几天就放弃了。
　　　너무 힘들어서, 며칠 지나지 않아 바로 포기했다.

4. 不仅(不但)A, 而且 B(A할 뿐만 아니라, 게다가 B하다)

점층을 나타내는 접속사다.

　예　现在我每天不仅吃得很少，而且坚持运动。
　　　지금 나는 매일 조금만 먹을 뿐 아니라, 게다가 운동도 계속하고 있다.

5. 조동사: 会(~일 것이다)

'(배워서) ~할 수 있다'라는 뜻 이외에, '~일 것이다'라는 추측을 나타내기도 한다. 또한 문장 뒤에 的를 붙여 단정·확신의 어기를 나타내기도 하며, 부사 一定(반드시)과 함께 一定会…的의 형식으로 쓴다.

　예　这次一定会成功的。 이번에는 반드시 성공할 것이다.

| 모범 답안1 | 단어 활용 답안

		减	肥	真	不	是	件	容	易	的	事	情	，	我	尝
试	了	好	几	次	，	但	每	次	都	没	坚	持	多	长	时
间	就	放	弃	了	。	再	过	两	个	月	就	是	我	的	婚
礼	了	。	为	了	穿	上	漂	亮	的	婚	纱	，	这	次	无
论	如	何	也	要	坚	持	下	去	，	我	相	信	一	定	会
成	功	的	。												

다이어트는 결코 쉬운 일이 아니다. 나는 몇 번이나 시도해봤지만, 매번 얼마 지속하지 못하고 곧 포기하고 말았다. 두 달이 지나면 곧 나의 결혼식이다. 아름다운 웨딩드레스를 입기 위해, 이번에는 어떤 일이 있어도 끝까지 해내고 말 것이다. 나는 반드시 성공하리라고 믿는다.

단어　容易 róngyì ⑱ 쉽다 | 事情 shìqing ⑲ 일 | 尝试 chángshì ⑧ 시도해보다 | 为了 wèile ⑳ ~을 위해서 | 穿 chuān ⑧ 입다 | 漂亮 piàoliang ⑱ 예쁘다 | 婚纱 hūnshā ⑲ 웨딩드레스 | 无论 wúlùn ㉕ ~에 관계없이 | 如何 rúhé ㉓ 어떠한 | 相信 xiāngxìn ⑧ 믿다 | 一定 yídìng ⑭ 반드시

| 모범 답안2 | 어법 활용 답안

		我	下	个	月	就	要	举	行	婚	礼	了	，	为	了
成	为	婚	礼	上	最	漂	亮	的	新	娘	，	正	在	努	力
地	减	肥	。	以	前	我	也	减	过	肥	，	因	为	太	辛
苦	，	没	过	几	天	就	放	弃	了	。	现	在	我	每	天
不	仅	吃	得	很	少	，	而	且	坚	持	运	动	，	这	次
一	定	会	成	功	的	。									

나는 다음 달이면 곧 결혼식을 올린다. 결혼식에서 가장 아름다운 신부가 되기 위해 열심히 다이어트를 하고 있다. 이전에도 다이어트를 해본 적은 있지만, 너무 힘들어서 며칠 지나지 않아 곧바로 포기했다. 지금은 매일 밥도 적게 먹을 뿐만 아니라, 꾸준히 운동하고 있으니, 이번에는 반드시 성공할 것이다.

 단어　举行 jǔxíng 圐 거행하다 ｜ 新娘 xīnniáng 圐 신부 ｜ 正在 zhèngzài 圐 ~하는 중이다 ｜ 努力 nǔlì 圐 노력하다 ｜ 以前 yǐqián 圐 이전 ｜ 辛苦 xīnkǔ 圐 고생하다 ｜ 不仅 bùjǐn 圐 ~할 뿐만 아니라 ｜ 而且 érqiě 圐 게다가 ｜ 运动 yùndòng 圐 운동하다

Tip⁺ 이 유형의 모범 답안은 2가지로 구성되어 있다. 첫 번째 답안은 제시된 단어를 활용한 이야기 구성 능력을 기르는 데 중점을 둔 것이고, 두 번째 답안은 2~3개의 어법 사항을 적용하여 어법 활용 능력을 향상시키는 데 중점을 둔 것이다. 답안에서 단어와 어법이 어떻게 활용되었는지에 유의하면서 반복하여 연습해보자.

感动日记

▶ 오늘 새롭게 알게 된 내용, 가장 중요한 핵심내용, 학습 소감과 각오 등을 적어보세요.

1 쓰기 답안 채점 기준

쓰기 제2부분은 1문제당 30점으로 배점이 매우 높다. 따라서 좋은 점수를 받을 수 있도록 채점 기준을 숙지하여 맞춤형으로 공략해보자.

항목	채점 기준	대처 방안
분량	80자 쓰기이므로 70~90자까지 인정한다.	5번째 줄까지 채우면 80자가 된다. 자신이 어느 정도 썼는지 확인하면서 작문한다.
어휘	제시된 5개의 어휘를 모두 사용했는지 확인한다.	5개의 어휘를 반드시 모두 사용해야 한다. 실수로 한 단어라도 빠트리지 않도록 유의한다.
문맥	글의 흐름이 자연스러운지 확인한다.	서론, 본론, 결론으로 조리 있게 이야기를 만들어내는 능력을 기른다.
어법	적절한 어법이 사용되었다면 가산점을 부여하고, 잘못 사용된 것은 감점한다.	어법을 확실하게 알지 못하면 쓰지 않는 것이 좋다. 한 문장을 쓰더라도 정확히 아는 것을 쓴다.
오탈자	오탈자가 있다면 감점한다.	단어를 암기할 때 부수부터 꼼꼼히 외우고, 최대한 자신이 쓸 수 있는 단어로 쓴다.
원고지	원고지 사용법에 맞게 썼는지 확인한다.	원고지 사용법을 완벽히 숙지하고, 평소에 원고지에 작문하는 연습을 꾸준히 해둔다.
글씨체	깨끗한 글씨체는 좋은 인상을 줄 수 있다. (채점자의 주관적인 평가가 들어갈 수 있다.)	답안지에 쓸 때는 최대한 깨끗하고 꼼꼼하게 쓰도록 노력한다.

2 스토리 구성 능력 기르기 (II)

▶ 2개 단어로 이야기 만들기

단어	스토리 구상	작문
科学 kēxué 과학(적이다) 便利 biànlì 편리하다	과학기술이 발전함에 따라서, 우리들의 생활에 아주 많은 편리함을 가져다주었다.	随着科学技术的发展，给人们的生活带来了很多便利。
电脑 diànnǎo 컴퓨터 购物 gòuwù 물건을 사다	우리는 컴퓨터를 사용하여 자료를 찾을 수도 있고, 인터넷에서 물건을 살 수도 있다.	我们可以用电脑来查资料，还可以网上购物。
打折 dǎzhé 할인하다 耽误 dānwu 지체하다, 그르치다	상점에서 할인하는 것을 보고, 들어가서 구경을 했는데, 결국 학교 수업에 늦었다.	看到有一家商店正在打折，我就进去逛了逛，结果耽误了学校的课。

단어		스토리 구상	작문
规律 guīlǜ 규칙(적이다)	锻炼 duànliàn 단련하다	병이 생긴 이후로, 나의 생활은 매우 규칙성 있게 변했고, 게다가 매일 아침 꾸준히 몸을 단련한다.	得病之后，我的生活变得很有规律，而且每天早晨坚持锻炼身体。
法律 fǎlǜ 법률	吸烟 xīyān 담배 피우다	현재 여러 국가에서는 관련 법률을 제정하여, 공공장소에서 담배 피우는 것을 금지한다.	现在很多国家制定了相关法律，禁止公共场所吸烟。
志愿者 zhìyuànzhě 자원봉사자	接待 jiēdài 접대하다	지난주 나는 자원봉사자가 되어 일했는데, 주된 업무는 전람회를 참관하는 손님을 접대하는 일이었다.	上星期我当了一回志愿者，主要负责接待参观展览会的客人。
矿泉水 kuàngquánshuǐ 생수	开心 kāixīn 즐겁다, 유쾌하다	오늘은 일이 매우 바빠서, 밥 먹을 시간도 없어서 생수만 마셨지만 매우 즐거웠다.	今天工作很忙，没时间吃饭，只能喝点矿泉水，但我觉得很开心。
饲养 sìyǎng 사육하다	宠物 chǒngwù 애완동물	사람들의 생활 수준이 향상됨에 따라, 애완동물을 기르는 사람도 점점 많아진다.	随着人们生活水平的提高，饲养宠物的人越来越多。

▶ 3개 단어로 이야기 만들기

단어	스토리 구상	작문
迟到 chídào 지각하다 批评 pīpíng 나무라다, 꾸짖다 保证 bǎozhèng 보증하다	오늘 나는 지각을 해서, 선생님에게 한차례 꾸지람을 들었다. 나는 선생님께 다시는 지각하지 않겠다고 약속했다.	今天我迟到了，所以被老师批评了一顿，我向老师保证再也不迟到了。
合作 hézuò 합작하다 合同 hétong 계약서 愉快 yúkuài 즐겁다, 유쾌하다	양측의 합작은 유쾌하였으며, 나중에 우리는 순조롭게 계약을 체결하였다.	双方合作得愉快，最后我们顺利地签了合同。
关注 guānzhù 관심을 갖다 污染 wūrǎn 오염 能源 néngyuán 에너지	현재 환경오염과 에너지 부족 문제는 이미 전 세계가 관심을 두는 중점이 되었다.	现在环境污染和能源短缺问题已经成为全世界关注的重点。
安全 ānquán 안전하다 鞭炮 biānpào 폭죽 火灾 huǒzāi 화재	폭죽을 터트리는 것은 화재를 일으키기 쉽다. 우리는 안전에 주의해야 한다.	放鞭炮容易引起火灾，我们得注意安全。
充满 chōngmǎn 충만하다 婚礼 hūnlǐ 결혼식 祝福 zhùfú 축복하다	어제 우리는 결혼식을 올렸다. 결혼식은 기쁨으로 충만하였고, 모두 우리가 행복하게 생활하기를 축복해주었다.	昨天我们举办了婚礼，婚礼上充满了欢乐，大家都祝福我们生活幸福。
信息 xìnxī 정보 媒体 méitǐ 매체 报纸 bàozhǐ 신문	우리는 신문을 통해서 각종 정보를 얻을 수 있다. 신문은 우리 생활에 유익한 매체다.	我们通过报纸可以得到各种信息，报纸是对我们生活有益的媒体。

1. 迟到、下雪、堵车、厉害、浪费

2. 满足、健康、压力、放松、锻炼

1. 避免、垃圾、保护、严重、污染

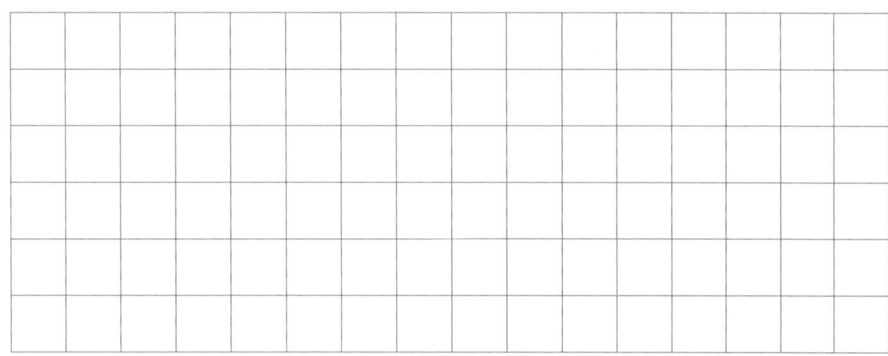

2. 压力、适合、缓解、乐观、偶然

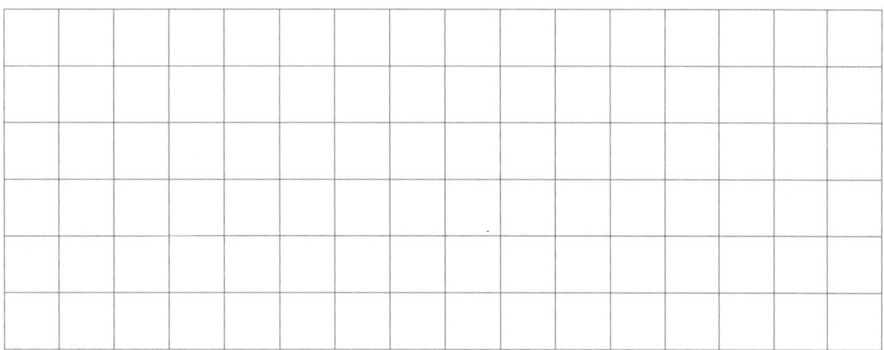

04 그림 보고 특징 나열하기

쓰기 제2부분

쓰기 제2부분의 두 번째 문제는 제시된 그림을 보고 80자 정도의 글을 원고지에 쓰는 것이다. 이 유형은 그림을 보고 어떤 방식으로 작문할 것인지를 먼저 판단해야 한다. 이번 장에서는 첫 번째 방법으로, 그림에 나오는 사물의 특징을 뽑아서 작문하는 비법을 배워보자.

S1 작문할 주제를 떠올려라!

그림을 보고 특징을 나열할 수 있는 사물이나 행동이 무엇인지 판단해본다. 휴대전화, 컴퓨터, 신문, 자동차, 애완동물, 운동, 웰빙식품 등, 출제되기 쉬운 주제에 대해서는 평소에 장점이나 특징들을 머릿속에 정리해둔다. 이러한 훈련은 작문에 자신감이 생기고, 시험 시간도 절약할 수 있게 해준다.

S2 그림을 묘사하라!

제삼자의 입장에서 그림을 관찰하고, 그림 속의 장면을 묘사할 수 있다. '그림 속에서 누가 어떤 동작을 하고 있다'라고 글을 시작하면 된다.

예 图片中的两个人一边吃饭，一边看电视。
　　그림 속의 두 사람은 식사를 하면서, TV를 보고 있다.

图片中的女人正在喝咖啡。 그림 속의 여자는 커피를 마시고 있다.

图片中的男人正在看标志牌。 그림 속의 남자는 표지판을 보고 있다.

S3 에피소드 형식으로 작문하라!

사물(대상)에 대한 장점이나 특징을 2~3가지 이상 떠올리기가 어렵다면 관련된 에피소드를 만들어 이야기 형식으로 쓰는 것도 무방하다.

S4 '随着'를 애용하라!

흔히 이슈가 되는 주제들은 과학기술의 발전이나 생활 수준의 향상으로 인해 새롭게 대두한 화제들이다. 随着는 '~을 따르다'라는 뜻으로, 변화·발전을 나타내므로, 첫 문장의 주어 앞에 부사어로 활용할 경우 멋진 서두를 만들어준다.

[형식] 随着 + 수식어 的 + 명사, 주어 + 술어 + 목적어

예 随着网络的发达　인터넷이 발달함에 따라서

　　随着科学的发展　과학이 발전함에 따라서

　　随着社会的发展　사회가 발전함에 따라서

　　随着生活水平的提高　생활의 수준이 향상됨에 따라서

5 질문 형식을 활용하라!

자신이 생각하는 대상의 장점이나 특징, 혹은 의견을 피력하기 전에, 먼저 자연스
럽게 질문을 던지는 방법도 활용할 수 있다.

예 …有哪些作用呢?　~은 어떠한 작용을 하는가?

　　…究竟有哪些好处呢?　~은 도대체 어떠한 장점들이 있는가?

　　…给我们的生活带来了哪些好处呢?　~은 우리의 생활에 어떠한 좋은점들을 가져왔는가?

　　…受欢迎的原因有哪些呢?　~이 환영받는 이유는 어떠한 것들이 있는가?

　　要是…怎么办呢?　만약 ~하면 어떻게 하는가?

6 독자에게 제안하라!

글을 읽는 사람에게 어떤 대상의 장점과 특징에 대해 자세하게 설명했다면, 마지막
에는 상대방에게 제안하는 형식으로 마무리 지을 수도 있다.

예 你也试试吧!　당신도 해보세요!

　　你也坐地铁吧!　당신도 지하철을 타세요!

　　你也学一学电脑吧!　당신도 컴퓨터를 좀 배워보세요!

　　你也养成读报纸的习惯吧!　당신도 신문을 읽는 습관을 길러보세요!

| 문제 | 请结合这张图片写一篇80字左右的短文。 |

| 문제 분석 | 1. 특징 나열하여 작문하기 (첫 번째 답안)
2. 에피소드 설정하여 작문하기 (두 번째 답안)   **S1, S3, S4, S5 적용** |

해설

**1단계
그림
파악하기**

인물: 남자
사물: 컴퓨터
동작: 컴퓨터를 하고 있다

**2단계: 방법1
특징
나열하기**

컴퓨터가 일상생활에 가져다주는 장점을 생각해본다.
1. 일하기가 훨씬 편리해졌다: 工作更方便了
2. 심심할 때 게임을 할 수 있다: 无聊的时候可以玩儿游戏
3. 학습 자료를 찾을 수 있다: 可以找学习资料
4. 인터넷으로 물건을 구매할 수도 있다: 可以上网购物

**2단계: 방법2
에피소드
설정하기**

서론		본론		결론
돈을 모아 컴퓨터를 샀다	→	컴퓨터의 장점을 자랑한다	→	모두 부러워한다

		随	着	社	会	的	发	展	，		用	电	脑	的	人	越
来	越	多	。	电	脑	给	我	们	的	生	活	带	来	了	哪
些	好	处	呢	？	首	先	，	工	作	更	方	便	了	；	其
次	，	无	聊	的	时	候	可	以	玩	儿	游	戏	；	最	后，
可	以	找	学	习	资	料	。	可	见	，	电	脑	给	人	们
的	生	活	带	来	了	很	多	的	便	利	。				

사회가 발전함에 따라, 컴퓨터를 사용하는 사람도 갈수록 많아진다. 컴퓨터는 우리의 생활에 어떤 좋은 점을 가져다주었을까? 첫째, 업무가 더욱 편리해졌다. 둘째, 무료한 시간에 게임을 즐길 수 있다. 마지막으로 학습 자료를 찾을 수도 있다. 이로써 알 수 있듯이, 컴퓨터는 사람들의 생활에 매우 많은 편의를 가져다주었다.

단어 随着 suízhe 젠 ~함에 따라서 | 社会 shèhuì 몡 사회 | 发展 fāzhǎn 동 발전하다 | 电脑 diànnǎo 몡 컴퓨터 | 越来越 yuèláiyuè 점점 ~해지다 | 生活 shēnghuó 몡 생활 | 带来 dàilái 동 가져오다 | 好处 hǎochu 몡 장점 | 首先 shǒuxiān 떼 먼저, 첫째로 | 工作 gōngzuò 동 일하다 | 方便 fāngbiàn 혱 편리하다 | 其次 qícì 떼 그 다음 | 无聊 wúliáo 혱 무료하다 | 游戏 yóuxì 몡 게임 | 最后 zuìhòu 몡 마지막 | 找 zhǎo 동 찾다 | 资料 zīliào 몡 자료 | 可见 kějiàn 젭 ~라는 것을 알 수 있다 | 便利 biànlì 혱 편리하다

		上	个	周	末	，	我	收	到	了	打	工	的	工	资，
非	常	高	兴	。	我	的	愿	望	是	买	一	台	新	电	脑，
昨	天	终	于	实	现	了	。	新	电	脑	不	仅	漂	亮	，
而	且	速	度	特	别	快	。	朋	友	们	看	见	我	的	新
电	脑	以	后	，	特	别	羡	慕	我	。	虽	然	打	工	很
辛	苦	，	可	是	我	觉	得	很	值	得	。				

지난 주말, 나는 아르바이트 급여를 받고 매우 기뻤다. 내 소망은 새 컴퓨터를 한 대 사는 것이었는데, 어제 드디어 그 꿈을 이루었다. 새 컴퓨터는 예쁠 뿐만 아니라, 속도도 매우 빠르다. 친구들이 나의 새 컴퓨터를 보고 난 후, 나를 무척 부러워했다. 비록 아르바이트하는 것은 매우 힘들지만, 난 충분히 그럴만한 가치가 있다고 생각한다.

단어 周末 zhōumò 몡 주말 | 收到 shōudào 동 받다 | 打工 dǎgōng 동 아르바이트하다 | 工资 gōngzī 몡 급여 | 非常 fēicháng 뷔 대단히 | 高兴 gāoxìng 혱 기쁘다 | 愿望 yuànwàng 몡 소망, 바람 | 终于 zhōngyú 뷔 마침내 | 实现 shíxiàn 동 실현하다 | 不仅 bùjǐn 젭 ~뿐만 아니라 | 漂亮 piàoliang 혱 예쁘다 | 而且 érqiě 젭 게다가 | 速度 sùdù 몡 속도 | 特别 tèbié 뷔 아주 | 快 kuài 혱 빠르다 | 羡慕 xiànmù 동 부러워하다 | 虽然 suīrán 젭 비록 ~지만 | 辛苦 xīnkǔ 혱 고생스럽다 | 可是 kěshì 젭 그러나 | 觉得 juéde 동 ~라고 여기다 | 值得 zhíde 혱 ~할만한 가치가 있다

첫 번째 답안은 특징을 나열하는 방법으로, 두 번째 답안은 에피소드 형식으로 제시하였다. 모범 답안을 참고하여 여러 가지 방법으로 반복하여 연습해보자.

5끝 시크릿 보물상자

随着를 이용하여 서두를 시작한다면 최소 15글자는 이미 해결된 셈이다. 과학 문명의 발전이나, 생활 수준 향상으로 새롭게 생겨나거나 변화된 것에 관해 작문할 때 매우 유용하다.

[형식] 随着 + 수식어 的 + 명사, 주어 + 술어 + 목적어

작문 예시	해석
随着网络的普及，很多人都使用电脑。	인터넷이 보급됨에 따라서, 매우 많은 사람이 컴퓨터를 사용한다.
随着科学的发展，在很多方面有了极大的变化。	과학이 발전함에 따라서, 매우 많은 부분에 있어서 큰 변화가 생겼다.
随着快餐业的发展，垃圾的问题日益严重。	패스트푸드업이 발전함에 따라, 쓰레기 문제가 점점 더 심각해진다.
随着社会的发展，交通越来越复杂。	사회가 발전함에 따라서, 교통이 점점 더 복잡해진다.
随着生活水平的提高，人们越来越关注生活质量。	생활 수준이 향상됨에 따라서, 사람들은 점점 더 삶의 질에 관심을 둔다.
随着时代的发展，新式产品越来越多。	시대가 발전함에 따라서, 새로운 상품이 점점 더 많아진다.
随着科学的发展，人们的生活越来越方便了。	과학이 발전함에 따라서, 사람들의 생활은 점점 더 편리해졌다.
随着经济的不断发展，社会竞争越来越激烈。	경제가 끊임없이 발전함에 따라서, 사회 경쟁이 점점 더 치열해진다.
随着网络事业的飞速发展，一根网线把整个世界联系在一起。	인터넷 사업이 빠르게 발전함에 따라서, 인터넷 선 하나로 전 세계를 연결하게 되었다.
随着网络的发达，人们能通过网络解决一切问题。	인터넷이 발달함에 따라서, 사람들은 인터넷을 통해 모든 문제를 해결할 수 있게 되었다.
随着生活水平的提高，各种各样的饮料走进了人们的生活。	생활 수준이 향상됨에 따라서, 각양각색의 음료수가 사람들의 생활 속으로 들어왔다.
随着社会的发展，人们生活水平的不断提高，越来越多的城市人开始买车。	사회가 발전하고, 생활 수준이 부단히 향상됨에 따라서, 점점 더 많은 도시인들이 자동차를 사기 시작했다.
随着经济的发展，中国在国际舞台上的地位变得越来越重要了。	경제가 발전함에 따라서, 세계 무대에서 중국의 지위가 점점 더 중요해졌다.
随着科技的发展，许多现代电器走入了人们的生活。	과학기술이 발전함에 따라서, 많은 현대 전자기기가 사람들 생활 속으로 들어왔다.
随着科学技术的发展，给我们的生活带来了很多便利。	과학기술이 발전함에 따라서, 우리의 생활에 많은 편의를 가져왔다.
随着网络的发达，最近很多人在网上看报纸。	인터넷이 발달함에 따라서, 최근 많은 사람들이 인터넷상에서 신문을 본다.

1.

2.

1.

2.

05 그림 보고 견해 논술하기

쓰기 제2부분

제시된 그림을 보고 자신의 생각을 자유롭게 논술할 수도 있다. 그림 자체를 묘사해도 좋고, 그림 속의 주인공이 자신이라고 생각하여 재미있는 에피소드를 만들어도 된다. 이번 장에서는 그림을 보고 그에 대한 자신의 관점과 견해를 펼치는 작문 방법을 배워 본다.

5끝 시크릿 백전백승

1 주제를 정하라!

제시된 그림을 보고 빠른 시간 내에 생각을 이끌어내는 것이 중요하다. 보는 사람마다 그림을 다르게 해석할 수 있으므로, 그림 속 등장인물이나 사물, 혹은 동작을 보고 이야깃거리를 찾아내 자신의 견해를 논술한다. 평소에 여러 가지 주제를 연습해두면 좋은 점수를 얻을 수 있다.

예 

→ ① 운동
　 ② 다이어트

→ ① 공부　　② 시험
　 ③ 논문　　④ 취업 준비

→ ① 산책
　 ② 등산
　 ③ 여행

2 자신의 관점을 논술하라!

자신이 정한 주제에 맞게 자신의 관점을 쓴다. 만약 '자전거'에 대해 쓰려면, 환경오염을 일으키지 않고 교통비도 들지 않으며 건강까지 지킬 수 있다든가, '운동 경기'에 대해 쓰려면, 이기는 것보다는 공정한 경기를 하는 것, 결과보다는 노력하는 과정이 더 중요하다는 등, 평소에 관련 주제에 대해 얼마나 많이 생각해보았는지가 중요하다.

3 그림을 객관적으로 묘사하라!

도입부에서 제삼자의 시각으로 그림을 묘사하는 방식을 이용해도 된다.

예 这张图里，一对情侣正在骑自行车。

이 그림 속에는, 한 쌍의 연인이 자전거를 타고 있다.

图片中的男人和女人正在饮水机前喝水。

그림 속의 남자와 여자는 정수기 앞에서 물을 마시고 있다.

图片上的男人坐在椅子上看着手表，可能在等什么人。

그림 속의 남자는 의자에 앉아 시계를 보고 있는데, 어쩌면 누군가를 기다리는 것일 수 있다.

这张图里，两个人都认真地拍摄着自己的作品。

이 그림에서 두 사람은 모두 진지하게 자신의 작품을 촬영하고 있다.

4 내용을 정리하며 열거하라!

서수나 대사 등의 적절한 열거 표현을 사용하여 내용을 일목요연하게 정리하는 것도
관점을 전달하는 데 도움이 된다.

예 第一 첫 번째는 / 第二 두 번째는 / 第三 세 번째는

一来 첫째로 / 二来 둘째로 / 三来 셋째로

首先 우선 / 其次(然后) 그 다음에 / 最后 마지막으로

내가 생각하는 HSK란? – HSK는 [   ]다.

- HSK는 운전면허 시험이다. 미래에 있어서는 면허증처럼 필수로 따야 한다. – 오준호
- HSK는 신맛 사탕이다. 처음 입에 넣었을 때는 달콤하지만, 그 안은 쓰고 시다. – 이민주
- HSK는 신병훈련소다. 군인이 훈련소를 거치듯이 중국어과 학생들에겐 필수코스다. – 양한주
- HSK는 기회다. HSK 성적표 하나로 내 인생이 바뀔 수 있으니까. – 이세진
- HSK는 등산이다. 처음 시작할 때는 멀어 보이지만, 정상에 오르면 행복하니까. – 황용택

문제   请结合这张图片写一篇80字左右的短文。

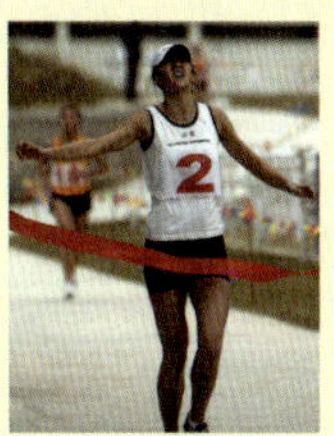

| 문제 분석 | 1. 견해 논술하여 작문하기 (첫 번째 답안)

               2. 에피소드 설정하여 작문하기 (두 번째 답안)   S1, S2, S3 적용

해설

1단계
그림 파악하기

인물: 뛰어오는 여자
사물: 결승선
동작: 달리기를 하여 결승선에 골인하고 있다.

2단계
주제 정하기

과정이 결과보다 더 중요하다.

3단계: 방법1
견해 논술하기

1. 과정은 매우 힘들다: 过程很辛苦
2. 몇 등을 하는가는 중요하지 않다: 得到第几名并不重要
3. 중요한 것은 내가 이미 노력했다는 것이다: 重要的是我已经努力了

3단계: 방법2
에피소드 설정하기

서론	본론	결론
처음으로 달리기 시합에 참가했다	원래는 성적이 좋지 않을까 걱정했다	그 시합에서 일등을 해서, 자신감이 생겼다

		这	是	去	年	运	动	会	时	的	照	片	。	我	参
加	了	长	跑	，	虽	然	过	程	很	辛	苦	，	但	是	到
达	终	点	的	时	候	非	常	兴	奋	。	我	觉	得	得	到
第	几	名	并	不	重	要	，	重	要	的	是	我	已	经	努
力	了	。	如	果	有	机	会	，	下	次	我	要	参	加	别
的	比	赛	。												

이것은 작년 운동회 때의 사진이다. 나는 마라톤에 참가했는데, 비록 그 과정은 매우 힘들었지만, 결승점에 도착했을 때는 정말 감격스러웠다. 나는 몇 등을 하느냐는 결코 중요하지 않다고 생각한다. 중요한 것은 내가 이미 노력을 했다는 것이다. 만일 기회가 생긴다면, 다음에 나는 다른 시합에 참가할 것이다.

단어 照片 zhàopiàn 몡 사진 | 长跑 chángpǎo 몡 마라톤, 장거리 달리기 | 虽然 suīrán 젭 비록 ~지만 | 过程 guòchéng 몡 과정 | 辛苦 xīnkǔ 혱 고생스럽다 | 但是 dànshì 젭 그러나 | 到达 dàodá 됭 도달하다 | 终点 zhōngdiǎn 결승점 | 非常 fēicháng 븟 대단히 | 兴奋 xīngfèn 혱 흥분하다, 격동하다 | 觉得 juéde 됭 ~라고 여기다 | 得到 dédào 됭 획득하다 | 重要 zhòngyào 혱 중요하다 | 已经 yǐjing 븟 이미 | 努力 nǔlì 됭 노력하다 | 如果 rúguǒ 젭 만약 | 机会 jīhuì 몡 기회 | 比赛 bǐsài 몡 경기

		每	年	我	们	学	校	都	举	办	运	动	会	，	每
个	学	生	都	要	参	加	。	以	前	我	不	参	加	任	何
比	赛	，	因	为	我	担	心	自	己	不	能	取	得	好	成
绩	。	没	想	到	那	次	比	赛	，	我	得	了	第	三	名，
兴	奋	得	要	命	。	从	那	以	后	，	无	论	做	什	么
事	情	，	我	都	开	始	对	自	己	充	满	了	信	心	。

매년 우리 학교는 운동회를 개최하는데, 모든 학생이 참가해야 한다. 예전에 나는 어떤 경기에도 참가하지 않았는데, 그것은 내가 좋은 성적을 얻지 못할까봐 걱정되었기 때문이다. 지난번 시합에서는 예상치 못하게 내가 3등을 해서, 정말 감격스러웠다. 그 이후로, 나는 어떤 일을 하든 스스로에 대해 자신감이 충만해지기 시작했다.

단어 举办 jǔbàn 됭 개최하다 | 运动会 yùndònghuì 몡 운동회 | 参加 cānjiā 됭 참가하다 | 以前 yǐqián 몡 예전 | 任何 rènhé 때 어떠한 | 因为 yīnwèi 젭 ~ 때문에 | 担心 dānxīn 됭 걱정하다 | 取得 qǔdé 됭 취득하다 | 成绩 chéngjì 몡 성적 | 要命 yàomìng 븟 몹시 | 无论 wúlùn 젭 ~에 관계없이 | 事情 shìqing 몡 일 | 开始 kāishǐ 됭 시작하다 | 充满 chōngmǎn 됭 충만하다 | 信心 xìnxīn 몡 자신감

Tip⁺ 첫 번째 답안은 견해를 논술하는 방법으로, 두 번째 답안은 에피소드 형식으로 제시하였다. 모범 답안을 참고하여 여러 가지 방법으로 반복 연습해보자.

열거 표현 활용하기

▶ 열거할 때 유용한 표현

1) 第一 첫 번째는 / 第二 두 번째는 / 第三 세 번째는
2) 一来 첫째로 / 二来 둘째로 / 三来 셋째로
3) 首先 우선 / 其次(然后) 그 다음에 / 最后 마지막으로

작문 예시	해석
我理想的男朋友有三个条件。首先，要品德好，其次，要有才能，最后，要有钱。	나의 이상형 남자친구는 3가지 조건을 갖추어야 한다. 먼저 인품이 좋아야 하고, 그 다음에는 재능이 있어야 하며, 마지막으로 돈도 있어야 한다.
我来中国，一来可以学习汉语，二来可以了解一些中国文化。	내가 중국에 온 것은, 첫째로는 중국어를 배울 수 있고, 둘째로는 중국 문화를 이해할 수 있기 때문이다.
下午我要去城里，一来可以买些东西，二来想看场电影。	오후에 나는 시내에 가려고 하는데, 첫째로는 물건을 좀 살 수 있고, 둘째로는 영화를 한 편 보고 싶어서다.
我对北京特别有感情，一来那里是首都，二来我在那里住过好几年。	나는 베이징에 특별한 감정이 있다. 첫째로는 그곳이 수도이고, 둘째로는 내가 그곳에서 몇 년 살았기 때문이다.
我此次回来，一来是探亲，二来是想亲眼看看家乡近年来的发展情况。	내가 이번에 온 것은, 첫째로 친척을 찾아뵙고, 둘째로 내 눈으로 직접 근 몇 년 사이 고향의 발전 상황을 보고 싶어서다.
私家车的出现产生了一些社会问题，第一，交通堵车，第二，空气污染，第三，停车场不足。	자가용의 출현으로 일부 사회 문제가 생겨났다. 첫째는 교통 체증, 둘째는 대기 오염, 셋째는 주차장 부족이다.
我们应该吃绿色食品，第一，绿色食品是无污染的食品，第二，我们能节省生产费。	우리는 녹색 식품을 먹어야 한다. 첫째는 녹색 식품은 오염되지 않은 식품이며, 둘째는 생산비를 절약할 수 있기 때문이다.
我们应该和什么人交往呢？第一，应该和乐观者交往，第二，积极上进、努力进取的人，第三，真诚、有勇气的人。	우리는 어떤 사람과 교류해야 할까? 첫째는 낙관적인 사람과 왕래를 해야 한다. 둘째는 적극적으로 발전하며 노력하고 진취적인 사람, 셋째는 진실하고 용기있는 사람이다.
手机有什么好处呢？第一，拉近了人与人之间的距离，第二，可以提高工作效率，第三，通过它可以看电视、听音乐、玩儿游戏，甚至拍照。	휴대전화는 어떤 좋은 점이 있을까? 첫째, 사람과 사람 사이의 거리를 좁혀주었다. 둘째, 업무 효율을 높여주었다. 셋째, 휴대전화로 텔레비전을 보거나, 음악을 듣고, 게임을 하고, 심지어 사진까지 찍을 수 있다.

day 27

1.

2.

1.

2.

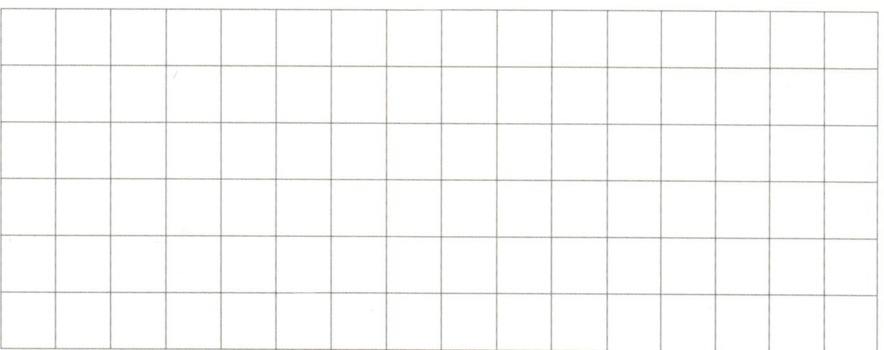

06 경고 · 알림 표지 서술하기

쓰기 제2부분

기출문제에서 경고 · 알림 유형의 그림으로는 도로 표지판, 흡연 금지, 정숙, 낚시 금지 등이 출제되었다. 이러한 그림은 전달하는 메시지가 명확하기 때문에, 관련 주제를 서술할 자신이 없다면 어렵게 느껴질 수도 있으나, 표지판을 서술하는 기본 틀만 익히고 나면, 오히려 에피소드를 만들어내는 것보다 더 쉽다고 느낄 수 있다. 이번 장에서는 표지판을 설명하는 방식과, 표지에서 전달하는 주제 관련 에피소드를 만들어내는 방식을 배워보고, 본인이 가장 자신 있는 방식을 찾아 작문에 자신감을 길러본다.

5끝 시크릿 백전백승

1 시작은 표지 문구로 하라!

경고나 알림 표지판이 그림으로 제시되면 그것의 의미를 다시 한 번 서술해주는 것도 좋은 방법이다. 자주 사용되는 표현을 암기하여 작문할 때 활용해보자. 표지의 의미는 무엇인지, 어디에서 이러한 표지를 볼 수 있는지를 쓰면 이미 20자 정도는 쉽게 써내려갈 수 있게 된다.

2 왜? 라는 의문을 제기하라!

표지의 의미를 설명한 후, 왜 어떤 행동을 해야 하고, 어떤 행동은 해서는 안 되는지, 정당한 이유를 서술해 주는 것이 좋다. 자연스럽게 화제를 전환하기 위해서 가볍게 질문을 던지는 것도 좋다.

예 为什么禁止游泳呢? 왜 수영을 금지하는가?

为什么要禁止吸烟呢? 왜 흡연을 금지해야 하는가?

我们为什么要遵守交通规则呢? 우리는 왜 교통규칙을 준수해야 하는가?

3 이유를 보충하라!

표지의 의미를 설명하고, 왜 그렇게 행동해야 하는지 질문했다면, 그에 걸맞는 보편타당한 이유를 보충한다. 이유를 보충할 때는 다음과 같은 표현을 사용해보자.

예 理由有如下两点。 이유는 다음 2가지가 있다.

主要有以下几个原因。 주로 다음의 몇 가지 원인이 있다.

 请结合这张图片写一篇80字左右的短文。

| 문제 분석 | 1. 이유 보충하여 작문하기 (첫 번째 답안)
2. 에피소드 설정하여 작문하기 (두 번째 답안) **S1, S2, S3 적용**

해설

1단계
그림 파악하기

흡연 금지 표지

2단계: 방법1
이유 보충하기

1. 흡연은 화재를 일으킬 수 있다: 吸烟可能引起火灾
2. 흡연은 자신의 건강에 영향을 준다: 吸烟影响自己的健康
3. 타인의 건강도 해칠 수 있다: 影响他人的健康 / 对他人的健康有害

2단계: 방법2
에피소드 설정하기

서론	**본론**	**결론**
새해에 금연을 결심하였다 →	금연을 결심한 이유는 흡연이 건강을 해치기 때문이다 →	자신과 가족을 위해 다시는 피우지 않겠다

		在	公	共	场	所	，	我	们	都	能	看	到	这	个
标	志	，	它	的	意	思	是	禁	止	吸	烟	。	为	什	么
要	禁	止	吸	烟	呢	？	首	先	，	吸	烟	可	能	引	起
火	灾	；	其	次	，	吸	烟	不	仅	影	响	自	己	的	健
康	，	而	且	影	响	他	人	的	健	康	。	为	了	自	己
和	他	人	，	请	不	要	在	公	共	场	所	吸	烟	。	

공공장소에서 우리는 이 표지판을 볼 수 있다. 그 뜻은 흡연 금지다. 왜 흡연을 금지해야 할까? 첫째, 흡연은 화재를 일으킬 수 있다. 둘째, 흡연은 자신의 건강에 영향을 미칠 뿐만 아니라, 다른 사람의 건강에도 영향을 준다. 자신과 타인을 위해서 공공장소에서는 흡연하지 말자.

단어 公共场所 gōnggòng chǎngsuǒ 몡 공공장소 | 标志 biāozhì 몡 표지 | 意思 yìsi 몡 의미 | 禁止 jìnzhǐ 통 금지하다 | 吸烟 xīyān 통 흡연하다 | 首先 shǒuxiān 때 먼저, 첫째로 | 引起 yǐnqǐ 통 일으키다 | 火灾 huǒzāi 몡 화재 | 其次 qícì 때 그 다음 | 不仅 bùjǐn 젭 ~뿐만 아니라 | 影响 yǐngxiǎng 통 영향을 끼치다 | 健康 jiànkāng 몡 건강 | 而且 érqiě 젭 게다가 | 为了 wèile 젠 ~을 위하여

		新	的	一	年	开	始	了	，	爸	爸	做	了	一	个
很	大	的	决	定	，	他	说	要	从	今	年	开	始	不	再
吸	烟	。	因	为	他	说	吸	烟	不	仅	对	自	己	的	健
康	不	好	，	而	且	会	对	家	人	的	健	康	造	成	更
大	的	伤	害	。	所	以	，	为	了	自	己	更	为	家	人，
爸	爸	下	定	决	心	不	再	吸	烟	。					

새로운 한 해가 시작되었고, 아버지께서는 매우 큰 결정을 내리셨다. 아버지는 올해부터 다시는 담배를 피우지 않겠다고 말씀하신 것이다. 왜냐하면 아버지께서는 흡연이 자신의 건강에 좋지 않을 뿐만 아니라, 가족들의 건강에 더 큰 피해를 주기 때문이라고 말씀하셨다. 그래서 자신, 또 가족을 위해, 아버지는 다시는 담배를 피우지 않겠다고 결심하셨다.

단어 开始 kāishǐ 통 시작하다 | 决定 juédìng 통 결정하다 | 因为 yīnwèi 젭 ~ 때문에 | 家人 jiārén 몡 가족 | 造成 zàochéng 통 발생시키다 | 伤害 shānghài 통 손상시키다 | 所以 suǒyǐ 젭 그래서 | 下 xià 통 (판단·결정을) 내리다 | 决心 juéxīn 몡 결심

Tip+ 첫 번째 답안은 이유를 보충하는 방법으로, 두 번째 답안은 에피소드 형식으로 제시하였다. 모범 답안을 참고하여 여러 가지 방법으로 반복 연습해보자.

표지 관련 표현

1 표지 문구(의미)

경고 · 알림 표지	의미
禁止拍照 jìnzhǐ pāizhào	사진 촬영 금지
禁止入内 jìnzhǐ rùnèi	출입 금지
禁止吸烟 jìnzhǐ xīyān	흡연 금지
禁止钓鱼 jìnzhǐ diàoyú	낚시 금지
禁止通行 jìnzhǐ tōngxíng	통행 금지
禁止停车 jìnzhǐ tíngchē	주차 금지
禁止使用手机 jìnzhǐ shǐyòng shǒujī	휴대전화 사용 금지
禁止吐痰 jìnzhǐ tǔtán	침 뱉는 것 금지
游人止步 yóurén zhǐbù	관람객 출입 금지
肃静 sùjìng	정숙 (조용히 하세요)
油漆未干 yóuqī wèigān	페인트 주의 (페인트가 아직 마르지 않았습니다)
违者罚款 wéizhě fákuǎn	위반자 벌금
请勿随地吐痰 qǐngwù suídì tǔtán	아무 데나 침을 뱉지 마세요
爱护树林，人人有责 àihù shùlín, rénrén yǒuzé	숲을 보호하는 것은 모두의 책임입니다

2 응용 표현

어떠한 표지인지 설명하면서 서두를 시작한다.

작문 예시	해석
这是一张禁止通行的图片。	이것은 통행을 금지하는 그림이다.
这个标志是禁止通行的一种交通标示。	이 표지는 통행을 금지한다는 일종의 교통 표시다.
这张图片的意思是禁止使用手机。	이 그림의 의미는 휴대전화 사용을 금지한다는 뜻이다.
这是禁止游泳的标志。	이것은 수영을 금지하는 표지다.
在公共场所，我们都能看到这个标志，它的意思是禁止吸烟。	공공장소에서 우리는 이러한 표지를 볼 수 있다. 그것의 의미는 흡연을 금지하는 것이다.
我们经常在图书馆、医院等公共场所看见这个标志，它告诉人们要保持安静。	우리는 도서관이나 병원 등의 공공장소에서 이 표지를 자주 볼 수 있는데, 그것은 조용히 해야함을 알려준다.

1.

2.

1.

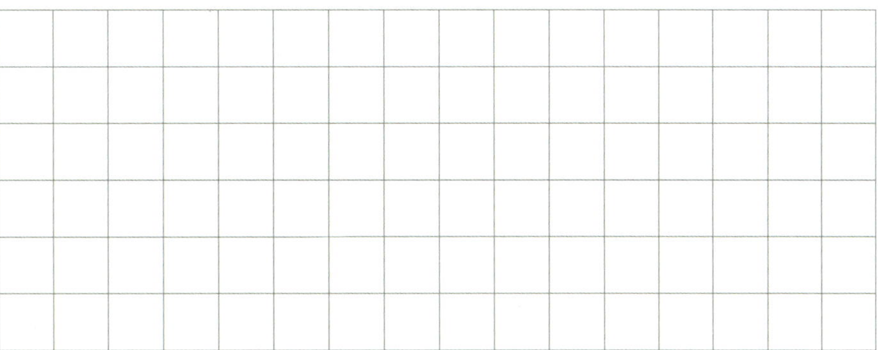

2.

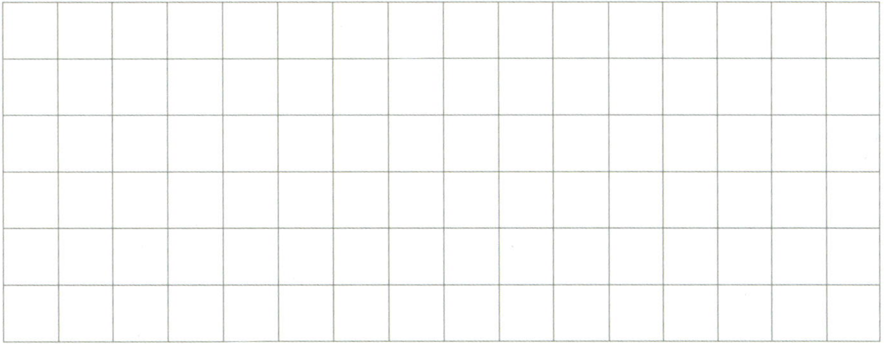

第 一 部 分

第1-8题: 完成句子。

例如: 发表　　　这篇论文　　　什么时候　　　是　　　的

这篇论文是什么时候发表的?

1.　自信的　　　松院长　　　人　　　是个　　　相当

2.　营业部门　　　我儿子　　　工作　　　在

3.　表演　　　就　　　我丈夫　　　在大学时代　　　热爱

4.　资格　　　俱乐部　　　参加比赛的　　　不具备　　　你们的

5.　女儿的　　　到处　　　书房里　　　是各种各样的资料　　　都

6.　吃猪肉　　　建议　　　他　　　别　　　大夫

7.　花　　　粉红色的　　　有　　　窗台上　　　一朵

8.　出色　　　那位　　　非常　　　表现　　　主持人　　　得

第 二 部 分

第 9-10 题：写短文。

9.　请结合下列词语（要全部使用），写一篇80字左右的短文。

　　结婚、庆祝、愿望、感谢、开心

10.　请结合这张图片写一篇80字左右的短文。

제1부분

1day

1 最近文艺界出现了一批优秀歌手。
 文艺界最近出现了一批优秀歌手。
2 他的这段经历有很特殊的意义。
3 这种产品主要针对中老年消费者。
4 每个人都有属于自己的秘密。
5 我们正处于科技飞速发展的时代。

2day

1 我们的方案受到了总裁的重视。
2 保险柜的钥匙在右边的抽屉里。
3 学生应该养成善于思考的好习惯。
4 这种药品具有预防衰老的作用。
5 我非常感谢贵单位给予我们的大力支持。

3day

1 他辞职的理由不太充分。
2 减肥后姐姐的身材更加苗条了。
 姐姐的身材减肥后更加苗条了。
3 韩国演员在东南亚很受欢迎。
 在东南亚韩国演员很受欢迎。
4 他把馒头稍微热了一下。
5 这场戏演得相当不错。

4day

1 她穿那件衣服十分精神。
2 中国的市场经济形势特别好。
3 这些经验对医生十分宝贵。
4 他把书摆得整整齐齐的。
5 这几个学生的试卷答得极其出色。

5day

1 他迟到的理由缺乏说服力。

2 班主任家的电话一直占线。
3 长城是世界七大奇迹之一。
4 白色鸽子象征着和平。
5 多听多说是学好语言的关键。

6day

1 你重新输入你的密码。
2 他们想从事服务行业。
3 电脑在我们的生活中起着巨大的作用。
 在我们的生活中电脑起着巨大的作用。
4 那个设计方案获得了领导的批准。
5 我们都应该服从集体的安排。

7day

1 领导表扬职员很肯干。
2 姑姑的表情显得有些无奈。
3 他们决定适当地延长训练时间。
4 女孩子都希望保持苗条的身材。
5 婴儿刚才睡了一会儿觉。
 刚才婴儿睡了一会儿觉。

8day

1 室内场景显得稍微简单一些。
2 教师要善于发现学生的错误。
3 我觉得语法可非常无聊。
4 我们需要尽快解决这些问题。
5 这些历史问题早该处理一下了。

9day

1 父母总是把成年的儿女当成小孩子。
2 他根本没把你看做是他的朋友。
3 她把手机里的信息全部删除了。
4 工人们的建议已经被公司采纳了。
5 3号桌已经被别人预订了。

10day

1 别把宠物带进酒吧。
2 他故意不把谜语的谜底告诉我。
3 他把节省下来的钱都存进银行里了。
4 他被那所名牌大学录取了。
5 他的研究成果终于被学术界承认了。

11day

1 公司把面试的时间提前了五天。
2 李太太把聚会的事给忘了。
3 我们应该以成功人士为榜样。
4 他被骗子的甜言蜜语所迷惑。
5 一个圆圆的镜子被摔得粉碎。

12day

1 你不要把问题说得这么严重。
2 学习不能以分数为目的。
3 这个理论被应用到很多领域。
4 很多观众都为这部电影的剧情所感动。
5 小朋友们别被小狗给吓跑了。

13day

1 请您去前台登记一下。
2 她要邀请专家出席此次学术讨论会。
3 他对角度的把握令人佩服。
4 班长让我把考卷收起来。
5 今年的雪比去年早下了一个星期。

14day

1 你陪我到外边透一下新鲜空气。
2 谦虚使人进步。
3 她苗条的身材让人很羡慕。
4 姥姥叫我帮她干活儿。
5 一个拥抱比什么安慰的话都温暖。

15day

1 箱子里的玻璃非摔坏了不可。
2 谁都喜欢听话的孩子。
3 我连游泳都不会。
4 我是在教室里看见他的。
5 北京给他留下了深刻的印象。

16day

1 我们班没有一个同学不认真学习。
2 谁迟到就让谁请客。
3 我一次也没买过这个牌子的衣服。
　这个牌子的衣服我一次也没买过。
4 连几岁的孩子都明白这个道理。
　这个道理连几岁的孩子都明白。

5 要是能永远保持年轻就好了。

17day

1 我得向老师打听一下考试的内容。
2 小马一直在经营一家酒吧。
3 我对这个问题从来没有想过。
4 今天的天气可能会有点儿冷。
5 我们俩打算分别进行调查。

18day

1 运动员们想为祖国作出巨大的贡献。
2 许多同志都比较注重调查研究。
3 老师对学生的情况十分了解。
4 你得好好儿感谢老板。
5 会议日期不能再推迟了。

제2부분

19day

1

모범 답안 1

		一	转	眼	在	中	国	留	学	两	年	多	了	。	刚
开	始	因	为	不	会	说	汉	语	，	也	没	有	朋	友	，
一	休	息	就	自	己	呆	在	宿	舍	里	，	生	活	非	常
单	调	。	后	来	我	参	加	了	学	校	组	织	的	各	种
活	动	，	认	识	了	很	多	新	朋	友	，	他	们	给	我
留	下	了	很	深	刻	的	印	象	。						

모범 답안 2

		去	年	我	在	中	国	留	了	一	年	学	。	刚	到
中	国	时	，	我	连	简	单	的	话	也	不	会	说	。	学
校	担	心	留	学	生	的	生	活	太	单	调	，	只	要	有
时	间	，	就	组	织	很	多	活	动	。	半	年	以	后	，
我	的	汉	语	越	来	越	流	利	了	。	中	国	的	留	学
生	活	给	我	留	下	了	深	刻	的	印	象	。			

2

모범 답안 1

		我	和	男	朋	友	谈	了	六	年	的	恋	爱	了	，
他	是	一	个	很	体	贴	的	人	。	每	当	我	遇	到	困
难	时	，	他	都	耐	心	地	和	我	沟	通	，	并	且	鼓
励	我	，	让	我	对	任	何	事	情	都	充	满	信	心	。
下	个	月	20	号	我	们	就	要	举	行	婚	礼	了	，	我
相	信	我	们	一	定	会	过	得	很	幸	福	。			

모범 답안 2

今天是姐姐的婚礼，很多亲戚朋友都来了。对姐姐来说，姐夫是非常重要的人，因为他很会和姐姐沟通。不管姐姐遇到什么困难，他都鼓励姐姐，让姐姐对生活充满信心。他一定会让姐姐生活幸福。

20day

1

모범 답안 1

今天是朋友的生日，她邀请我参加生日晚会。晚会开始了，她尽量跟每位客人打招呼。她穿得漂亮极了，成了今天晚上最有魅力的女人。晚会的气氛非常轻松，我觉得所有的客人都玩儿得非常高兴。

모범 답안 2

我有一个朋友，她是一个有魅力的女人。每次遇见朋友，她都热情地打招呼。不管朋友有什么困难，她都尽量帮助朋友。跟她在一起，朋友们都觉得很轻松。这个周末她邀请我们去她家玩儿。

2

모범 답안 1

记得刚参加工作的时候，我好像每天都有很多烦恼，对什么事情都不耐烦。直到有一次我被领导批评了，他的话让我觉得非常惭愧。现在想想当初要不是他的批评和教育，我的前途一定会被耽误的。

모범 답안 2

高中的时候，我有很多烦恼，常常对妈妈发脾气。每次妈妈批评我的时候，我都很不耐烦。现在想一想，我觉得很惭愧。如果当时妈妈不教育我，我一定会耽误学习，不可能考上大学。妈妈，我爱你。

21day

1

모범 답안 1

最近我很想买一条牛仔裤，所以周末跟朋友一起去百货商店购物。售货员推荐了一条白色的牛仔裤，朋友说我穿着很合适，显得我身材特别好。虽然价格有点儿贵，可是我还是把它买下来了。

모범 답안 2

上个周末，我跟姐姐一起去购物。姐姐想买一条牛仔裤，可是不知道哪条更适合自己。售货员推荐了一条，姐姐试了试，觉得很合适，就买了那条牛仔裤。姐姐的身材非常好，怎么吃也不胖，很多人都羡慕她。

2

모범 답안 1

上个学期班长又考了第一名，真让人羡慕。我也很努力学习，但是成绩却总是不好，让我很难受。班长鼓励了我，并且教了我他的学习经验。我向他虚心学习之后，我的学习效率提高了，考试也取得了好成绩。

모범 답안 2

这学期的课非常多。一开学，老师就鼓励妹妹认真学习。妹妹不但学习成绩很好，而且虚心好学。妹妹认为提高学习效率是最重要的。到了期末考试的时候，她得到了第一名，别人都特别羡慕她。

22day

1

모범 답안 1

朋友们最近帮了我很多忙，为了表示感谢，我打算请他们吃饭。可大家都不知道该去哪儿吃。听说公司附近新开的海鲜饭馆味道不错，干脆去那儿算了。没想到吃饭时公司临时有事，我只好先买单离开了。

모범 답안 2

今天是朋友的生日，可是不知道买什么礼物，干脆请他吃海鲜算了。谁知道公司临时加班，我只好让朋友等我。吃晚饭买单的时候，我多给了20块，没想到服务员还给我了，非常感谢他。

2

모범 답안 1

一说起王老板，几乎没有不认识他的人。他很诚实，为人谦虚，而且对自己的决定向来都特别有信心。所以他的公司成立不到三年就把服务范围扩大了将近三倍，取得了很大的成功，我们都非常羡慕他。

모범 답안 2

公司想在上海成立分公司，主要是为了扩大服务范围。公司决定派小王去上海工作。他不但有丰富的工作经验，而且是一个非常谦虚的人，能认真听别人的建议。我们公司对小王充满了信心。

23day

1

모범 답안 1

昨天晚上下了一场大雪，所以今天路上堵车堵得厉害。我等车等了二十分钟左右，公共汽车才来。没想到去学校的路上，车突然坏了，所以浪费了半个小时，结果到学校的时候迟到了，我被老师批评了。

모범 답안 2

我今天第一天上班，因为不想迟到，所以很早就出门了。没想到路上堵车堵得非常厉害，原来昨天晚上下雪了。我也没有别的办法，只好慢慢开。我居然在路上浪费了一个小时，不如坐地铁上班了。

2

모범 답안 1

因为工作压力的原因，我的健康状况越来越差。为了放松一下，我开始抽时间参加体育锻炼，并时刻告诉自己要满足现在的生活。没想到不仅健康状态好了，连工作效率也提高了。现在我真的很满足。

모범 답안 2

我常常对自己的生活不满足，所以压力比较大。医生让我每天锻炼身体，有时间的话就出去旅游，这样不仅可以放松放松，而且对自己的健康很好。没想到这个方法这么有效，你也试试吧。

24day

1

모범 답안 1

人们的生活越来越方便，生活垃圾也随着增加了许多。而目前这些垃圾对环境已经造成了严重的污染。为了保护我们的环境，每个人都应该努力减少生活垃圾，避免环境被进一步地污染。

모범 답안 2

随着社会的发展，环境污染越来越严重了。就拿昨天来说吧，我看见一个小孩子把垃圾扔到地上。我批评了他，可是他觉得很委屈。我告诉他，乱扔垃圾会污染环境，我们每一个人都应该尽量保护环境，避免污染环境。

2

모범 답안 1

公司一到年末就特别忙，既要交很多报告，又要总结一年的工作，工作压力大得要命。偶然听朋友说了他缓解压力的办法，就是保持乐观的工作态度和听适合自己的音乐。我试了试，果然压力比以前小多了。

前几天，我偶然在报纸上看到了几种缓解压力的办法，决定试试。首先，要有乐观的生活态度；其次，选择一个适合自己的运动。用了这两个办法之后，我的工作压力比以前小了很多。你也试试吧。

25day

1

모범 답안 1

图片中的两个人一边看报纸一边聊天儿。读报纸有哪些好处呢？一来，可以获得新信息；二来，可以了解国家大事；三来，自己喜欢的内容可以保存起来，以后也可以看。所以，我们最好养成读报纸的习惯。

모범 답안 2

我和男朋友的爱好相同，那就是看报纸。每当我们在图书馆学习的时候，如果太累了，就在图书馆外面一边看报纸一边聊天。通过报纸，我们不但了解了很多外面的事情，而且也增进了相互的了解。

2

모범 답안 1

图片里的男人和女人正在坐地铁。坐地铁有哪些好处呢？一来，最近常常堵车，可是坐地铁的话，没有这样的烦恼，一般会准时到达；二来，坐地铁的时候可以读书或者听音乐。下次出门的时候，你也坐地铁吧。

모범 답안 2

每天上下班，我都坐地铁，可是地铁很不方便。因为地铁站不仅离家很远，而且上下班高峰期的时候，地铁里的人太多了，挤得要死。如果有钱的话，我真想快点儿买一辆车，再也不想坐地铁上班了。

26day

1

모범 답안 1

图片中的女人正在喝咖啡，最近咖啡受到很多女人的欢迎。原因有哪些呢？第一，喝咖啡对消化有帮助；第二，喝咖啡有提神的作用；第三，喝咖啡是一种时尚。所以很多女人越来越离不开咖啡。

모범 답안 2

在所有的饮品中，我最喜欢咖啡，一天大概要喝三杯咖啡。每天我的早餐是一杯咖啡加上一些面包。每天午饭以后，我常常喝一杯咖啡，感觉舒服极了。咖啡还有提神的作用，加班的时候喝一杯，就不觉得困了。

2

모범 답안 1

当你一个人去旅游的时候，要是迷路了怎么办呢？第一，马上停下来看看周围有没有路标；第二，看看附近有没有人；第三，看看地图，找出自己的位置。如果都不行的话，给警察打电话。

모범 답안 2

去年夏天，我一个人去中国旅游的时候，发生了一件意想不到的事情。我在中国迷路了，当时我非常紧张，不知道怎么办。我告诉自己一定要冷静，认真看了看周围的路标和地图，终于认清了方向。

27day

1

모범 답안 1

图片上的男人可能在等什么人。对每个人来说，时间都是非常重要的。首先，遵守时间是对别人的礼貌；其次，我们不能浪费别人的时间；最后，不遵守时间的话，信用度会降低。如果跟别人约好了时间，应该准时到。

모범 답안 2

今天是朋友的生日，晚上跟他约好一起吃饭。可是等了30分钟了，他也没来。给他打电话也不接，不知道发生了什么事情，真是让人着急。本来吃完饭我还有别的约会，现在怎么办才好呢？

2

모범 답안 1

礼物是在节日里朋友之间相互送的东西，表达了人和人之间最美好的心意。对于礼物，很多人并不在乎贵贱，看重的是礼物中所包含的情感价值，因为礼物传达了对他人最真诚的祝福。

모범 답안 2

明天是妈妈的生日，今天下班以后，我去百货商店给她买了一个礼物。妈妈总觉得百货商店的衣服太贵了，一直舍不得买。我为了给买一个贵的礼物，每天辛苦地工作，希望她能喜欢我送的礼物。

28day

1

모범 답안 1

女人非常喜欢浪漫，所以她们希望男人求婚的时候也很浪漫。为了满足女人的需求，男人常常要花很多心思。最近网上流行很多种求婚的方式，不管方式怎么变，两个人真心相爱是最重要的。

모범 답안 2

对我来说，昨天是很重要的日子。因为昨天不仅是我的生日，而且是男朋友向我求婚的日子。我和男朋友谈了五年恋爱了，昨天他把戒指拿出来，希望我能答应他的求婚，我觉得自己是最幸福的女人。

2

모범 답안 1

图片中的男人和女人正在饮水机前喝水。水对我们的健康是非常重要的。首先，补充人体必需的水分；其次，水可以帮我们把身体里的垃圾排到体外；最后，对皮肤有好处。所以，我们平时一定要多喝水。

모범 답안 2

我昨天晚上喝了一点儿酒，所以今天早晨渴得要命。没想到去喝水的时候，遇到了以前的同事，跟他聊了一会儿。他告诉我，下个月他就要结婚了，希望我能去参加他的婚礼。我真为他高兴。

29day

1

모범 답안 1

这是一张禁止通行的图片。我们每个人都要遵守交通规则，理由有如下两点：首先，遵守交通规则可以减少交通事故的发生，保证自己和他人的生命安全；其次，如果遵守交通规则，彼此之间都会变得很方便。

모범 답안 2

上个周末，我和家人开车出去玩儿。车开着开着突然停了，我们都吓了一跳。原来对方没有看到前面禁止通行的标志，突然开过来，所以差点发生了交通事故。不管是谁，都要遵守交通规则。

2

모범 답안 1

这张图片的意思是禁止使用手机。随着科学的发展，现在几乎人人都有手机。手机虽然给生活带来了方便，但是当你在公共场所使用的时候，可能会打扰别人的工作和休息。所以，使用手机时一定要注意不要影响他人。

最近工作很辛苦，昨天下班坐地铁回家的时候本来想好好休息一下，可是旁边的人一直打电话，而且声音很大。车上明明有禁止使用手机的标志，真是让人生气。如果在公共场所用手机，请尽量小声一点儿。

30day

1

모범 답안 1

这是禁止游泳的标志。为什么禁止游泳呢？主要有以下几个原因。一来，水可能很深，游泳比较危险；二来，水里可能有危险的动物；三来，水可能不太干净。因此，请大家不要随便找地方游泳。

모범 답안 2

前天我约朋友一起去海边玩，可是到了才发现人特别地多。我们看到远处有个地方几乎没有人，我们高兴地过去了。没想到那儿有禁止游泳的标志。我们想这儿可能比较危险，所以没有下去游泳。

2

모범 답안 1

我们经常在图书馆、医院等公共场所看见这个标志，它告诉人们要保持安静。首先，在公共场所大声说话可能会影响别人的工作；其次，你可能打扰别人休息。所以，请大家在公共场所一定要保持安静。

모범 답안 2

昨天，老师带我们去电影院看电影，我们高兴极了。到了电影院，我们又跟同学玩，又跑来跑去。这时老师指了指这个标志，告诉我们它的意思是保持安静，而且我们在公共场所不可以影响别人。

제1부분

1 松院长是个相当自信的人。
2 我儿子在营业部门工作。
3 我丈夫在大学时代就热爱表演。
在大学时代我丈夫就热爱表演。
4 你们的俱乐部不具备参加比赛的资格。
5 女儿的书房里到处都是各种各样的资料。
6 大夫建议他别吃猪肉。
7 窗台上有一朵粉红色的花。
8 那位主持人表现得非常出色。

제2부분 모범 답안

9

今天是姐姐结婚的日子，家人都开心极了。为了庆祝这个重要的日子，很多亲戚和朋友都来参加了婚礼。现在，爸爸和妈妈最大的愿望就是姐姐以后的生活幸福。在婚礼上，姐姐感谢大家来参加他们的婚礼。

10

昨天我和朋友去长城，没想到在那儿遇到了一位女记者。我当时紧张得要死，因为我的汉语说得不太流利。她以为我是中国人，说得非常快，结果我一句话也没听懂。我决定以后要努力学习汉语。

新 HSK 한 권이면 끝

5급

쓰기

1 day　p.27

01　优秀　歌手　文艺界　最近　一批　出现了

정답　最近文艺界出现了一批优秀歌手。최근 예술계에는 한 무리의 우수한 가수들이 나타났다.
　　　　文艺界最近出现了一批优秀歌手。예술계에는 최근 한 무리의 우수한 가수들이 나타났다.

단어　优秀 yōuxiù 휑 우수하다 | 歌手 gēshǒu 몡 가수 | 文艺界 wényìjiè 몡 문화 예술계 | 最近 zuìjìn 몡 최근 | 批 pī 얭 무리, 그룹 | 出现 chūxiàn 동 나타나다

해설

1단계 주어를 찾아라!

① 文艺界(예술계) / 歌手(가수): 둘 다 명사로, 다른 어휘의 수식을 받을 수 있으며 문장에서 주어나 목적어가 될 수 있다.
② 优秀(우수하다): 형용사이며, '형용사 + 명사'의 형식으로 명사를 앞에서 수식할 수 있다. 의미상 명사 歌手(가수)와 긴밀한 연결 관계로 구조조사 的 없이 결합할 수 있다. → 优秀歌手(우수한 가수)
③ 一批(한 무리): '수사 + 양사'의 형태로, 뒤에 수식받는 명사를 이끌 수 있다. 批는 무리, 그룹을 뜻하므로, 명사구 중 많은 수를 나타낼 수 있는 优秀歌手(우수한 가수)와 결합한다. → 一批优秀歌手(한 무리의 우수한 가수들)
의미상 '예술계에 우수한 가수들'이 나타났다고 하는 것이 적합하므로 文艺界(예술계)가 주어가 되고, 一批优秀歌手(한 무리의 우수한 가수들)가 목적어가 되는 것이 자연스럽다.

2단계 술어를 찾아라!

出现了(나타났다): 동태조사 了를 보고 술어임을 알 수 있다.

3단계 기타 성분을 삽입하라!

最近(최근): 시간명사로, 주어 앞이나 뒤에 나올 수 있다.

Tip 시간명사는 시간을 강조할 때에는 주어 앞에 나오는 경우가 더 많다.

→ 最近文艺界 (최근 예술계: 시간명사 + 주어) + 出现了(나타났다: 술어) + 一批优秀歌手(한 무리의 우수한 가수들: 목적어)
→ 文艺界最近 (예술계에는 최근: 주어 + 시간명사) + 出现了(나타났다: 술어) + 一批优秀歌手(한 무리의 우수한 가수들: 목적어)

➡ 따라서 답은 最近文艺界出现了一批优秀歌手(최근 예술계에는 한 무리의 우수한 가수들이 나타났다), 또는 文艺界最近出现了一批优秀歌手(예술계에는 최근 한 무리의 우수한 가수들이 나타났다)의 순서가 된다.

02　这段经历　他的　有　意义　很特殊的

정답　他的这段经历有很特殊的意义。그의 이 시기 경험에는 매우 특별한 의미가 있다.

단어　段 duàn 얭 시기, 기간, 구간 | 经历 jīnglì 몡 경험 | 意义 yìyì 몡 의미 | 特殊 tèshū 휑 특별하다

해설

1단계 주어를 찾아라!

① 这段经历(이 시기 경험): '지시대사 + 양사 + 명사' 형태로, 주어나 목적어가 될 수 있다.
② 他的(그의): '대사 + 구조조사 的'의 형태로, 명사를 끌고 나올 수 있으며 명사구 这段经历(이 시기 경험)와 결합하는 것이 의미상 적합하다. → 他的这段经历(그의 이 시기 경험)

Tip 소속을 나타내는 관형어의 기본 어순은 '소속 + 지시대사 + (수사) + 양사 + 명사'이다.

③ 意义(의미): 명사로, 주어나 목적어가 될 수 있다.

④ 很特殊的(매우 특별한): 명사를 끌고 나올 수 있는 구조조사 的가 있으므로, 의미상 意义(의미)와 결합되어 '매우 특별한 의미'라는 뜻을 나타낸다. → 很特殊的意义(매우 특별한 의미)

술어를 보고 주어나 목적어 자리를 판단한다.

2단계 술어를 찾아라!

有(있다): 동사로, 술어가 될 수 있다.

3단계 주어·목적어를 판단하라!

문맥상 '경험에 특별한 의미가 있는 것'이 적합하므로 他的这段经历(그의 이 시기 경험)가 주어가 되고, 很特殊的意义(매우 특별한 의미)는 목적어가 된다.

→ 他的这段经历(그의 이 시기 경험: 관형어 + 주어) + 有(있다: 술어) + 很特殊的意义(매우 특별한 의미: 형용사구 관형어 + 목적어)

➡ 따라서 답은 他的这段经历有很特殊的意义(그의 이 시기 경험에는 매우 특별한 의미가 있다)의 순서가 된다.

---

03 中老年　主要　消费者　这种　针对　产品

정답 这种产品主要针对中老年消费者。 이 종류의 상품은 주로 중노년 소비자에게 초점을 맞췄다.

단어 中老年 zhōnglǎonián 명 중노년 | 主要 zhǔyào 형 주요한, 중요한 부 주로, 대부분 | 消费者 xiāofèizhě 명 소비자 | 针对 zhēnduì 동 초점을 맞추다 | 产品 chǎnpǐn 명 상품

해설

1단계 주어를 찾아라!

① 中老年(중노년) / 消费者(소비자): 모두 명사로, 中老年(중노년)과 消费者(소비자)는 긴밀한 관계로 구조조사 的 없이 결합할 수 있으며, 주어나 목적어가 될 수 있다. → 中老年消费者(중노년 소비자)

② 产品(상품): 명사로, 주어나 목적어가 될 수 있다.

③ 这种(이 종류): '지시대사 + 양사'의 형태로, 명사를 이끌 수 있다. 这种(이 종류)의 种은 종류를 나타내는 양사로, 결합할 수 있는 명사는 产品(상품)이다. → 这种产品(이 종류 상품)

술어를 보고 주어와 목적어를 판단한다.

2단계 술어를 찾아라!

针对(초점을 맞추다): 동사로, 술어가 될 수 있다.

3단계 주어·목적어를 판단하라!

'소비자가 상품에 초점을 맞추는 것'이 아니라, '상품이 중노년 소비자에게 초점을 맞추는 것'이 논리적으로 자연스럽다. 따라서 주어는 这种产品(이 종류의 상품)이 되고 목적어는 中老年消费者(중노년 소비자)가 된다.

4단계 부사를 삽입하라!

主要(주로): 형용사(주요한)와 부사(주로) 두 가지 품사로 쓰인다. 主要가 형용사로 쓰일 경우에는 비술어 형용사로, 부사어나 관형어 역할을 하며 여기서는 부사로 술어 앞에 위치시키면 된다.

> **Tip** 형용사: 주로 명사 앞에서 관형어 역할을 한다.
> 예 主要原因 주요 원인 / 主要问题 중요한 문제 / 主要目的 주요 목적 / 主要对象 주요 대상
> 부사: 술어 앞에서 부사어 역할을 한다.
> 예 主要由他来做 주로 그가 한다 / 主要提供 주로 제공한다 / 主要表现 주로 표현한다

→ 这种产品(이 종류의 상품은: 주어) + 主要(주로: 부사어) + 针对(초점을 맞추다: 술어) + 中老年消费者(중노년 소비자: 목적어)

➡ 따라서 답은 这种产品主要针对中老年消费者(이 종류의 상품은 주로 중노년 소비자에게 초점을 맞췄다)의 순서가 된다.

属于　都有　每个人　秘密　的　自己

정답　每个人都有属于自己的秘密。사람마다 모두 자신의 비밀을 가지고 있다.

단어　属于 shǔyú 통 ~에 속하다 | 都 dōu 부 모두 | 秘密 mìmì 명 비밀 | 自己 zìjǐ 대 자기

해설

1단계 주어를 찾아라!
① 每个人(사람마다): 명사로, 주어가 될 수 있다.
② 秘密(비밀): 명사 / 自己(자신): 대사 / 的(~의): 구조조사
　제시된 어휘 중 구조조사 的는 自己(자신)와 결합하여 소속을 나타낼 수 있으며, 구조조사 的는 명사 秘密(비밀)를 끌고 나올 수 있다. → 自己的秘密 (자신의 비밀)

2단계 술어를 찾아라!
都有(모두 있다) / 属于(~에 속하다): 둘 다 술어 자리에 올 수 있다. 하지만 연동문을 만들 수 있는 동사가 아니므로, 목적어에 동사구 관형어가 나와야 한다.
동사구 관형어: 属于自己的秘密 자신에게 속하는 비밀
　　　　　　　(동사+대사) 　명사

Tip 2음절 단어 중에서 끝이 于로 끝나면 동사가 될 가능성이 있다.

→ 每个人(사람마다: 주어) + 都有(모두 있다: 부사어 + 술어) + 属于自己的秘密(자신에게 속하는 비밀: 동사구 관형어 + 목적어)

➡ 따라서 답은 每个人都有属于自己的秘密(사람마다 모두 자신의 비밀을 가지고 있다)의 순서가 된다.

时代　正　科技　处于　飞速发展的　我们

정답　我们正处于科技飞速发展的时代。우리는 지금 과학기술이 빠르게 발전하는 시대에 있다.

단어　时代 shídài 명 시대 | 科技 kējì 명 과학기술 | 处于 chǔyú 통 ~에 처해 있다 | 飞速 fēisù 형 매우 빠르다 | 发展 fāzhǎn 통 발전하다

해설

1단계 주어를 찾아라!
① 我们(우리): 인칭대사로, 주어가 될 가능성이 크다.
② 时代(시대) / 科技(과학기술): 모두 명사로, 주어나 목적어가 될 수 있다.
③ 飞速发展的(빠르게 발전하는): 명사를 이끄는 구조조사 的가 있으므로, 명사와 결합할 수 있다.
　목적어 앞에 복잡한 관형어가 올 수 있다. 문맥상 科技 + 飞速发展的의 주술구 관형어가 명사 时代(시대)를 꾸며주는 게 자연스럽다.
주술구 관형어: 科技飞速发展的 时代 과학기술이 빠르게 발전하는 시대
　　　　　　　(주어 + 술어) 　명사

2단계 술어를 찾아라!
处于(~에 처해 있다): 동사로, 술어가 될 수 있다.
Tip 2음절 단어 중에서 끝이 于로 끝나면 동사가 될 가능성이 있다.

3단계 부사를 삽입하라!
正(~하는 중): 시간부사로, 주어 뒤 술어 앞에 삽입한다.
→ 我们(우리: 주어) + 正(~하는 중: 부사어) + 处于(~에 처해 있다: 술어) + 科技飞速发展的时代(과학기술이 빠르게 발전하는 시대: 주술구 관형어 + 목적어)

➡ 따라서 답은 我们正处于科技飞速发展的时代(우리는 지금 과학기술이 빠르게 발전하는 시대에 있다)의 순서가 된다.

01

受到了　　我们的　　方案　　重视　　总裁的

정답　我们的方案受到了总裁的重视。 우리의 방안은 총수의 중시를 받았다.

단어　受到 shòudào 图 받다 | 方案 fāng'àn 图 방안 | 重视 zhòngshì 图 중시하다 | 总裁 zǒngcái 图 총수

해설

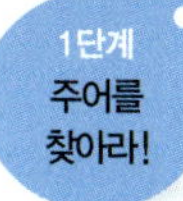

1단계 주어를 찾아라!

① 方案(방안): 명사로, 주어나 목적어가 될 수 있다.
② 我们的(우리의): '대사 + 구조조사 的'의 형태로, 뒤에 명사를 끌고 나올 수 있다.
③ 总裁的(총수의): 명사를 이끄는 구조조사 的가 있으므로, 수식받을 명사가 필요하다.

2단계 술어를 찾아라!

① 受到了(받았다): 동태조사 了를 보고 술어임을 알 수 있다
② 重视(중시하다): 동사지만 문장 전체의 술어는 受到了이므로, 구조조사 的 뒤에서 수식을 받을 수 있다.

Tip 동사도 주어나 목적어로 쓰일 수 있다.

3단계 주어·목적어를 판단하라!

문맥상 방안(方案)이 총수의 중시(总裁的重视)를 받아야 한다. 따라서 方案(방안)은 我们的(우리의)와 결합시켜 我们的方案(우리의 방안)이 주어가 되고, 重视(중시하다)는 总裁的(총수의)와 결합시켜 总裁的重视(총수의 중시)가 목적어가 된다.
→ 我们的方案(우리의 방안: 관형어 + 주어) + 受到了(받았다: 술어) + 总裁的重视(총수의 중시: 관형어 + 목적어)

➡ 따라서 답은 我们的方案受到了总裁的重视(우리의 방안은 총수의 중시를 받았다)의 순서가 된다.

02

抽屉里　　钥匙　　右边的　　在　　保险柜的

정답　保险柜的钥匙在右边的抽屉里。 금고의 열쇠는 오른쪽 서랍 안에 있다.

단어　抽屉 chōuti 图 서랍 | 钥匙 yàoshi 图 열쇠 | 右边 yòubian 图 오른쪽 | 保险柜 bǎoxiǎnguì 图 금고

해설

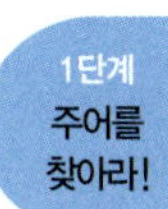

1단계 주어를 찾아라!

① 抽屉里(서랍 안) / 钥匙(열쇠): 명사(구)는 구조조사 的가 있는 관형어의 수식을 받을 수 있으며 주어나 목적어가 될 수 있다.
② 右边的(오른쪽의) / 保险柜的(금고의): 모두 구조조사 的가 있으므로, 명사와 결합할 수 있다.

Tip 네 개의 명사구가 있다면 수식어와 수식을 받는 명사가 조합되는 경우의 수를 생각해야 한다. 保险柜的抽屉里(금고의 서랍 안)와 保险柜的钥匙(금고의 열쇠)는 모두 가능한 표현이다. 하지만, 右边的钥匙(오른쪽 열쇠)는 전체적인 문맥을 살펴보았을 때 자연스럽지 않으므로 결국 保险柜的钥匙(금고의 열쇠)와 右边的抽屉里(오른쪽 서랍 안)로 연결됨을 알 수 있다.

2단계 술어를 찾아라!

在(~에 있다): 동사로, 뒤에 장소를 나타내는 목적어가 나와야 한다. → 在右边的抽屉里(오른쪽서랍 안에 있다)

Tip 在는 '~에서'라는 의미의 전치사로도 쓰이므로, 문장 내에서의 역할을 정확히 판단해야 한다.

3단계 주어·목적어를 판단하라!

오른쪽 서랍 안에 있을 수 있는 물건은 열쇠로, 保险柜的钥匙(금고의 열쇠)는 주어가 된다.
→ 保险柜的钥匙(금고의 열쇠: 관형어 + 주어) + 在(~에 있다: 술어) + 右边的抽屉里(오른쪽 서랍 안: 관형어 + 목적어)

➡ 따라서 답은 保险柜的钥匙在右边的抽屉里(금고의 열쇠는 오른쪽 서랍 안에 있다)의 순서가 된다.

| 应该 | 好习惯 | 善于 | 学生 | 养成 | 思考的 |

정답 学生应该养成善于思考的好习惯。학생들은 사고를 잘하는 좋은 습관을 길러야 한다.

단어 应该 yīnggāi 조통 마땅히 ~해야 한다 | 习惯 xíguàn 명 습관 | 善于 shànyú 통 ~를 잘하다 | 学生 xuésheng 명 학생 | 养成 yǎngchéng 통 양성하다, 기르다 | 思考 sīkǎo 통 깊이 생각하다, 사고하다

해설

1단계 주어를 찾아라!
① 学生(학생): 사람을 나타내는 명사로, 주어가 될 가능성이 크다.
② 好习惯(좋은 습관): 명사로, 목적어가 될 수 있다.
③ 思考的(사고하는): 명사를 이끄는 구조조사 的가 있으므로, 의미상 好习惯(좋은 습관)과 결합할 수 있다. → 思考的好习惯(사고하는 좋은 습관)

2단계 술어를 찾아라!
① 养成(기르다): 동사로, 술어가 될 수 있으며, 목적어로 好习惯(좋은 습관)과 자주 어울린다.
② 善于(~를 잘하다): 善于는 동사지만, 명사가 아닌 동사를 목적어로 가지는 특징이 있다.
예 善于发现 발견을 잘한다 / 善于交际 교제를 잘한다 / 善于思考 사고를 잘한다 / 善于写作 작문을 잘한다
전체 문장의 술어는 养成(기르다)이 되고, 善于(~를 잘하다)는 동사 思考를 목적어로 삼아 好习惯을 수식해주는 역할을 한다. → 养成善于思考的好习惯(사고를 잘하는 좋은 습관을 기르다)

3단계 기타 성분을 삽입하라!
应该(마땅히 ~해야 한다): 조동사로, 주어 뒤 술어 앞에 삽입한다.
→ 学生(학생: 주어) + 应该(마땅히 ~해야 한다: 조동사) + 养成(기르다: 술어) + 善于思考的好习惯(사고를 잘하는 좋은 습관: 동사구 관형어 + 목적어)

➡ 따라서 답은 学生应该养成善于思考的好习惯(학생들은 사고를 잘하는 좋은 습관을 길러야 한다)의 순서가 된다.

| 具有 | 这种 | 衰老的 | 预防 | 作用 | 药品 |

정답 这种药品具有预防衰老的作用。이 약품은 늙어 쇠약해지는 것을 예방하는 작용을 가지고 있다.

단어 具有 jùyǒu 통 가지고 있다 | 种 zhǒng 양 종류 | 衰老 shuāilǎo 통 노쇠하다, 늙어 쇠약해지다 | 预防 yùfáng 통 예방하다 | 作用 zuòyòng 명 작용 | 药品 yàopǐn 명 약품

해설

1단계 주어를 찾아라!
① 作用(작용) / 药品(약품): 모두 명사로, 문장에서 주어나 목적어가 될 수 있다.
② 这种(이 종류): '지시대사 + 양사'로, 뒤에 종류를 셀 수 있는 명사 药品(약품)이 올 수 있다. → 这种药品(이 약품)
③ 衰老的(늙어 쇠약해지는): '형용사 + 구조조사 的' 형식으로, 명사를 수식하는 관형어 역할을 한다.
술어를 기준으로 주어와 목적어를 판단해야 한다.

2단계 술어를 찾아라!
① 具有(가지고 있다): 동사로, 술어가 될 수 있다.
② 预防(예방하다): 동사지만, 문맥상 문장 전체의 술어는 具有(가지고 있다)가 되고, 预防(예방하다)은 衰老的(늙어 쇠약해지는)와 결합하여 늙어 쇠약해지는 것을 예방한다는 의미로 목적어를 수식한다. → 预防衰老的(늙어 쇠약해지는 것을 예방하는)

3단계 주어 · 목적어를 판단하라!
해석상 약품이 어떠한 작용을 가지고 있는 것이 적합하므로, 这种药品(이 약품)이 주어가 되고, 作用(작용)이 목적어가 된다.
→ 这种药品(이 약품: 주어) + 具有(가지고 있다: 술어) + 预防衰老的作用(늙어 쇠약해지는 것을 예방하는 작용: 동사구 관형어 + 목적어)

➡ 따라서 답은 这种药品具有预防衰老的作用(이 약품은 늙어 쇠약해지는 것을 예방하는 작용을 가지고 있다)의 순서가 된다.

05 | 大力支持　我　非常感谢　给予我们的　贵单位

정답　我非常感谢贵单位给予我们的大力支持。
저는 귀하의 회사에서 우리에게 준 강력한 지지에 매우 감사드립니다.

단어　大力 dàlì 🖳 강력하게, 대대적으로 | 支持 zhīchí 🗉 지지하다 | 非常 fēicháng 🖳 매우 | 感谢 gǎnxiè 🗉 감사하다 | 给予 jǐyǔ 🗉 주다 | 单位 dānwèi 🖲 회사

해설

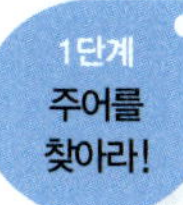

① 我(나): 인칭대사로, 문장에서 주어가 될 가능성이 크다.
② 贵单位(귀하의 회사): 명사
③ 给予我们的 (우리에게 준): 수식어 + 구조조사 的
의미상 贵单位给予我们的(귀하의 회사에서 우리에게 준)로 결합되어 주술구 관형어를 이루며, 구조조사 的 이하 부분에는 명사가 필요하다.

① 非常感谢(매우 감사하다): '부사 + 동사'의 형태로, 술어가 될 수 있다.
② 大力支持(강력하게 지지하다): 동사지만, 문맥상 문장 전체의 술어는 感谢(감사하다)가 되고, 大力支持(강력하게 지지하다)는 동사 자체로 목적어가 될 수 있다.
　예　政府的大力支持 정부의 강력한 지지 / 父母的大力支持 부모의 강력한 지지 /
　　　领导的大力支持 지도자의 강력한 지지
대략적인 문맥을 파악했을 때, 문장의 기본 구조는 '我(나) + 感谢(감사하다) + 支持(지지하다)'가 된다.
→ 我(나: 주어) + 非常感谢(매우 감사하다: 부사어 + 술어) + 贵单位给予我们的大力支持
　(귀하의 회사에서 우리에게 준 강력한 지지: 주술구 관형어 + 목적어)

➡ 따라서 답은 我非常感谢贵单位给予我们的大力支持(저는 귀하의 회사에서 우리에게 준 강력한 지지에 매우 감사드립니다)의 순서가 된다.

3 day　p.38

01 | 理由　他　充分　辞职的　不太

정답　他辞职的理由不太充分。그가 퇴직하는 이유는 그다지 충분하지 않다.

단어　理由 lǐyóu 🖲 이유 | 充分 chōngfèn 🗟 충분하다 | 辞职 cízhí 🗉 퇴직하다 | 不太 bútài 🖳 그다지

해설

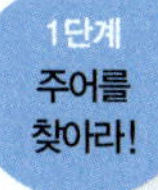

① 理由(이유): 명사
② 他(그): 대사
명사와 대사는 문장에서 주어가 될 수 있다.
③ 辞职的(퇴직하는): 구조조사 的가 있으므로, 명사를 이끌 수 있으며 의미상 理由(이유)와 결합하는 것이 적합하다. → 辞职的理由(퇴직하는 이유)

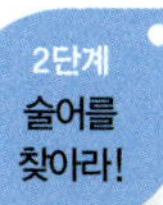

充分(충분하다): 형용사로, 형용사 술어문에서 술어가 될 수 있다. 형용사 술어는 목적어를 가지지 않으므로, 他(그)와 辞职的理由(퇴직하는 이유)는 결합되어 주술구 관형어로 쓰인다.

3단계
부사를
삽입하라!

不太(그다지): '부정부사 + 정도부사'의 형태로, 형용사 술어 앞에 위치한다.
→ 他辞职的理由(그가 퇴직하는 이유: 주술구 관형어 + 주어) + 不太(그다지 ~ 않다: 부사어) + 充分(충분하다: 형용사 술어)

➡ 따라서 답은 他辞职的理由不太充分(그가 퇴직하는 이유는 그다지 충분하지 않다)의 순서가 된다.

---

02 苗条了　身材　姐姐的　减肥后　更加

정답
减肥后姐姐的身材更加苗条了。다이어트를 한 후, 언니의 몸매는 더욱 날씬해졌다.
姐姐的身材减肥后更加苗条了。언니의 몸매는 다이어트를 한 후 더욱 날씬해졌다.

단어
苗条 miáotiáo 형 날씬하다 | 身材 shēncái 명 몸매 | 姐姐 jiějie 명 언니, 누나 | 减肥 jiǎnféi 동 살을 빼다 | 更加 gèngjiā 부 더욱

해설

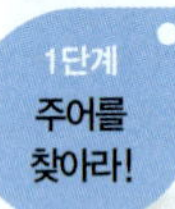

1단계
주어를
찾아라!

① 身材(몸매): 명사로, 주어가 될 수 있다.
② 姐姐的(언니의): 명사를 꾸며줄 수 있는 구조조사 的가 있으며, 문맥상 명사 身材(몸매)와 결합하는 것이 적합하다. → 姐姐的身材(언니의 몸매)
③ 减肥后(다이어트를 한 후): '동사 + 시간명사'의 형태로, 시간사가 있는 명사구는 주어의 앞 또는 뒤에 나올 수 있다. → 减肥后姐姐的身材(다이어트를 한 후 언니의 몸매는) / 姐姐的身材减肥后(언니의 몸매는 다이어트를 한 후)

Tip 문제를 풀 때 긴장하여 헷갈릴 수 있으니 시간 부사어는 문장 맨 앞에 위치시키는 훈련을 하도록 하자!

2단계
술어를
찾아라!

苗条了(날씬해졌다): '형용사 + 어기조사'로, 어기조사 了를 보고 술어임을 유추할 수 있다.

Tip 일반적으로 동사 뒤에 나오는 了는 '동작의 완료'를 나타내는 동태조사지만, 형용사 뒤에 나오는 了는 '변화, 지속'을 나타내는 어기조사다. 즉, 여기서 苗条了(날씬해졌다)는 변화를 나타낸다.

3단계
부사를
삽입하라!

更加(더욱, 한층): 정도부사로, 2음절 동사나 형용사 앞에 쓰인다.
→ 减肥后(다이어트를 한 후: 동사 + 시간사) + 姐姐的身材(언니의 몸매: 관형어 + 주어) + 更加(더욱: 부사어) + 苗条了(날씬해졌다: 형용사 술어)
→ 姐姐的身材(언니의 몸매: 관형어 + 주어) + 减肥后(다이어트를 한 후: 동사 + 시간사) + 更加(더욱: 부사어) + 苗条了(날씬해졌다: 형용사 술어)

➡ 따라서 답은 减肥后姐姐的身材更加苗条了(다이어트를 한 후, 언니의 몸매는 더욱 날씬해졌다) 또는 姐姐的身材减肥后更加苗条了(언니의 몸매는 다이어트를 한 후 더욱 날씬해졌다)의 순서가 된다.

---

03 受欢迎　在　韩国演员　很　东南亚

정답
韩国演员在东南亚很受欢迎。한국 연기자는 동남아에서 매우 인기있다.
在东南亚韩国演员很受欢迎。동남아에서 한국 연기자는 매우 인기있다.

단어
受欢迎 shòu huānyíng 동 환영을 받다, 인기가 있다 | 韩国 Hánguó 명 한국 | 演员 yǎnyuán 명 연기자 | 东南亚 Dōngnányà 명 동남아

해설

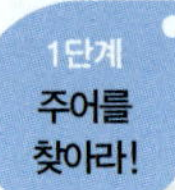

1단계
주어를
찾아라!

韩国演员(한국 연기자) / 东南亚(동남아): 모두 명사로, 주어가 될 수 있으며 술어를 보고 주어를 판단한다.

受欢迎(인기있다): 이합동사로, 술어가 될 수 있다. 이미 목적어를 가졌으므로 또 다른 목적어를 끌고 나오지 않는다.

① 在(~에서): 전치사로, 뒤에 장소를 나타내는 명사 东南亚(동남아)를 끌고 나와 전치사구를 만든다.
전치사구는 주어 뒤 술어 앞에 삽입하지만 장소를 강조할 때에는 주어 앞에 나올 수 있다.
② 很(매우): 일반적으로 부사는 전치사구 앞에 나오지만, 정도부사는 술어 앞에서 술어를 강조한다.
→ 韩国演员(한국 연기자: 주어) + 在东南亚(동남아에서: 전치사구) + 很(매우: 부사어) + 受欢迎(인기있다: 술어)
→ 在东南亚(동남아에서: 전치사구) + 韩国演员(한국 연기자: 주어) + 很(매우: 부사어) + 受欢迎(인기있다: 술어)

➡ 따라서 답은 韩国演员在东南亚很受欢迎(한국 연기자는 동남아에서 매우 인기 있다), 또는 在东南亚韩国演员很受欢迎(동남아에서 한국 연기자는 매우 인기 있다)의 순서가 된다.

04 热了　把馒头　一下　稍微　他

정답　他把馒头稍微热了一下。 그는 만두를 약간 좀 데웠다.

단어　热 rè 图 데우다 | 馒头 mántou 图 만두 | 稍微 shāowēi 图 약간

해설

他(그): 인칭대사로, 문장에서 주어가 될 수 있다.

热了(데웠다): 热는 '덥다, 뜨겁다'라는 의미의 형용사로 쓰이는 경우가 많지만, 여기서는 '음식을 뜨겁게 데우다'라는 의미의 동사로 쓰여 술어가 된다.

① 把馒头(만두를): '전치사 + 명사' 형식의 전치사구로, 주어 뒤 술어 앞에 위치한다.
② 稍微(약간): 정도부사로, 동사나 형용사 앞에서 수량이 많지 않거나 정도가 깊지 않음을 나타내며, 뒤에 一下, 一些, 一会儿, 一点儿 등의 수량사를 동반한다. 정도부사는 전치사구 앞에 나오지 않고, 술어 바로 앞에 위치한다.
　　図 稍微把馒头热了一下 (×)　　把馒头稍微热了一下 (○)
③ 一下(좀): 수량보어로, 동사 뒤에 쓰여 동작이 짧음을 의미한다. → 稍微热了一下(약간 좀 데웠다)
→ 他(그: 주어) + 把馒头(만두를: 전치사구) + 稍微(약간: 부사어) + 热了(데웠다: 술어) + 一下(좀: 수량보어)

➡ 따라서 답은 他把馒头稍微热了一下(그는 만두를 약간 좀 데웠다)의 순서가 된다.

05　　不错　戏　相当　这场　演得

정답　这场戏演得相当不错。 이번 연극은 상당히 괜찮게 연기했다.

단어　不错 búcuò 혭 괜찮다, 좋다 | 戏 xì 몡 연극 | 相当 xiāngdāng 뷔 상당히 | 场 chǎng 양 회, 번 | 演 yǎn 통 공연하다, 연기하다

해설

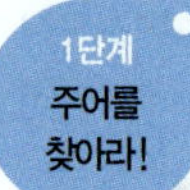

① 戏(연극): 명사로, 주어가 될 수 있다.
② 这场(이번): '지시대사 + 양사'의 형태로, 명사를 끌고 나올 수 있으며 문맥상 这场(이번)과 결합한다. → 这场戏(이번 연극)

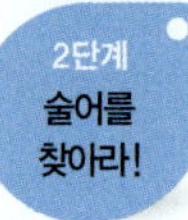

① 不错(괜찮다): 형용사로, 술어나 보어가 될 수 있다.
② 演得(연기한 정도): 구조조사 得가 있는 것으로 보아 동사 演(연기하다)이 문장 전체의 술어가 되고, 得 이하 부분에는 동사나 형용사가 보어로 쓰인다. → 演得不错(괜찮게 연기했다)

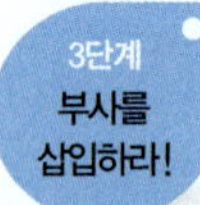

相当(상당히): 정도보어가 있는 문장에서 정도부사는 구조조사 得 뒤에 나와야 하므로, 不错(괜찮다)앞에 위치시킨다.

Tip　구조조사 得가 있는 정도보어문에서는 보어 앞에 정도부사를 써준다는 점을 잊지 말자.
형식: 동사 술어 得 + 정도부사 + 형용사 보어

→ 这场戏(이번 연극: 주어) + 演得(연기한 정도: 술어 + 구조조사) + 相当不错(상당히 괜찮았다: 부사 + 형용사 보어)

➡ 따라서 답은 这场戏演得相当不错(이번 연극은 상당히 괜찮게 연기했다)의 순서가 된다.

---

4 day　p.38

01　　那件衣服　精神　十分　她穿

정답　她穿那件衣服十分精神。 그녀가 그 옷을 입으니 매우 생기가 있다.

단어　件 jiàn 양 개, 벌 | 衣服 yīfu 몡 옷 | 精神 jīngshen 혭 활기차다, 생기가 있다 | 十分 shífēn 뷔 매우 | 穿 chuān 통 입다

해설

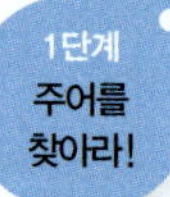

① 那件衣服(그 옷): '지시대사 + 양사 + 명사'의 형태로, 주어나 목적어가 될 수 있다.
② 她穿(그녀가 입다): '대사 + 동사'의 형태로, 동사 穿(입다)은 의미상 뒤에 명사 衣服(옷)를 목적어로 끌고 나와, 주술구 형태의 她穿那件衣服(그녀가 그 옷을 입다)로 결합되어 주어 역할을 한다.

Tip　주어는 반드시 명사나 대사 형태로만 나오는 것이 아니라, 동사구나 주술구 등의 형태로도 나올 수 있음을 기억하자.

2단계
술어를
찾아라!

精神(생기가 있다): '정신, 원기' 등의 명사적 의미도 있지만, 여기서는 '활기차다, 생기가 있다'는 의미의 형용사로 쓰여 술어가 될 수 있다.

3단계
부사를
삽입하라!

十分(매우): 정도부사로, 형용사 술어 앞에서 정도가 높음을 나타낸다.
→ 她穿那件衣服(그녀가 그 옷을 입다: 주술구 주어) + 十分(매우: 부사어) + 精神(생기가 있다: 형용사 술어)

➡ 따라서 답은 她穿那件衣服十分精神(그녀가 그 옷을 입으니 매우 생기가 있다)의 순서가 된다.

市场经济形势　　好　　中国　　特别　　的

| 정답 | 中国的市场经济形势特别好。중국의 시장경제 상황은 아주 좋다. |

| 단어 | 市场 shìchǎng 몡 시장 | 经济 jīngjì 몡 경제 | 形势 xíngshì 몡 상황 | 中国 Zhōngguó 몡 중국 | 特别 tèbié 뛰 특히, 아주 |

해설

1단계 주어를 찾아라!

① 市场经济形势(시장경제 상황): 명사구로, 자주 결합하여 고정화된 어휘는 구조조사 的를 생략하고 연결될 수 있다.

② 中国(중국): 명사

③ 的(~의): 구조조사 的는 명사 中国(중국)와 '명사 + 구조조사' 형태로 결합하여 뒤에 명사(구)를 이끌 수 있다. → 中国的市场经济形势(중국의 시장경제 상황)

> **Tip** 주어가 中国的市场经济形势(중국의 시장경제 상황)인지 아니면 市场经济形势的中国(시장경제 상황의 중국)인지 알려면 어떻게 해야 할까? 가장 좋은 방법은 술어를 확인한 후, 어떤 주어가 술어와 더 잘 어울리는지 생각해보면 된다. 문제에서는 中国好(중국이 좋다)보다는 形势好(상황이 좋다)가 더 적합하다.

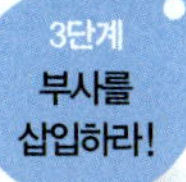
2단계 술어를 찾아라!

好(좋다): 형용사로, 술어가 된다.

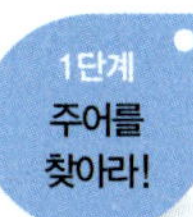
3단계 부사를 삽입하라!

特别(아주): 정도부사로, 술어 앞에 위치한다.
→ 中国的市场经济形势(중국의 시장경제 상황: 관형어 + 주어) + 特别(아주: 부사어) + 好(좋다: 형용사 술어)

➡ 따라서 답은 中国的市场经济形势特别好(중국의 시장경제 상황은 아주 좋다)의 순서가 된다.

经验　　宝贵　　这些　　对医生　　十分

| 정답 | 这些经验对医生十分宝贵。이러한 경험은 의사에게 매우 귀중하다. |

| 단어 | 经验 jīngyàn 몡 경험 | 宝贵 bǎoguì 혱 귀중하다, 가치가 있다 | 医生 yīshēng 몡 의사 | 十分 shífēn 뛰 매우 |

해설

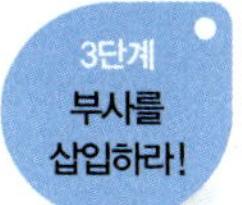
1단계 주어를 찾아라!

① 经验(경험): 명사

② 这些(이러한): '지시대사 + 양사'의 형태로, 명사를 끌고 나올 수 있다. 문맥상 명사 经验(경험)과 결합하여 주어나 목적어가 될 수 있다. → 这些经验(이러한 경험)

③ 对医生(의사에게): 전치사구로, 주어 뒤 술어 앞에 위치한다.

2단계 술어를 찾아라!

宝贵(귀중하다, 가치가 있다): 형용사로, 술어가 될 수 있다.

3단계 부사를 삽입하라!

十分(매우): 정도부사로, 형용사 술어 앞에 위치시킨다.

> **Tip** 일반부사는 전치사구 앞에, 정도부사는 전치사구 뒤에 쓰인다.
> 예 他总是对我不怎么热情。그는 늘 나에게 그다지 친절하지 않다.
>   일반부사+전치사구
> 他对中国文化很感兴趣。그는 중국 문화에 매우 흥미를 느낀다.
>   전치사구 + 정도부사

→ 这些经验(이러한 경험: 주어) + 对医生(의사에게: 전치사구) + 十分(매우: 부사어) + 宝贵(귀중하다: 형용사 술어)

➡ 따라서 답은 这些经验对医生十分宝贵(이러한 경험은 의사에게 매우 귀중하다)의 순서가 된다.

摆　把书　整整齐齐的　他　得

정답　他把书摆得整整齐齐的。그는 책을 매우 가지런하게 놓았다.

단어　摆 bǎi 동 놓다 | 书 shū 명 책 | 整齐 zhěngqí 형 깔끔하다, 가지런하다

해설

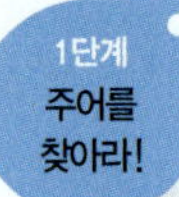

① 他(그): 인칭대사로, 주어가 될 수 있다.
② 把书(책을): '전치사 + 명사'의 형태로, 전치사구는 주어 뒤 술어 앞에 위치한다.

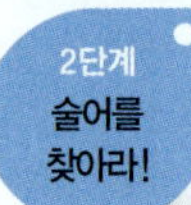

① 摆(놓다, 배열하다): 동사로, 문장에서 술어나 보어 역할을 할 수 있다.
② 整整齐齐的(매우 가지런하다): '형용사 중첩 + 的' 형태로, 술어나 보어가 될 수 있다. 형용사 중첩은 그 정도가 높음을 나타내며, 제시된 어휘 整整齐齐는 很整齐(매우 가지런하다)와 같은 의미다.

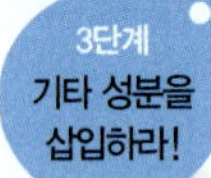

得(~한 정도): 구조조사로, 정도보어문에서 '동사 술어 + 得 + 형용사 보어'의 형태로 쓰인다. 정도가 높음을 나타내는 정도부사나, 형용사 중첩형은 得 뒤에 위치한다. → 摆得整整齐齐的(매우 가지런하게 놓았다)
→ 他(그: 주어) + 把书(책을: 전치사구) + 摆(놓다: 술어) + 得(~한 정도: 구조조사) + 整整齐齐的(매우 가지런하다: 형용사 보어)

➡ 따라서 답은 他把书摆得整整齐齐的(그는 책을 매우 가지런하게 놓았다)의 순서가 된다.

极其　答得　试卷　出色　这几个学生的

정답　这几个学生的试卷答得极其出色。이 몇 명 학생의 시험지는 아주 훌륭하게 답했다.

단어　极其 jíqí 부 아주 | 答 dá 동 답하다 | 试卷 shìjuàn 명 시험지 | 出色 chūsè 형 훌륭하다 | 学生 xuésheng 명 학생

해설

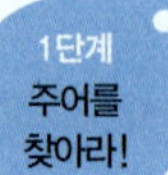

① 试卷(시험지): 명사로, 주어나 목적어가 될 수 있다.
② 这几个学生的(이 몇 명 학생의): 구조조사 的가 있으므로, 명사와 결합할 수 있다. → 这几个学生的试卷(이 몇 명 학생의 시험지)

① 答得(답한 정도): '동사 + 구조조사 得'의 형태로, 정도보어를 나타내는 구조조사 得 앞에 있는 答(대답하다)는 문장 전체의 술어가 된다.
② 出色(훌륭하다): 형용사로, 술어나 보어가 될 수 있으나 문장 전체의 술어는 答(답하다)이므로, 出色는 보어로 쓰인다. → 答得出色(훌륭하게 답했다)

极其(아주, 매우): 정도부사로, 정도보어문에서는 得 뒤에 위치한다. → 答得极其出色(아주 훌륭하게 답했다)
→ 这几个学生的试卷(이 몇 명 학생의 시험지: 관형어 + 주어) + 答得(답한 정도: 술어 + 구조조사) + 极其(아주: 부사) + 出色(훌륭하다: 형용사 보어)

➡ 따라서 답은 这几个学生的试卷答得极其出色(이 몇 명 학생의 시험지는 아주 훌륭하게 답했다)의 순서가 된다.

01

说服力　缺乏　他迟到的　理由

정답　他迟到的理由缺乏说服力。그가 지각한 이유는 설득력이 부족하다.

단어　说服力 shuōfúlì 몡 설득력 | 缺乏 quēfá 통 부족하다, 결핍되다 | 迟到 chídào 통 지각하다 | 理由 lǐyóu 몡 이유

해설

1단계
주어를 찾아라!

① 说服力(설득력) / 理由(이유): 모두 명사로, 문장에서 주어나 목적어가 될 수 있다.
② 他迟到的(그가 지각한): 구조조사 的가 있으므로, 명사와 결합할 수 있다. 의미상 他迟到的理由(그가 지각한 이유)로 결합하는 것이 적합하다.
술어를 보고 주어와 목적어를 판단해야 한다.

2단계
술어를 찾아라!

缺乏(결핍되다): 동사로, 술어가 될 수 있다.

3단계
주어·목적어를 판단하라!

해석상 어울리도록 주어와 목적어를 배치한다.
→ 他迟到的理由(그가 지각한 이유: 주술구 관형어 + 주어) + 缺乏(부족하다: 술어) + 说服力(설득력: 목적어)

➡ 따라서 답은 他迟到的理由缺乏说服力(그가 지각한 이유는 설득력이 부족하다)의 순서가 된다.

02

一直　班主任家的　占线　电话

정답　班主任家的电话一直占线。담임선생님 댁의 전화는 계속 통화 중이다.

단어　一直 yìzhí 뷔 계속해서 | 班主任 bānzhǔrèn 몡 담임교사 | 占线 zhànxiàn 통 통화 중이다 | 电话 diànhuà 몡 전화

해설

1단계
주어를 찾아라!

① 电话(전화): 명사로, 주어가 될 수 있다.
② 班主任家的(담임선생님 댁의): 명사와 결합하는 구조조사 的가 있으므로, 의미상 电话(전화)가 나올 수 있다. → 班主任家的电话 (담임선생님 댁의 전화)

2단계
술어를 찾아라!

占线(통화 중이다): 동사로, 술어가 될 수 있다.

3단계
부사를 삽입하라!

一直(계속해서): 부사로, 술어 앞에 위치시킨다.
→ 班主任家的电话(담임선생님 댁의 전화: 관형어 + 주어) + 一直(줄곧: 부사) + 占线(통화 중이다: 술어)

➡ 따라서 답은 班主任家的电话一直占线(담임선생님 댁의 전화는 계속 통화 중이다)의 순서가 된다.

03

03 七大奇迹　长城　是　世界　之一

정답　长城是世界七大奇迹之一。 만리장성은 세계 7대 불가사의 중의 하나다.

단어　奇迹 qíjì 圈 기적, 불가사의 | 长城 Chángchéng 圈 만리장성 | 世界 shìjiè 圈 세계 | 之一 zhīyī 圈 ~ 중의 하나

해설

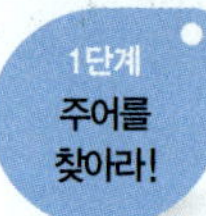

① 长城(만리장성): 명사로, 주어나 목적어가 될 수 있다.
② 世界(세계) / 七大奇迹(7대 불가사의): 두 명사는 '세계 7대 불가사의'라는 고정된 어휘로 구조조사 的 없이 연결된다. → 世界七大奇迹(세계 7대 불가사의)
③ 之一(~ 중의 하나): 명사로, 의미상 여러 가지 조건을 나타내는 어휘 뒤에 위치해야 한다. → 世界七大奇迹之一(세계 7대 불가사의 중의 하나)

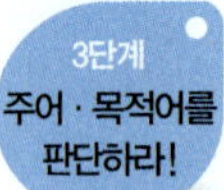

是(~이다): 판단동사로, 술어가 될 수 있다.

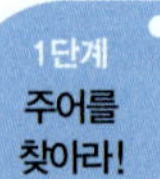

해석상 어울리도록 주어와 목적어를 배치한다. 술어 是(~이다)는 구체적인 명사를 주어 자리에, 전체 범위를 나타내는 명사를 목적어 자리에 위치시킨다.
→ 长城(만리장성: 주어) + 是(~이다: 술어) + 世界七大奇迹之一(세계 7대 불가사의 중의 하나: 목적어)

➡ 따라서 답은 长城是世界七大奇迹之一(만리장성은 세계 7대 불가사의 중의 하나다)의 순서가 된다.

04 象征　鸽子　和平　着　白色

정답　白色鸽子象征着和平。 흰색 비둘기는 평화를 상징한다.

단어　象征 xiàngzhēng 圈 상징하다 | 鸽子 gēzi 圈 비둘기 | 和平 hépíng 圈 평화 | 白色 báisè 圈 흰색

해설

① 和平(평화): 명사로, 주어나 목적어가 될 수 있다.
② 鸽子(비둘기) / 白色(흰색): 白色(흰색)는 색을 나타내는 명사로 구조조사 的 없이 다른 명사와 결합할 수 있다. → 白色鸽子(흰색 비둘기)

① 象征(상징하다): 동사로, 술어가 될 수 있다.
② 着: 동사의 진행을 나타내는 동태조사로, 동사 뒤에 위치한다. → 象征着(상징한다)

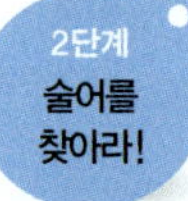

해석상 어울리도록 주어와 목적어를 배치한다. 흰색 비둘기가 평화를 상징하는 대상이 되어야 하므로 白色鸽子(흰색 비둘기)가 주어, 和平(평화)이 목적어가 된다.
→ 白色鸽子(흰색 비둘기: 주어) + 象征(상징하다: 술어) + 着(동태조사) + 和平(평화: 목적어)

➡ 따라서 답은 白色鸽子象征着和平(흰색 비둘기는 평화를 상징한다)의 순서가 된다.

05 语言的　是　关键　多听多说　学好

정답　多听多说是学好语言的关键。많이 듣고 많이 말하는 것이 언어를 잘 학습하는 키포인트다.

단어　语言 yǔyán 몡 언어 | 关键 guānjiàn 몡 관건, 키포인트 | 听 tīng 동 듣다 | 说 shuō 동 말하다 | 学 xué 동 배우다, 학습하다

해설

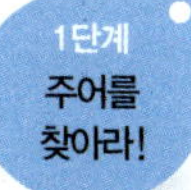
1단계
주어를
찾아라!

① 关键(키포인트): 명사로, 주어나 목적어가 될 수 있다.
② 语言的(언어의): 명사와 결합할 수 있는 구조조사 的가 있으므로, 의미상 명사 关键(키포인트)과 결합한다. → 语言的关键(언어의 키포인트)

2단계
술어를
찾아라!

① 是(~이다): 판단동사로, 술어가 될 수 있다.
  Tip 문제에 동사가 여러 개 제시되었다면, 판단동사 是(~이다), 존재동사 有(있다) / 在(있다) 가 술어가 될 가능성이 높다.
② 多听多说(많이 듣고 많이 말하다): 동사구로, 이미 문장 전체의 술어는 是(~이다)이기 때문에, 동사구의 다른 역할을 찾아야 한다. 동사는 문장 안에서 관형어가 될 수도 있고, 주어나 목적어가 될 수도 있다. 여기서는 문맥상 주어로 쓰일 수 있다.
③ 学好(잘 학습하다): '동사 + 결과보어'의 형태로, 学好(잘 학습하다)는 语言的(언어의)와 결합하여 关键(키포인트)을 꾸며주는 역할을 한다. → 学好语言的关键(잘 학습하는 키포인트)

3단계
주어·목적어를
판단하라!

해석상 어울리도록 주어와 목적어를 배치한다. 술어 是(~이다)는 판단동사로 어떤 사실을 나타내는 내용을 목적어 자리에 위치시킨다.
→ 多听多说(많이 듣고 많이 말하다: 동사구 주어) + 是(~이다: 술어) + 学好语言的关键(잘 학습하는 키포인트: 동사구 관형어 + 목적어)

➡ 따라서 답은 多听多说是学好语言的关键(많이 듣고 많이 말하는 것이 언어를 잘 학습하는 키포인트다)의 순서가 된다.

6 day　p.47

01 你的　输入　重新　密码　你

정답　你重新输入你的密码。당신의 비밀번호를 다시 입력해주세요.

단어　输入 shūrù 동 입력하다 | 重新 chóngxīn 문 다시 | 密码 mìmǎ 몡 비밀번호

해설

1단계
주어를
찾아라!

① 你(당신): 인칭대사 / 密码(비밀번호): 명사
인칭대사와 명사가 함께 있을 때, 인칭대사가 주어가 될 확률이 더 높다.
② 你的(당신의): 구조조사 的가 있으므로, 의미상 명사 密码(비밀번호)와 결합할 수 있다. → 你的密码(당신의 비밀번호)

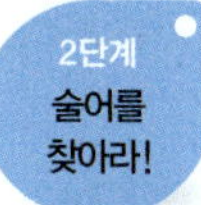
2단계
술어를
찾아라!

输入(입력하다): 동사로, 술어가 될 수 있다. 输(운반하다)라는 글자가 낯설다 해도, 入의 '들어가다, 넣다'라는 뜻을 알면 동사라는 것을 짐작할 수 있다.

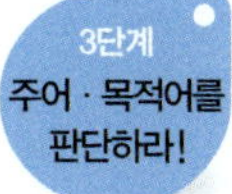
3단계
주어·목적어를
판단하라!

해석상 어울리도록 주어와 목적어를 배치한다. 输入(입력하다)할 수 있는 대상은 사람이므로 你(당신)가 주어가 된다. → 你输入你的密码(당신의 비밀번호를 입력하세요)

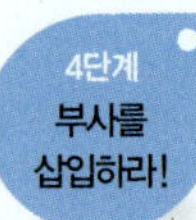

重新(다시): 부사로, 술어 앞에 위치시킨다.
→ 你(당신: 주어) + 重新(다시: 부사) + 输入(입력하다: 술어) + 你的密码(당신의 비밀번호: 관형어 + 목적어)

➡️ 따라서 답은 你重新输入你的密码(당신의 비밀번호를 다시 입력해주세요)의 순서가 된다.

02 行业　从事　他们　服务　想

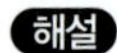

他们想从事服务行业。그들은 서비스 업종에 종사하고 싶어한다.

行业 hángyè 명 업종 | 从事 cóngshì 동 종사하다 | 服务 fúwù 동 서비스하다 | 想 xiǎng 조동 ～하고 싶다

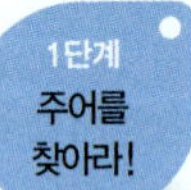

① 他们(그들): 인칭대사로, 주어가 될 가능성이 높다.
② 行业(업종): 명사로, 인칭대사가 있기 때문에, 行业(업종)는 목적어가 될 수 있다.

从事(종사하다) / 服务(서비스하다): 모두 동사로, 의미상 목적어 行业(업종)와 호응하는 것은 从事(종사하다)가 된다. 또 다른 동사 服务(서비스하다)는 명사 行业를 꾸며 服务行业(서비스 업종)라는 명사구가 될 수 있다. → 从事服务行业(서비스 업종에 종사하다)

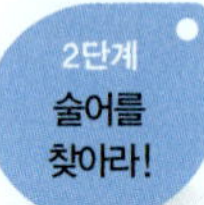

想(~하고 싶다): 조동사로, 술어 앞에 위치한다.
→ 他们(그들: 주어) + 想(~하고 싶다: 조동사) + 从事(종사하다: 술어) + 服务行业(서비스 업종: 목적어)

➡️ 따라서 답은 他们想从事服务行业(그들은 서비스 업종에 종사하고 싶어한다)의 순서가 된다.

03 我们的生活中　起着　在　作用　巨大的　电脑

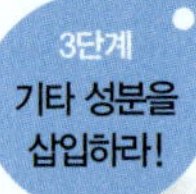

电脑在我们的生活中起着巨大的作用。컴퓨터는 우리의 생활 속에서 거대한 작용을 일으킨다.
在我们的生活中电脑起着巨大的作用。우리의 생활 속에서 컴퓨터는 거대한 작용을 일으킨다.

生活 shēnghuó 명 생활 | 起 qǐ 동 일으키다 | 作用 zuòyòng 명 작용 | 巨大 jùdà 형 거대하다 | 电脑 diànnǎo 명 컴퓨터

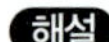

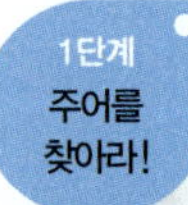

① 作用(작용) / 电脑(컴퓨터): 모두 명사로 주어나 목적어 역할을 할 수 있다.
② 巨大的(거대한): 구조조사 的가 있으므로, 명사와 결합할 수 있다. 의미상 명사 作用(작용)과 결합하는 것이 자연스럽다. → 巨大的作用(거대한 작용)
③ 我们的生活中(우리의 생활 속): 명사구

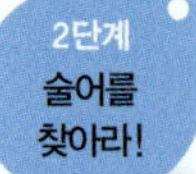

起着(일으킨다): 동태조사 着를 보고 술어임을 알 수 있다.

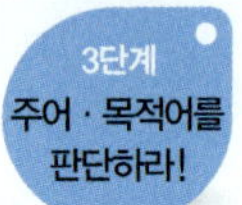

해석상 어울리도록 주어와 목적어를 배치한다. 술어 起着(일으킨다)와 어울리는 목적어는 作用(작용)으로, 电脑(컴퓨터)가 주어가 된다. → 电脑起着巨大的作用(컴퓨터는 거대한 작용을 일으킨다)

在(~에서): 전치사로, 방위명사 中이 있는 명사구와 在…中(~ 중에서)의 형태로 쓰여, 범위를 나타내는 전치사구가 된다. 전치사구는 주어 앞 또는 뒤에 위치할 수 있다. → 在我们的生活中 (우리의 생활 속에서)

Tip 전치사구는 부사어 성분 중의 하나로 일반적으로 주어 뒤 술어 앞에 위치하지만, 예외적으로 주어 앞에 올 수 있는 전치사구도 있다.

→ 电脑(컴퓨터: 주어) + 在我们的生活中(우리의 생활 속에서: 전치사구) + 起着(일으킨다: 술어) +巨大的作用(거대한 작용: 관형어 + 목적어)

→ 在我们的生活中(우리의 생활 속에서: 전치사구) + 电脑(컴퓨터: 주어) + 起着(일으킨다: 술어) + 巨大的作用(거대한 작용: 관형어 + 목적어)

➡ 따라서 답은 电脑在我们的生活中起着巨大的作用(컴퓨터는 우리의 생활 속에서 거대한 작용을 일으킨다), 또는 在我们的生活中电脑起着巨大的作用(우리의 생활 속에서 컴퓨터는 거대한 작용을 일으킨다)의 순서가 된다.

---

04 获得了　设计方案　领导的　那个　批准

정답 那个设计方案获得了领导的批准。 그 설계방안은 책임자의 승인을 획득했다.

단어 获得 huòdé 图 획득하다. 얻다 | 设计 shèjì 图 설계 | 方案 fāng'àn 图 방안 | 领导 lǐngdǎo 图 책임자. 상사 | 批准 pīzhǔn 图 승인. 허가

해설

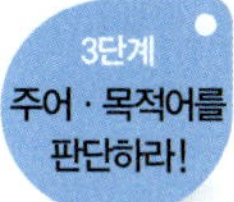

① 设计方案(설계방안) / 批准(승인, 허가): 명사(구)는, 주어나 목적어가 될 수 있다.
② 那个(그): '지시대사 + 양사'의 형태로, 뒤에 명사를 끌고 나올 수 있다.
③ 领导的(책임자의): 구조조사 的가 있으므로, 명사를 이끌 수 있다.
2개의 수식어와 피수식어가 있다. 여러 가지 경우의 수를 생각해서, 해석상 가장 자연스럽게 연결해야 한다. 批准(승인)은 보통 윗사람이 하는 것이므로, 领导的批准(책임자의 승인)으로 결합하는 것이 적합하며, 나머지는 那个设计方案(그 설계방안)으로 결합된다.

2단계
술어를
찾아라!

获得了(획득했다): 동태조사 了가 있으므로, 술어임을 알 수 있다.

3단계
주어 · 목적어를
판단하라!

해석에 어울리도록 주어와 목적어의 위치를 판단해야 한다. '책임자의 승인이 그 설계방안을 획득했다'가 아니라 '그 설계방안은 책임자의 승인을 획득했다'가 의미상 적합하다.
→ 那个设计方案(그 설계방안: 관형어 + 주어) + 获得了(획득했다: 술어) + 领导的批准(책임자의 승인: 관형어 + 목적어)

➡ 따라서 답은 那个设计方案获得了领导的批准(그 설계방안은 책임자의 승인을 획득했다)의 순서가 된다.

---

05 集体的　服从　应该　我们都　安排

정답 我们都应该服从集体的安排。 우리는 모두 단체의 배정에 따라야 한다.

단어 集体 jítǐ 图 단체 | 服从 fúcóng 图 따르다 | 应该 yīnggāi 图图 마땅히 ~해야 한다 | 都 dōu 图 모두 | 安排 ānpái 图 배정하다. 안배하다

해설

① 我们都(우리는 모두): '대사 + 부사'의 형태로, 부사는 주어 뒤에 위치하기 때문에, 我们(우리)이 주어가 된다.
② 集体的(단체의): 구조조사 的가 있으므로, 명사를 이끌 수 있다. 제시된 어휘 중 명사의 기능이 있는 어휘를 찾는다.

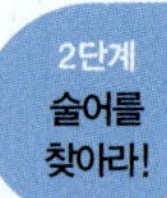

① 服从(따르다): 동사로, 술어가 될 수 있다.
② 安排(배정하다): 동사지만, 의미상 集体的(단체의)와 결합하여 목적어로 쓰인다.

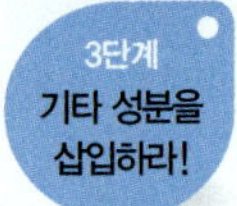

应该(마땅히 ~해야 한다): 조동사로, 주어 뒤 술어 앞에 위치하며, 부사어 자리에서는 부사 뒤 전치사 앞에 위치한다. 제시된 어휘 我们都(우리는 모두)에 부사 都가 있으므로 그 뒤에 위치시킨다.
→ 我们都(우리는 모두: 주어 + 부사) + 应该(마땅히 ~해야 한다: 조동사) + 服从(따르다: 술어) + 集体的安排(단체의 배정: 관형어 + 목적어)

➡ 따라서 답은 我们都应该服从集体的安排(우리는 모두 단체의 배정에 따라야 한다)의 순서가 된다.

Tip 이 문장은 목적어를 강조하기 위해서 集体的安排我们都应该服从(단체의 배정에 우리는 모두 따라야 한다)의 순서로 쓸 수도 있다. 하지만 예외적으로 변형된 문장보다는 기본 어순에 입각한 보편적인 문장을 만드는 습관을 기르는 것이 좋다.

7 day p.58

01 肯干   职员   表扬   领导   很

정답 领导表扬职员很肯干。 상사는 직원이 매우 적극적이라고 칭찬한다.

단어 肯干 kěngàn 혱 적극적이다 | 职员 zhíyuán 몡 직원 | 表扬 biǎoyáng 통 칭찬하다 | 领导 lǐngdǎo 몡 책임자, 상사

해설

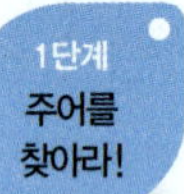

职员(직원) / 领导(상사): 모두 명사로, 주어나 목적어가 될 수 있다.
술어와의 호응관계를 보고 주어와 목적어를 판단한다.

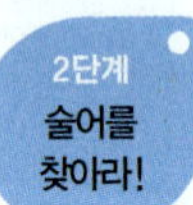

① 表扬(칭찬하다): '주어 + 술어' 구조의 주술구를 목적어로 취하는 특별동사로, 전체 문장의 술어가 될 수 있다.
② 肯干(적극적이다): 형용사로, 술어가 될 수 있지만 表扬(칭찬하다)이 주술구를 목적어로 취하는 술어이므로, 肯干(적극적이다)은 表扬의 목적어 역할을 한다.

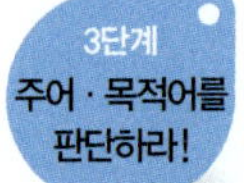

칭찬은 일반적으로 윗사람이 아랫사람에게 하는 것으로, 술어 表扬(칭찬하다)의 주어는 领导(상사)가 되고 职员(직원)이 목적어가 된다. → 领导表扬职员(상사가 직원을 칭찬한다)

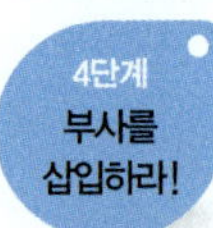

很(매우): 정도부사로, 형용사 앞에서 정도를 나타내기 때문에, 肯干(적극적이다) 앞에 위치시킨다.
→ 领导(상사: 주어) + 表扬(칭찬하다: 술어) + 职员很肯干(직원이 매우 적극적이다: 주술구 목적어)

➡ 따라서 답은 领导表扬职员很肯干(상사는 직원이 매우 적극적이라고 칭찬한다)의 순서가 된다.

无奈　表情　姑姑的　显得　有些

정답　姑姑的表情显得有些无奈。 고모의 표정은 조금 방법이 없는 것처럼 보인다.

단어　无奈 wúnài 图 방법이 없다 | 表情 biǎoqíng 圀 표정 | 姑姑 gūgu 圀 고모 | 显得 xiǎnde 图 ~인 것처럼 보이다 | 有些 yǒuxiē 凪 조금

해설

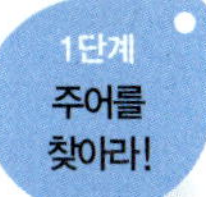

① 表情(표정): 명사로, 주어가 될 수 있다.
② 姑姑的(고모의): 구조조사 的는 명사와 결합할 수 있으므로, 表情(표정)을 이끌 수 있다.
　→ 姑姑的表情(고모의 표정)

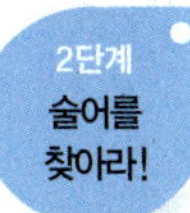

① 显得(~인 것처럼 보이다): 특별동사로, 동사(구)나 형용사(구), 주술(구)를 목적어로 취한다. 따라서 문장 전체의 술어가 될 수 있다.
　예 显得很紧张 매우 긴장되어 보인다 / 显得有经验了 경험이 있어 보인다 /
　　显得他很温柔 그는 매우 부드럽고 따뜻해 보인다
② 无奈(방법이 없다): 동사지만, 동사(구)를 목적어로 취하는 显得(~인 것처럼 보이다)가 있으므로 목적어 역할을 한다.

有些(조금): 부사로, 동사나 형용사 앞에 위치해야 한다. 정도가 약함을 나타내며 의미상 동사구 목적어로 쓰이는 无奈(방법이 없다) 앞에 위치시켜야 자연스럽다.
　→ 姑姑的表情(고모의 표정: 관형어 + 주어) + 显得(~인 것처럼 보이다: 술어) + 有些无奈
　　(조금 방법이 없다: 동사구 목적어)

➡ 따라서 답은 姑姑的表情显得有些无奈(고모의 표정은 조금 방법이 없는 것처럼 보인다)의 순서가 된다.

决定　训练时间　延长　他们　适当地

정답　他们决定适当地延长训练时间。 그들은 훈련 시간을 적절하게 연장하기로 결정했다.

단어　决定 juédìng 图 결정하다 | 训练 xùnliàn 图 훈련하다 | 时间 shíjiān 圀 시간 | 延长 yáncháng 图 연장하다 | 适当 shìdàng 阋 적절하다

해설

① 他们(그들): 인칭대사로, 주어가 될 수 있다.
② 训练时间(훈련 시간): 명사로, 주어나 목적어가 될 수 있다.
술어를 보고 주어와 목적어를 판단할 수 있다.

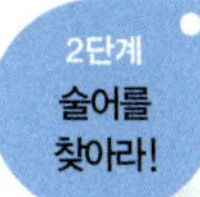

① 决定(결정하다): 특별동사로, 동사구를 목적어로 이끌 수 있다. 따라서 문장 전체의 술어가 된다.
② 延长(연장하다): 동사로, 의미상 '훈련 시간을 연장한다'라고 해야 적합하므로, 训练时间(훈련 시간)과 결합하여 决定(결정하다)의 목적어 자리에 위치한다. → 他们决定延长训练时间(그들은 훈련 시간을 연장하기로 결정했다)

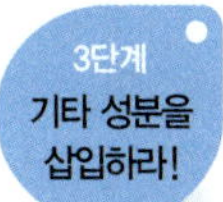

适当地(적절하게): 구조조사 地가 있으므로, 술어 앞에 위치하는 부사어임을 알 수 있다.
전체적인 문맥상 '적절하게 결정하다'보다 '적절하게 연장하다'가 적합하므로, 延长(연장하다) 앞에 위치시킨다.
　→ 他们(그들: 주어) + 决定(결정하다: 술어) + 适当地延长训练时间(훈련 시간을 적절하게 연장하다: 동사구 목적어)

➡ 따라서 답은 他们决定适当地延长训练时间(그들은 훈련 시간을 적절하게 연장하기로 결정했다)의 순서가 된다.

希望　　身材　　女孩子都　　保持　　苗条的

정답　女孩子都希望保持苗条的身材。여자아이들은 모두 날씬한 몸매를 유지하길 바란다.

단어　希望 xīwàng 图 바라다, 희망하다 | 身材 shēncái 圕 몸매 | 孩子 háizi 圕 아이 | 都 dōu 🖫 모두 | 保持 bǎochí 图 유지하다 | 苗条 miáotiao 圕 날씬하다

해설

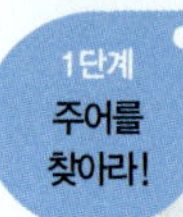

① 女孩子都(여자아이들은 모두): '명사 + 부사'의 형태로, 부사는 주어 뒤 술어 앞에 위치하기 때문에 女孩子(여자아이)가 주어가 된다.

② 身材(몸매): 명사로, 주어나 목적어가 될 수 있다.

③ 苗条的(날씬한): 구조조사 的는 명사와 결합할 수 있으므로, 의미상 명사 身材(몸매)와 결합한다. → 苗条的身材(날씬한 몸매)

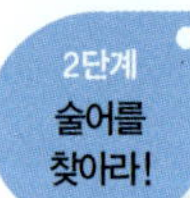

① 希望(바라다): 특별동사로, 동사구나 주술구를 목적어로 이끌 수 있다. 따라서 문장 전체의 술어가 된다.

② 保持(유지하다): 동사로, 의미상 苗条的身材(날씬한 몸매)와 결합하여 동사구를 목적어로 취하는 특별동사의 목적어 역할을 한다. → 保持苗条的身材(날씬한 몸매를 유지하다)

→ 女孩子都(여자아이들은 모두: 주어 + 부사어) + 希望(바라다: 술어) + 保持苗条的身材(날씬한 몸매를 유지하다: 동사구 목적어)

➡ 따라서 답은 女孩子都希望保持苗条的身材(여자아이들은 모두 날씬한 몸매를 유지하길 바란다)의 순서가 된다.

刚才　　觉　　一会儿　　睡了　　婴儿

정답　婴儿刚才睡了一会儿觉。아기는 방금 잠깐 잠을 잤다.
　　　　刚才婴儿睡了一会儿觉。방금 아기는 잠깐 잠을 잤다.

단어　刚才 gāngcái 圕 방금 | 觉 jiào 圕 잠 | 一会儿 yíhuìr 圕 잠시 | 睡 shuì 图 자다 | 婴儿 yīng'ér 圕 갓난아기

해설

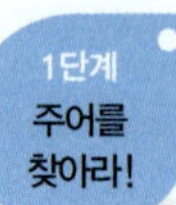

① 婴儿(아기): 명사로, 문장에서 주어가 될 수 있다.

　Tip　2음절 단어 가운데 끝음절이 접미어 子, 儿로 끝나면 명사일 가능성이 크다.

② 刚才(방금): 시간명사로, 주어 앞과 뒤 모두 위치할 수 있다.

　Tip　刚才(방금)와 의미가 같은 刚과 刚刚은 부사로 주어 뒤 술어 앞에만 위치할 수 있으니 혼동해서는 안 된다.

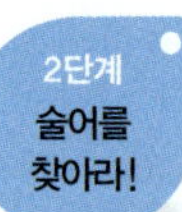

① 睡了(잤다): 동태조사 了를 보고 술어임을 알 수 있다.

② 觉(잠): 명사로, 술어 睡了(잤다)와 결합하여 이합동사로 쓰인다. → 睡了觉(잠을 잤다)

　Tip　이합동사는 '동사 + 목적어'의 형태로 보어는 이합동사 사이에 삽입해야 한다.

③ 一会儿(잠시): 시량보어로, 睡了와 觉 사이에 삽입한다. → 睡了一会儿觉 (잠깐 잠을 잤다)

→ 婴儿(아기: 주어) + 刚才(방금: 시간명사) + 睡了(잤다: 술어) + 一会儿(잠시: 보어) + 觉(잠: 목적어)

→ 刚才(방금: 시간명사) + 婴儿(아기: 주어) + 睡了(잤다: 술어) + 一会儿(잠시: 보어) + 觉(잠: 목적어)

➡ 따라서 답은 婴儿刚才睡了一会儿觉(아기는 방금 잠깐 잠을 잤다), 또는 刚才婴儿睡了一会儿觉(방금 아기는 잠깐 잠을 잤다)의 순서가 된다.

01 稍微　显得　一些　室内场景　简单

정답　室内场景显得稍微简单一些。 실내 정경이 약간 좀 단순한 것처럼 보인다.

단어　稍微 shāowēi 뷔 약간, 조금 | 显得 xiǎnde 동 ~인 것처럼 보이다 | 一些 yìxiē 양 약간, 조금 | 室内 shìnèi 뎽 실내 | 场景 chǎngjǐng 뎽 정경 | 简单 jiǎndān 뎽 단순하다

해설

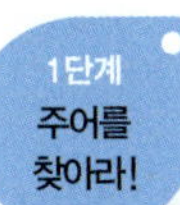

室内场景(실내 정경): 명사로, 주어나 목적어가 될 수 있다.

① 显得(~인 것처럼 보이다): 특별동사로, 동사(구)나 형용사(구)를 목적어로 이끌 수 있다. 따라서 문장 전체의 술어가 된다.
② 简单(단순하다): 형용사로, 술어가 될 수 있지만 형용사(구)를 목적어로 취하는 显得(~인 것처럼 보이다)가 있으므로 목적어 역할을 한다.

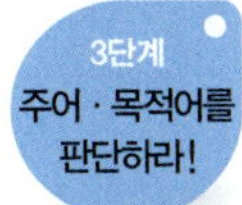

① 稍微(약간): 정도부사로, 형용사 앞에서 정도를 나타내며, 형용사 뒤에 一些, 一会儿, 一点儿과 같은 수량보어 또는 동사중첩 등을 끌고 나온다.
② 一些(조금): 양사로, 정도부사 稍微(약간)가 수식하는 술어 뒤에서 수량보어 역할을 한다.
→ 稍微简单一些(약간 좀 단순하다)
→ 室内场景(실내 정경: 주어) + 显得(~인 것처럼 보이다: 술어) + 稍微简单一些(약간 좀 단순하다: 형용사구 목적어)

➡ 따라서 답은 室内场景显得稍微简单一些(실내 정경이 약간 좀 단순한 것처럼 보인다)의 순서가 된다.

02 错误　要善于　学生的　教师　发现

정답　教师要善于发现学生的错误。 교사는 학생의 잘못을 발견하는 것에 능숙해야 한다.

단어　错误 cuòwù 뎽 잘못, 실수 | 要 yào 조동 ~해야 한다 | 善于 shànyú 동 ~에 능숙하다 | 学生 xuésheng 뎽 학생 | 教师 jiàoshī 뎽 교사 | 发现 fāxiàn 동 발견하다

해설

1단계
주어를
찾아라!

① 教师(교사) / 错误(잘못): 모두 명사로, 문장에서 주어나 목적어가 될 수 있다.
② 学生的(학생의): 구조조사 的는 명사를 이끌 수 있으므로, 의미상 명사 错误(잘못)와 결합하는 것이 가장 적합하다. →学生的错误(학생의 잘못)
술어를 보고 주어와 목적어를 판단한다.

2단계
술어를
찾아라!

① 要善于(~에 능숙해야 한다): '조동사 + 동사'의 형태로, 善于(~에 능숙하다)는 명사를 목적어로 취하지 않고 동사구를 끌고 나와야 하는 특별동사다. 따라서 문장 전체의 술어가 된다.
② 发现(발견하다): 동사지만, 동사구를 목적어로 취하는 善于(~에 능숙하다)가 있으므로 목적어 역할을 한다.

3단계
주어·목적어를
판단하라!

해석상 '교사가 학생의 잘못을 발견하는 것에 능숙해야 한다'가 적합하므로, 주어는 教师(교사)가 되고 목적어는 学生的错误(학생의 잘못)이다.
→ 教师(교사: 주어) + 要善于(~에 능숙해야 한다: 조동사 + 술어) + 发现学生的错误(학생의 잘못을 발견하다: 동사구 목적어)

➡ 따라서 답은 教师要善于发现学生的错误(교사는 학생의 잘못을 발견하는 것에 능숙해야 한다)의 순서가 된다.

可非常　　觉得　　我　　无聊　　语法

정답 　我觉得语法可非常无聊。나는 어법이 매우 지루하다고 생각한다.

단어 　非常 fēicháng 뙨 매우 | 觉得 juéde 통 ~라고 생각하다 | 无聊 wúliáo 톙 지루하다 | 语法 yǔfǎ 뗑 어법

해설

1단계 주어를 찾아라!
① 我(나): 인칭대사로, 문장에서 주어가 될 수 있다.
② 语法(어법): 명사로, 주어나 목적어가 될 수 있다.
술어를 보고 주어와 목적어를 판단한다.

2단계 술어를 찾아라!
① 觉得(~라고 생각하다): 특별동사로, 동사구나 주술구를 목적어로 이끌 수 있다. 따라서 문장 전체의 술어가 된다.
② 无聊(지루하다): 형용사로 술어가 될 수 있으나, 주술구를 목적어로 취하는 觉得(~라고 생각하다)가 있으므로, 목적어 역할을 한다.

3단계 주어·목적어를 판단하라!
해석상 '내가 어법을 지루하다고 여기는 것'이 적합하므로 문장 전체의 주어는 我(나)가 되고, 语法(어법)는 주술구 목적어에서 주어 역할을 한다. → 我觉得语法无聊(나는 어법이 지루하다고 생각한다)

4단계 부사를 삽입하라!
可非常(매우): 정도부사로, 형용사 无聊(지루하다) 앞에 위치시킨다.
Tip 여기서 可는 강조를 나타내는 부사로 쓰였다.
→ 我(나: 주어) + 觉得(~라고 생각하다: 술어) + 语法可非常无聊(어법이 매우 지루하다: 주술구 목적어)

➡ 따라서 답은 我觉得语法可非常无聊(나는 어법이 매우 지루하다고 생각한다)의 순서가 된다.

尽快　　这些问题　　需要　　我们　　解决

정답 　我们需要尽快解决这些问题。우리는 가능한 한 빨리 이런 문제들을 해결해야 한다.

단어 　尽快 jǐnkuài 뙨 가능한 한 빨리 | 问题 wèntí 뗑 문제 | 需要 xūyào 통 필요하다 | 解决 jiějué 통 해결하다

해설

1단계 주어를 찾아라!
① 我们(우리): 인칭대사로, 주어가 될 수 있다.
② 这些问题(이런 문제들): '지시대사 + 명사'의 형태로, 주어나 목적어가 될 수 있다.
술어를 보고 주어와 목적어를 판단한다.

2단계 술어를 찾아라!
① 需要(필요하다): 특별동사로, 동사구를 목적어로 이끌 수 있다. 따라서 문장 전체의 술어가 된다.
② 解决(해결하다): 동사지만, 동사구를 목적어로 취하는 需要(필요하다)가 있기 때문에, 의미상 这些问题(이런 문제들)와 결합하여, 목적어 역할을 한다. → 解决这些问题(이런 문제들을 해결하다)

3단계 부사를 삽입하라!
尽快(가능한 한 빨리): 부사로, 주어 뒤 술어 앞에 삽입한다. 해석상 '가능한 한 빨리 필요하다' 보다, '가능한 한 빨리 해결해야 한다'가 더 적합하기 때문에 동사구 목적어 앞에 위치시킨다.
→ 我们(우리: 주어) + 需要(필요하다: 술어) + 尽快解决这些问题(가능한 한 빨리 이런 문제들을 해결하다: 동사구 목적어)

➡ 따라서 답은 我们需要尽快解决这些问题(우리는 가능한 한 빨리 이런 문제들을 해결해야 한다)의 순서가 된다.

Tip 이 문장은 목적어를 강조하기 위해서 这些问题我们需要尽快解决(이런 문제들을 우리는 가능한 한 빨리 해결해야 한다)의 순서로 쓸 수도 있다. 하지만 예외적으로 변형된 문장보다는 기본 어순에 입각한 보편적인 문장을 만드는 습관을 기르는 것이 좋다.

정답　这些历史问题早该处理一下了。이런 역사문제는 일찍이 처리했어야 한다.

단어　处理 chǔlǐ 〔동〕 처리하다 | 历史 lìshǐ 〔명〕 역사 | 早 zǎo 〔부〕 일찍이 | 该 gāi 〔조동〕 마땅히 ~해야 한다 | 问题 wèntí 〔명〕 문제

해설

① 这些历史(이런 역사): 지시대사 + 명사
② 问题(문제): 명사
두 어휘는 历史问题(역사 문제) 형태의 고정된 표현으로 자주 쓰이기 때문에, 구조조사 的 없이도 결합할 수 있다. → 这些历史问题(이런 역사문제)

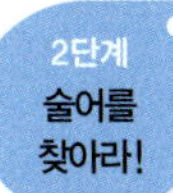

处理(처리하다): 동사로, 술어가 될 수 있다.

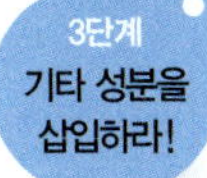

① 早该(일찍이 ~해야 한다): '부사 + 조동사'의 형태로, 주어 뒤 술어 앞에 위치시킨다.
② 一下了(좀 ~하다): 一下는 동량보어로 동사 뒤에 쓰여 동작의 횟수를 나타낸다. 여기서 了는 완료를 나타내는 것이 아니라 该와 함께 该…了(마땅히 ~했어야 했다)의 고정격식을 나타낸다. → 早该处理一下了(일찍이 처리했어야 한다)
→ 这些历史问题(이런 역사문제: 주어) + 早该(일찍이 ~해야 한다: 부사어) + 处理一下了(처리했다: 술어 + 보어)

➡ 따라서 답은 这些历史问题早该处理一下了(이런 역사문제는 일찍이 처리했어야 한다)의 순서가 된다.

9 day　p.66

정답　父母总是把成年的儿女当成小孩子。부모는 항상 성인이 된 자녀를 어린아이로 여긴다.

단어　总是 zǒngshì 〔부〕 항상, 늘 | 孩子 háizi 〔명〕 아이 | 成年 chéngnián 〔동〕 성인이 되다 | 儿女 érnǚ 〔명〕 자녀 | 父母 fùmǔ 〔명〕 부모 | 当成 dàngchéng 〔동〕 ~로 여기다

해설

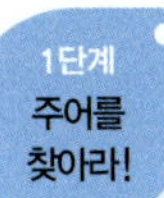

① 父母(부모): 명사
② 小孩子(어린아이): 명사
③ 成年的儿女(성인이 된 자녀): 관형어 + 명사
명사(구)는 문장 안에서 주어나 목적어, 전치사구로 쓰일 수 있다. 술어를 찾은 후 문맥에 맞게 주어와 목적어를 판단한다.

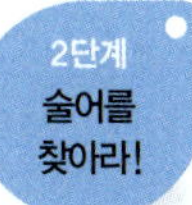

当成(~로 여기다): '동사(当) + 결과보어(成)'의 형태로, 술어가 될 수 있다.
문맥상 '자녀가 부모를 ~로 여기다'라고 할 수는 없으므로, 주어는 父母(부모)가 된다.

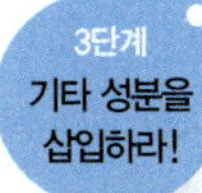

① 把(~을, 를): 전치사로, 뒤에는 처치 대상이 나온다. 주어를 제외한 나머지 두 개의 명사 成年的儿女(성인이 된 자녀)와 小孩子(어린아이) 중에서, 해석상 '어린아이를 성인이 된 자녀로 여긴다'보다 '성인이 된 자녀를 어린아이로 여긴다'가 자연스럽다. 따라서 把와 成年的儿女(성인이 된 자녀)를 결합시켜 전치사구를 만들어 술어 当成(~로 여기다) 앞에 위치시킨다. → 父母把成年的儿女当成小孩子(부모는 성인이 된 자녀를 어린아이로 여긴다)

② 总是(늘): 부사로, 주어 뒤 전치사구 앞에 삽입한다.
→ 父母(부모: 주어) + 总是(항상: 부사) + 把成年的儿女(성인이 된 자녀를: 전치사구) + 当成
(~로 여기다: 술어) + 小孩子(어린아이: 목적어)

➡ 따라서 답은 父母总是把成年的儿女当成小孩子(부모는 항상 성인이 된 자녀를 어린아이로 여긴다)의 순
서가 된다.

02 根本　看做是　他的朋友　把你　他　没

정답 他根本没把你看做是他的朋友。 그는 전혀 너를 그의 친구로 여기지 않았다.

단어 根本 gēnběn 🔒 전혀, 아예 | 看做 kànzuò 🔒 ~라고 여기다 | 朋友 péngyou 🔒 친구

해설

1단계
주어를
찾아라!

① 他的朋友(그의 친구): 관형어 + 명사
② 他(그): 대사
명사구나 대사는 문장에서 주어나 목적어가 될 수 있다.

2단계
술어를
찾아라!

看做是(~로 여기다): '동사(看) + 결과보어(做) + 판단동사(是)'의 형태로, 술어가 될 수 있다.

3단계
기타 성분을
삽입하라!

① 把你(너를): '전치사 + 명사'의 전치사구 형태로, 주어 뒤 술어 앞에 삽입한다.
② 根本(전혀): 부사
③ 没(~ 않다): 부정부사
부사는 '일반부사 + 부정부사'의 형태로 주어 뒤 술어 앞에 위치하며, 전치사(구)가 있을 때는
전치사(구) 앞에 위치시킨다.

Tip 把자문과 被자문에서 부사와 조동사는 把, 被 앞에 위치해야 한다.

→ 他(그: 주어) + 根本没(전혀 ~ 않다: 부사 + 부정부사) + 把你(너를: 전치사구) + 看做是
(~로 여기다: 술어) + 他的朋友(그의 친구: 관형어 + 목적어)

➡ 따라서 답은 他根本没把你看做是他的朋友(그는 전혀 너를 그의 친구로 여기지 않았다)의 순서가 된다.

03 把　她　信息　删除了　全部　手机里的

정답 她把手机里的信息全部删除了。 그녀는 휴대전화 안의 정보를 전부 삭제했다.

단어 信息 xìnxī 🔒 정보 | 删除 shānchú 🔒 삭제하다 | 全部 quánbù 🔒 전부, 모두 | 手机 shǒujī 🔒 휴대전화

해설

1단계
주어를
찾아라!

① 她(그녀): 인칭대사로, 주어가 될 수 있다.
② 信息(정보): 명사
③ 手机里的(휴대전화 안의): 구조조사 的는 명사를 이끌 수 있으므로, 의미상 명사 信息(정
보)와 결합하여, 문장에서 주어나 목적어가 될 수 있다 → 手机里的信息(휴대전화 안의
정보)

2단계
술어를
찾아라!

删除了(삭제했다): 동태조사 了를 보고 술어임을 알 수 있다.

Tip 단어의 뜻을 모른다고 당황하지 말고 최대한 유추하도록 노력해야 한다.

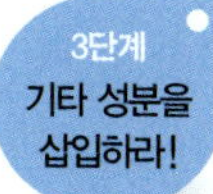

① 把(~을, 를): 처치문을 만드는 전치사로, 把 뒤에는 처치 대상이 나온다. 술어가 删除了(삭제했다)이므로 '她(그녀)를 삭제했다'는 적합하지 않다. 따라서 手机里的信息(휴대전화 안의 정보)와 결합시킨다. → 她把手机里的信息(그녀는 휴대전화 안의 정보를)

② 全部(전부): 복수를 나타내는 부사다. 把자문 뒤에 쓰인 手机里的信息(휴대전화 안의 정보)는 1개가 아닌 복수를 나타내므로 그 뒤에 삽입한다.

> **Tip** 부사는 일반적으로 전치사구 앞에 위치하지만 범위를 나타내는 부사 全部, 都 등은 위치가 비교적 자유롭다.

→ 她(그녀: 주어) + 把手机里的信息(휴대전화 안의 정보를: 전치사구) + 全部(전부: 부사) + 删除了(삭제했다: 술어)

➡ 따라서 답은 她把手机里的信息全部删除了(그녀는 휴대전화 안의 정보를 전부 삭제했다)의 순서가 된다.

---

04 建议　工人们的　采纳了　已经　公司　被

정답　工人们的建议已经被公司采纳了。 노동자들의 건의는 이미 회사에 채택되었다.

단어　建议 jiànyì 명 건의 | 工人 gōngrén 명 노동자 | 采纳 cǎinà 동 채택하다 | 已经 yǐjing 부 이미 | 公司 gōngsī 명 회사

해설

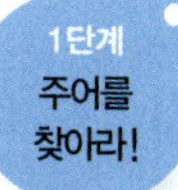

① 公司(회사) / 建议(건의): 모두 명사로, 주어나 목적어가 될 수 있다.
② 工人们的(노동자들의): 구조조사 的는 명사와 결합할 수 있으므로, 의미상 명사 建议(건의)와 결합한다. → 工人们的建议(노동자들의 건의)
술어를 보고 주어와 목적어를 판단할 수 있다.

采纳了(채택하였다): 동태조사 了를 보고 술어임을 알 수 있다.

被(~에 의해): 피동문을 만드는 전치사로, 행위 주체자(명사)를 끌고 나와 전치사구를 이룬다. 피동문에서 행위 대상은 주어 자리에 위치시킨다. 전체적인 문맥을 파악해보면, '노동자들의 건의가 회사를 채택하는 것'이 아니라 '회사가 노동자들의 건의를 채택하는 것'이므로, 被는 행위자인 公司(회사)를 끌고 나오고, 工人们的建议(노동자들의 건의)는 주어가 된다. → 工人们的建议被公司(노동자들의 건의는 회사에 의해)

① 被가 이끄는 전치사구를 주어 뒤 술어 앞에 위치시킨다.

기본문장: 公司 采纳了 工人们的建议 。　회사는 노동자들의 건의를 채택했다.

被 자문: 工人们的建议 被 公司 采纳了。　노동자들의 건의는 회사에 채택되었다.

② 已经(이미): 부사로, 주어 뒤 전치사구 앞에 위치한다.
→ 工人们的建议(노동자들의 건의: 관형어 + 주어) + 已经 (이미: 부사) + 被公司(회사에 의해: 전치사구) + 采纳了(채택하였다: 술어)

➡ 따라서 답은 工人们的建议已经被公司采纳了(노동자들의 건의는 이미 회사에 채택되었다)의 순서가 된다.

---

05 预订　3号桌　已经　了　被　别人

정답　3号桌已经被别人预订了。 3번 테이블은 이미 다른 사람에 의해 예약되었다.

단어　预订 yùdìng 동 예약하다 | 号 hào 명 번 | 桌 zhuō 명 탁자, 테이블 | 已经 yǐjing 부 이미 | 别人 biéren 대 다른 사람

1단계 주어를 찾아라!

① 3号桌(3번 테이블): 수사 + 양사 + 명사
② 别人(다른 사람): 명사
모두 주어나 목적어가 될 수 있으므로, 술어를 보고 판단한다.

2단계 술어를 찾아라!

① 预订(예약하다): 동사로, 술어가 될 수 있다.
② 了(완료): 동태조사로, 동사 뒤에 위치한다.

3단계 행위자와 행위 대상을 판단하라!

被(~에 의해): 피동문을 만드는 전치사로, 被 이하 부분에 행위 주체자(대사)를 끌고 나와 전치사구를 이룬다. 피동문에서 행위 대상은 주어 자리에 위치한다. 전체적인 의미를 파악해보면, '3번 테이블이 다른 사람을 예약한 것'이 아니라 '다른 사람에 의해 3번 테이블이 예약된 것'으로 행위자는 别人(다른 사람)이 되고, 3号桌(3번 테이블)는 주어가 된다. → 3号桌被别人(3번 테이블은 다른 사람에 의해)

4단계 기타 성분을 삽입하라!

① 被가 이끄는 전치사구를 주어 뒤 술어 앞에 위치시킨다.

기본문장: 别人 预订了 3号桌。   다른 사람이 3번 테이블을 예약했다.

被 자 문: 3号桌 被 别人 预订了。   3번 테이블은 다른 사람에 의해 예약되었다.

② 已经(이미): 부사로, 주어 뒤 술어 앞에 위치하지만, 전치사가 있을 때는 전치사 앞에 위치시킨다.
→ 3号桌(3번 테이블: 주어) + 已经(이미: 부사) + 被别人(다른 사람에 의해: 전치사구) + 预订了(예약했다: 술어)

➡ 따라서 답은 3号桌已经被别人预订了(3번 테이블은 이미 다른 사람에 의해 예약되었다)의 순서가 된다.

10 day p.66

01 别　酒吧　宠物　把　带进

정답 别把宠物带进酒吧。 애완동물을 데리고 술집에 들어가지 마라.

단어 别 bié 🕮 ~하지 마라 | 酒吧 jiǔbā 🕮 술집 | 宠物 chǒngwù 🕮 애완동물 | 带 dài 🕮 지니다 | 进 jìn 🕮 들어가다

해설

1단계 주어를 찾아라!

宠物(애완동물) / 酒吧(술집): 모두 명사로, 주어나 목적어가 될 수 있다.

2단계 술어를 찾아라!

带进(데리고 들어가다): '동사(带) + 방향보어(进)'의 형태로, 술어가 될 수 있다.
进은 '~로 들어가다'라는 의미로, 뒤에 장소가 나와야 한다. 따라서 제시된 어휘 중 酒吧(술집)는 목적어가 된다. → 带进酒吧(술집으로 데리고 들어가다)

3단계 기타 성분을 삽입하라!

① 把(~을, 를): 전치사로, 처치문을 만드는 把 뒤에는 처치 대상이 나온다. 제시된 어휘 중 처치 대상이 될 수 있는 宠物(애완동물)를 把(~을, 를)와 결합시킨다.
② 别(~하지 마라): 부사로, 주어 뒤 술어 앞에 삽입하지만, 전치사가 있을 때는 전치사 앞에 위치시킨다.

> **Tip** 이 문제는 주어가 생략된 형태의 문장으로, 모든 문장에 주어가 있다는 고정관념을 버리자.

→ 别(~하지 마라: 부사) + 把宠物(애완동물을: 전치사구) + 带进(데리고 들어가다: 술어) + 酒吧(술집: 목적어)

➡ 따라서 답은 别把宠物带进酒吧(애완동물을 데리고 술집에 들어가지 마라)의 순서가 된다.

他　　故意　　谜底　　把谜语的　　不　　告诉我

정답　他故意不把谜语的谜底告诉我。그는 일부러 수수께끼의 답을 나에게 알려주지 않았다.

단어　故意 gùyì 閉 일부러 | 谜底 mídǐ 閉 수수께끼의 답 | 谜语 míyǔ 閉 수수께끼 | 告诉 gàosu 图 알리다

해설

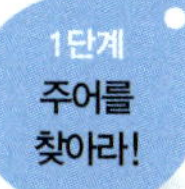

他(그) / 谜底(수수께끼의 답): 모두 명사로, 주어나 목적어가 될 수 있다.

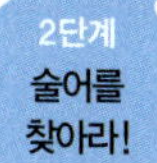

告诉我(나에게 알려주다): '동사(告诉) + 목적어(我)'의 형태로, 술어 자리에 올 수 있다.

① 把谜语的(수수께끼의): '전치사 + 수식어 的'의 형태로, 처치문을 만드는 전치사 把 뒤에는 처치 대상이 나와 전치사구를 이룬다. 술어가 告诉(알리다)이므로 '他(그)를 나에게 알려준다'는 자연스럽지 않다. 따라서 谜底(수수께끼의 답)와 결합시킨다. → 他把谜语的谜底(그는 수수께끼의 답을)

② 故意(일부러): 일반부사

③ 不(~ 아니다): 부정부사

부사는 '일반부사(故意) + 부정부사(不)'의 순으로 배치되고, 주어 뒤, 전치사구 앞에 위치시킨다.

→ 他(그: 주어) + 故意不(일부러 ~ 않다: 일반부사 + 부정부사) + 把谜语的谜底(수수께끼의 답을: 전치사구) + 告诉(알리다: 술어) + 我(나: 목적어)

➡ 따라서 답은 他故意不把谜语的谜底告诉我(그는 일부러 수수께끼의 답을 나에게 알려주지 않았다)의 순서가 된다.

节省下来的钱　　把　　银行里了　　他　　存进　　都

정답　他把节省下来的钱都存进银行里了。그는 절약한 돈을 모두 은행에 저축했다.

단어　节省 jiéshěng 图 절약하다 | 钱 qián 閉 돈 | 银行 yínháng 閉 은행 | 存 cún 图 저축하다

해설

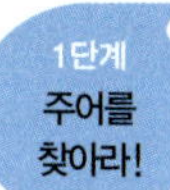

① 他(그): 명사

② 节省下来的钱(절약한 돈): 수식어 的 + 명사

③ 银行里了(은행 안에): 장소를 나타내는 명사구로, 전치사 在, 从이나 방향보어 进 등 뒤에 올 수 있다.

存进(저축하다): '동사(存) + 방향보어(进)'의 형태로, 술어가 될 수 있다. 进은 뒤에 장소를 나타내는 어휘 银行里了를 이끌 수 있다. → 存进银行里了(은행에 저축했다)

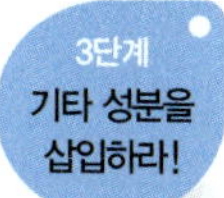

① 把(~을, 를): 처치문을 만드는 전치사로, 把 뒤에는 처치 대상이 나온다. 술어가 存进(저축하다)이므로, 의미상 节省下来的钱(절약한 돈)과 결합시킨다. → 他把节省下来的钱(그는 절약한 돈을)

② 都(모두): 범위부사로, 복수를 나타내는 节省下来的钱(절약한 돈) 뒤에 위치시킨다.

→ 他(그: 주어) + 把节省下来的钱(절약한 돈을: 전치사구) + 都(모두: 부사) + 存进银行里了(은행에 저축했다: 술어)

➡ 따라서 답은 他把节省下来的钱都存进银行里了(그는 절약한 돈을 모두 은행에 저축했다)의 순서가 된다.

名牌大学　了　录取　他　那所　被

정답　他被那所名牌大学录取了。그는 그 명문대학에 합격했다.

단어　名牌 míngpái 圐 지명도가 아주 높은 기관(사람) | 大学 dàxué 圐 대학 | 录取 lùqǔ 圄 합격시키다 | 所 suǒ 圀 개(비영리 단체를 세는 단위)

해설

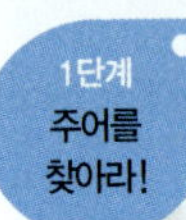

① 名牌大学(명문대학): 명사구
② 他(그): 인칭대사
　명사구와 대사는 모두 주어나 목적어가 될 수 있다.
③ 那所(그): '지시대사 + 양사'의 형태로, 뒤에 명사를 이끌 수 있다. 所는 비영리 단체(학교 등)를 세는 양사로, 名牌大学(명문대학)와 결합된다. → 那所名牌大学(그 명문대학)

① 录取(합격시키다): 동사로, 술어가 될 수 있다.
② 了(완료): 동태조사로, 술어 뒤에 위치한다.

被(~에 의해): 피동문을 만드는 전치사로, 행위 주체자(명사)를 끌고 나와 전치사구를 이룬다. 피동문에서 행위 대상은 주어 자리에 위치한다. 전체적인 문맥을 파악해보면, '그가 명문대학을 합격시킨 것'이 아니라 '명문대학이 그를 합격시킨 것'이므로 행위자는 名牌大学(명문대학)이고, 他(그)는 주어가 된다. → 他被那所名牌大学(그는 그 명문대학에 의해)

被가 이끄는 전치사구를 주어 뒤 술어 앞에 위치시킨다.

기본문장:　那所名牌大学 录取了 他 。　　그 명문대학은 그를 합격시켰다.

被 자 문:　他 被 那所名牌大学 录取了。　그는 그 명문대학에 합격했다.
→ 他(그: 주어) + 被那所名牌大学(그 명문대학에 의해: 전치사구) + 录取了(합격했다: 술어)

➡ 따라서 답은 他被那所名牌大学录取了(그는 그 명문대학에 합격했다)의 순서가 된다.

终于　研究成果　被　承认了　学术界　他的

정답　他的研究成果终于被学术界承认了。그의 연구 성과는 마침내 학술계에서 인정받았다.

단어　终于 zhōngyú 圀 마침내 | 研究 yánjiū 圄 연구하다 | 成果 chéngguǒ 圐 성과 | 承认 chéngrèn 圄 인정하다 | 学术 xuéshù 圐 학술

해설

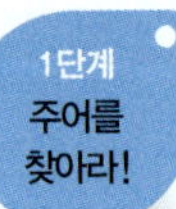

① 研究成果(연구 성과) / 学术界(학술계): 명사(구)는 주어나 목적어가 될 수 있다.
② 他的(그의): 구조조사 的는 명사를 이끌 수 있으므로, 의미상 명사 研究成果(연구 성과)와 결합한다. → 他的研究成果(그의 연구 성과)

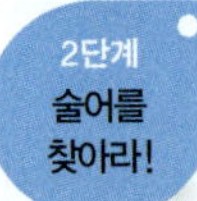

承认了(인정했다): 동태조사 了를 보고 술어임을 알 수 있다.

被(~에 의해): 피동문을 만드는 전치사로, 행위 주체자(명사)를 끌고 나와 전치사구를 이룬다. 피동문에서 행위 대상은 주어 자리에 위치한다. 전체적인 문맥을 파악해보면, '그의 연구 성과가 학술계를 인정한 것'이 아니라 '학술계에서 그의 연구 성과를 인정한 것'으로 행위자는 学术界(학술계)가 되고, 他的研究成果(그의 연구 성과)는 주어가 된다. → 他的研究成果被学术界(그의 연구 성과는 학술계에 의해)

① 被가 이끄는 전치사구를 주어 뒤 술어 앞에 위치시킨다.

기본문장: 学术界 承认了 他的研究成果。　学술계는 그의 연구 성과를 인정했다.

被 자문: 他的研究成果 被 学术界 承认了。 그의 연구 성과는 학술계에서 인정받았다.

② 终于(마침내): 부사로, 주어 뒤 전치사 앞에 위치시킨다.

→ 他的研究成果(그의 연구 성과: 관형어 + 주어) + 终于(마침내: 부사) + 被学术界(학술계에 의해: 전치사구) + 承认了(인정했다: 술어)

➡ 따라서 답은 他的研究成果终于被学术界承认了(그의 연구 성과는 마침내 학술계에서 인정받았다)의 순서가 된다.

11 day　p.74

01　提前了　面试的　五天　公司　时间　把

정답　公司把面试的时间提前了五天。 회사는 면접시험 시간을 5일 앞당겼다.

단어　提前 tíqián 동 앞당기다 | 面试 miànshì 명 면접시험 | 公司 gōngsī 명 회사 | 时间 shíjiān 명 시간

해설

1단계 주어를 찾아라!

① 公司(회사) / 时间(시간): 모두 명사로, 주어나 목적어가 될 수 있다.
② 面试的(면접시험의): 구조조사 的는 명사와 결합할 수 있으므로, 의미상 명사 时间(시간)과 결합한다. → 面试的时间(면접시험의 시간)
술어를 보고 주어와 목적어를 판단할 수 있다.

2단계 술어를 찾아라!

提前了(앞당겼다): 동태조사 了가 있으므로, 술어임을 알 수 있다.

3단계 기타 성분을 삽입하라!

① 把(~을, 를): 처치문을 만드는 전치사로, 把 뒤에는 처치 대상이 나온다. 술어가 提前了(앞당겼다)이므로 公司(회사)를 앞당겼다고 말할 수 없다. 따라서 把 뒤에는 面试的时间(면접시험의 시간)을 끌고 나올 수 있으며 전치사구로 술어 앞에 위치시킨다.

기본문장: 公司提前了 面试的时间。　회사는 면접시험 시간을 앞당겼다.

把 자문: 公司把 面试的时间 提前了。

② 五天(5일): 수량사로, 시간의 양을 나타내는 시량보어로 쓰이며 술어 뒤에 위치시킨다.
→ 公司(회사: 주어) + 把面试的时间(면접시험의 시간을: 전치사구) + 提前了(앞당겼다: 술어) + 五天(5일: 보어)

➡ 따라서 답은 公司把面试的时间提前了五天(회사는 면접시험 시간을 5일 앞당겼다)의 순서가 된다.

李太太　　给　　聚会的事　　把　　忘了

정답　李太太把聚会的事给忘了。 리 부인은 모임의 일을 잊어버렸다.

단어　太太 tàitai 圐 부인 | 聚会 jùhuì 圐 파티, 모임 | 事 shì 圐 일 | 忘 wàng 图 잊어버리다

해설

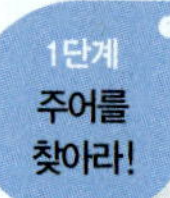

① 李太太(리 부인): 명사로, 인칭을 나타내는 어휘는 주어가 될 가능성이 크다.
② 聚会的事(모임의 일): '수식어 的 + 명사' 형태의 명사구로, 주어나 목적어가 될 수 있다. 술어를 보고 주어나 목적어를 판단할 수 있다.

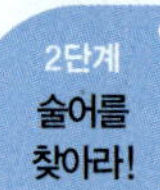

忘了(잊어버렸다): 동태조사 了를 보고 술어임을 알 수 있다.

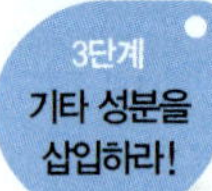

① 把(~을, 를): 처치문을 만드는 전치사로, 把 뒤에는 처치 대상이 나온다. 술어가 忘了(잊어버렸다)이므로, 문맥상 '리 부인은 파티의 일을 잊어버렸다'고 말해야 한다. 따라서 把와 聚会的事(모임의 일)를 결합시켜 술어 앞에 위치시킨다.

기본문장:　李太太　忘了　聚会的事　。　　리 부인은 모임의 일을 잊어버렸다.

把 자 문:　李太太　把　聚会的事　忘了。

② 给: 전치사로, 처치문과 피동문에서는 给가 술어 앞에 위치해, 술어를 강조하는 용법으로 쓰인다.

Tip　给는 강조용법이기 때문에 생략해도 의미상 큰 차이가 없다.

→李太太(리 부인: 주어) + 把聚会的事(모임의 일을: 전치사구) + 给(강조) + 忘了(잊어버렸다: 술어)

➡ 따라서 답은 李太太把聚会的事给忘了(리 부인은 모임의 일을 잊어버렸다)의 순서가 된다.

以　　榜样　　成功人士　　我们　　应该　　为

정답　我们应该以成功人士为榜样。 우리는 마땅히 성공한 사람들을 모범으로 삼아야 한다.

단어　榜样 bǎngyàng 圐 모범 | 成功 chénggōng 图 성공하다 | 人士 rénshì 圐 인사 | 应该 yīnggāi 图 마땅히 ~해야 한다

해설

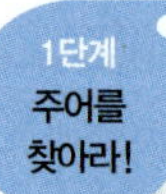

① 我们(우리): 인칭대사
② 榜样(본보기): 명사
③ 成功人士(성공한 사람): 명사구
명사(구)와 대사는 주어, 목적어, 전치사구로 쓰일 수 있다. 따라서 술어를 보고 주어나 목적어를 판단한다.

为(~로 삼다): 동사로, 문장에서 술어가 될 수 있다.

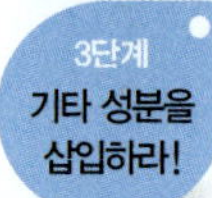

① 以(~을, 를): 전치사로, 처치문을 만드는 把 대신 쓰여 以 뒤에는 처치 대상이 나온다. 以A 为B는 把A当作B와 같은 의미로, 'A를 B로 삼다'의 뜻이다. 문맥상 '성공한 사람을 모범으로 삼는다'라고 말해야 한다. 따라서 成功人士를 以와 결합시키고, 榜样은 목적어가 된다.
→我们以成功人士为榜样(우리는 성공한 사람들을 모범으로 삼는다)

② 应该(마땅히 ~해야 한다): 조동사로, 주어 뒤 술어 앞에 삽입하며, 전치사(구)가 있으면 그 앞에 위치시켜야 한다.

→ 我们(우리: 주어) + 应该(마땅히 ~해야 한다: 조동사) + 以成功人士(성공한 사람들을: 전치사구) + 为(~로 삼다: 술어) + 榜样(모범: 목적어)

➡️ 따라서 답은 我们应该以成功人士为榜样(우리는 마땅히 성공한 사람들을 모범으로 삼아야 한다)의 순서가 된다.

04　所　骗子的　他　被　迷惑　甜言蜜语

정답　他被骗子的甜言蜜语所迷惑。그는 사기꾼의 달콤한 말에 현혹되었다.

단어　骗子 piànzi 몡 사기꾼 | 迷惑 míhuò 동 현혹시키다 | 甜言蜜语 tiányán mìyǔ 성어 감언이설, 달콤한 말

해설

1단계 주어를 찾아라!

① 他(그): 인칭대사
② 甜言蜜语(달콤한 말): 명사
인칭대사와 명사는 주어나 목적어가 될 수 있다.
③ 骗子的(사기꾼의): 구조조사 的는 명사를 이끌 수 있으므로, 의미상 명사 甜言蜜语(달콤한 말)와 결합한다. → 骗子的甜言蜜语(사기꾼의 달콤한 말)

2단계 술어를 찾아라!

迷惑(현혹시키다): 동사로, 술어가 될 수 있다.

3단계 기타 성분을 삽입하라!

① 被(~에 의해): 피동문을 만드는 전치사로, 행위 주체자(명사)를 끌고 나와 전치사구를 이룬다. 피동문에서 행위 대상은 주어 자리에 위치한다. 전체적인 의미를 파악해보면 '그가 사기꾼의 달콤한 말을 현혹시킨 것'이 아니라 '사기꾼의 달콤한 말이 그를 현혹시킨 것'으로 행위자는 骗子的甜言蜜语(사기꾼의 달콤한 말)가 되고, 他(그)는 행위 대상으로, 주어가 된다.

기본문장:　骗子的甜言蜜语 迷惑 他 。　사기꾼의 달콤한 말이 그를 현혹시켰다.

被 자 문:　他 被 骗子的甜言蜜语 迷惑。　그는 사기꾼의 달콤한 말에 현혹되었다.

② 所: 전치사로, 피동문에서 所는 술어 앞에 위치해, 술어를 강조하는 용법으로 사용된다.

Tip 被 A 所 B는 자주 쓰이므로, 외워두면 쉽게 문제를 풀 수 있다. 또한 被 대신 为(wéi)로 바꾸어 为 A 所 B의 형태로도 쓰인다는 것을 알아두자!

→ 他(그: 주어) + 被骗子的甜言蜜语(사기꾼의 달콤한 말에 의해: 전치사구) + 所(강조) + 迷惑(현혹되다: 술어)

➡️ 따라서 답은 他被骗子的甜言蜜语所迷惑(그는 사기꾼의 달콤한 말에 현혹되었다)의 순서가 된다.

05　被　镜子　粉碎　摔得　一个圆圆的

정답　一个圆圆的镜子被摔得粉碎。둥근 거울 하나가 떨어져서 산산조각이 났다.

단어　镜子 jìngzi 몡 거울 | 粉碎 fěnsuì 형 산산조각이 나다 | 摔 shuāi 동 떨어지다 | 圆 yuán 형 둥글다

해설

1단계 주어를 찾아라!

① 镜子(거울): 명사
② 一个圆圆的(하나의 둥근): 구조조사 的는 명사를 이끌 수 있으므로, 의미상 명사 镜子(거울)와 결합한다. → 一个圆圆的镜子(하나의 둥근 거울)

① 摔得(떨어진 정도): '동사(摔) + 구조조사(得)'의 형태로, 정도보어를 이끄는 술어임을 알

수 있다. 得 이하 부분에는 동사나 형용사가 보어로 쓰인다.

② 粉碎(산산조각이 나다): 형용사로, 구조조사 得 뒤에서 술어의 정도를 나타내는 보어로 쓰인다.

被(~에 의해): 피동문을 만드는 전치사로, 주어 뒤 술어 앞에 위치시킨다. 일반적으로 被는 뒤에 행위 주체자(명사)를 끌고 나오지만, 행위 주체자가 불분명하거나 언급할 필요가 없을 경우에는 생략하고 술어 바로 앞에 나올 수 있다.

> **Tip** 被자문에서 被 뒤에 놓을 명사가 없다고 고민하지 말자. 행위자가 생략된 형태라고 생각하고 술어 바로 앞에 被를 놓으면 된다.

→ 一个圆圆的镜子(하나의 둥근 거울: 관형어 + 주어) + 被(~에 의해: 전치사) + 摔得(떨어진 정도: 술어 + 구조조사) + 粉碎(산산조각이 나다: 형용사 보어)

➡ 따라서 답은 一个圆圆的镜子被摔得粉碎(둥근 거울 하나가 떨어져서 산산조각이 났다)의 순서가 된다.

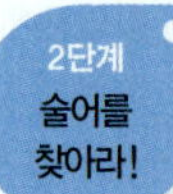 12 day p.74

01   把问题   不要   这么   你   严重   说得

정답   你不要把问题说得这么严重。 너는 문제를 이렇게 심각하게 이야기하지 마라.

단어   问题 wèntí 몡 문제 | 不要 búyào ~하지 마라 | 这么 zhème 때 이렇게 | 严重 yánzhòng 혱 심각하다 | 说 shuō 동 말하다

해설

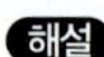

你(당신): 인칭대사로, 주어가 될 가능성이 크다.

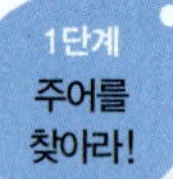

① 说得(말한 정도): '동사(说) + 구조조사(得)'의 형태로, 정도보어를 나타내는 술어임을 알 수 있다. 得 이하 부분에는 동사나 형용사가 보어로 쓰인다.

② 严重(심각하다): 형용사로, 구조조사 得 뒤에서 술어의 정도를 나타내는 보어로 쓰인다.

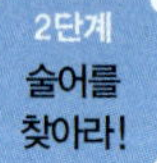

① 把问题(문제를): '전치사 + 명사' 형태의 전치사구로, 술어 앞에 위치한다.

② 不要(~하지 마라): '부정부사 + 조동사'로, 전치사구 앞에 놓는다.

③ 这么(이렇게): 대사로, 형용사 严重(심각하다) 앞에 쓰여 정도가 높음을 나타낸다. → 这么严重(이렇게 심각하다)

> **Tip** 대사 这么(이렇게)는 동사 앞에 쓰일 때는 동작의 방식을 나타내지만, 형용사 앞에 쓰이면 정도가 높음을 나타낸다.

→ 你(너: 주어) + 不要(~하지 마라: 조동사) + 把问题(문제를: 전치사구) + 说得(말하는 정도: 술어 + 구조조사) + 这么严重(이렇게 심각하다: 보어)

➡ 따라서 답은 你不要把问题说得这么严重(너는 문제를 이렇게 심각하게 이야기하지 마라)의 순서가 된다.

分数　　以　　不能　　目的　　为　　学习

정답　学习不能以分数为目的。 공부는 점수를 목적으로 여겨서는 안 된다.

단어　分数 fēnshù 몡 점수 | 不能 bùnéng ~해서는 안 된다 | 目的 mùdì 몡 목적 | 学习 xuéxí 통 공부하다

해설

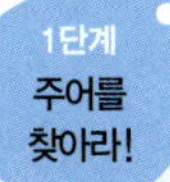

分数(점수) / 目的(목적): 모두 명사로, 문장에서 주어나 목적어 역할을 할 수 있다.

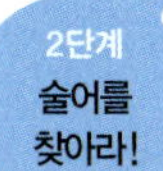

① 为(~로 여기다): 동사로, 문장에서 술어가 될 수 있다.
② 学习(공부하다): 주어로 쓰일 수 있는 동사다.

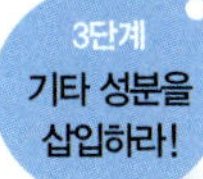

① 以(~을, 를): 전치사로, 처치문을 만드는 把 대신 쓰여 뒤에 처치 대상을 끌고 나온다. 以 A 为 B는 把 A 当作 B와 같은 의미로, 'A를 B로 여기다'의 뜻이다. 문맥상 '점수를 목적으로 여긴다'가 적합하다. 따라서 分数를 以와 결합시키고, 目的는 목적어가 된다. → 学习以分数 为目的(공부는 점수를 목적으로 여긴다)
② 不能(~해서는 안 된다): '부정부사(不) + 조동사(能)'의 형태로, 주어 뒤 술어 앞에 위치시킨다.
→ 学习(공부: 주어) + 不能(~해서는 안 된다: 부사 + 조동사) + 以分数(점수를: 전치사구) + 为(~로 여기다: 술어) + 目的(목적: 목적어)

➡ 따라서 답은 学习不能以分数为目的(공부는 점수를 목적으로 여겨서는 안 된다)의 순서가 된다.

领域　　这个理论　　被　　很多　　应用到

정답　这个理论被应用到很多领域。 이 이론은 매우 많은 영역에 응용되었다.

단어　领域 lǐngyù 몡 영역 | 理论 lǐlùn 몡 이론 | 应用 yìngyòng 통 응용하다

해설

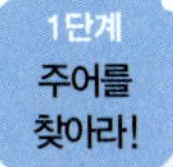

① 领域(영역): 명사
② 这个理论(이 이론): 지시대사 + 양사 + 명사
명사(구)는 주어나 목적어가 될 수 있다. 따라서 술어를 보고 주어와 목적어를 판단한다.

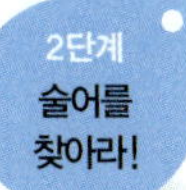

应用到(응용했다): '동사(应用) + 결과보어(到)'의 형태로 술어가 될 수 있으며, 到 뒤에 장소와 관련된 명사를 끌고 나올 수 있다. → 应用到领域(영역에 응용되었다)

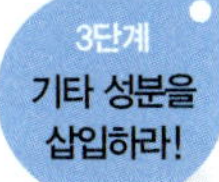

① 被(~에 의해): 피동문을 만드는 전치사로, 주어 뒤 술어 앞에 위치시킨다. 일반적으로 被는 뒤에 행위 주체자(명사)를 끌고 나오지만, 행위 주체자가 불분명하거나 언급할 필요가 없을 경우 주체자를 생략하고 술어 앞에 나올 수 있다.
② 很多(매우 많은): '부사 + 형용사' 형태의 형용사구로, 그 자체가 술어로 쓰이기도 하지만, 여기에서는 명사 앞에서 수량을 나타낸다.
　　예 人很多(사람이 매우 많다): 주어 + 술어 / 很多人(매우 많은 사람): 수량 + 명사
→ 这个理论(이 이론: 주어) + 被(~에 의해: 전치사) + 应用到(응용했다: 술어) + 很多领域(매우 많은 영역: 목적어)

➡ 따라서 답은 这个理论被应用到很多领域(이 이론은 매우 많은 영역에 응용되었다)의 순서가 된다.

| 为 | 剧情 | 感动 | 这部电影的 | 很多观众都 | 所 |

정답 很多观众都为这部电影的剧情所感动。 매우 많은 관중 모두 이 영화의 줄거리에 감동했다.

단어 剧情 jùqíng 圐 극의 줄거리 | 感动 gǎndòng 圐 감동하다 | 部 bù 圐 편 | 电影 diànyǐng 圐 영화 | 观众 guānzhòng 圐 관중

해설

1단계 주어를 찾아라!

① 剧情(줄거리): 명사
② 很多观众都(매우 많은 관중 모두): 명사구 + 부사
명사(구)는 주어나 목적어가 될 수 있다.
③ 这部电影的(이 영화의): 명사와 결합하는 구조조사 的가 있으므로, 의미상 剧情(줄거리)과 결합한다. → 这部电影的剧情(이 영화의 줄거리)
술어를 보고 주어와 목적어를 판단할 수 있다.

2단계 술어를 찾아라!

感动(감동하다): 동사로, 술어가 될 수 있다.

3단계 기타 성분을 삽입하라!

① 为(~에 의해): 피동문을 만드는 전치사로, 被처럼 행위 주체자(명사)를 끌고 나와 전치사구를 이룬다. 피동문에서 행위 대상은 주어 자리에 위치한다. 전체적인 의미를 파악해보면 '관중들이 영화의 줄거리를 감동시킨 것'이 아니라 '이 영화의 줄거리가 관중들을 감동시킨 것'으로, 행위자는 这部电影的剧情(이 영화의 줄거리)이 되고, 很多观众都(매우 많은 관중 모두)는 주어가 된다.
② 所: 전치사로, 피동문에서 所는 술어 앞에 위치해, 술어를 강조하는 용법으로 쓰인다.

기본문장: 这部电影的剧情 感动 很多观众 。 이 영화의 줄거리는 많은 관중을 감동시켰다.

被 자 문: 很多观众 被 这部电影的剧情 所感动 。 많은 관중은 이 영화의 줄거리에 감동했다.

Tip 피동문: 被A 所B = 为A 所B

→ 很多观众都(매우 많은 관중 모두: 주어 + 부사) + 为这部电影的剧情(이 영화의 줄거리에 의해: 전치사구) + 所(강조) + 感动(감동하다: 술어)

➡ 따라서 답은 很多观众都为这部电影的剧情所感动(매우 많은 관중 모두 이 영화의 줄거리에 감동했다)의 순서가 된다.

| 被 | 给吓跑了 | 小朋友们 | 别 | 小狗 |

정답 小朋友们别被小狗给吓跑了。 어린 친구들 강아지에 놀라서 도망가지 마세요.

단어 吓跑 xiàpǎo 圐 놀라서 도망가다 | 小朋友 xiǎopéngyou 圐 어린이 | 别 bié 圐 ~하지 마라 | 狗 gǒu 圐 개

해설

1단계 주어를 찾아라!

小朋友们(어린 친구들) / 小狗(강아지): 모두 명사로, 주어나 목적어가 될 수 있다.

2단계 술어를 찾아라!

给吓跑了(놀라서 도망갔다): 동태조사 了를 보고 술어임을 알 수 있다. 술어 앞의 给는 처치문이나 피동문에서 술어를 강조하는 용법으로 쓰인다.

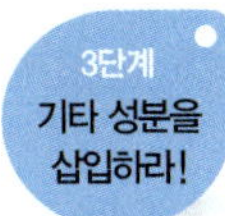

① 被(~에 의해): 피동문을 만드는 전치사로, 행위 주체자를 끌고 나오고, 행위 대상은 주어 자리에 위치한다. 문맥상 어린 친구들이 강아지에 놀라 도망가는 것이 자연스러우므로 행위자는 小狗(강아지)가 되고, 小朋友们(어린 친구들)은 주어가 된다.

② 别(~하지 마라): 부정부사로, 전치사 被 앞에 놓는다.

→ 小朋友们(어린 친구들: 주어) + 别(~하지 마라: 부사) + 被小狗(강아지에 의해: 전치사구) + 给吓跑了(놀라 도망갔다: 강조 + 술어)

➡ 따라서 답은 小朋友们别被小狗给吓跑了(어린 친구들 강아지에 놀라서 도망가지 마세요)의 순서가 된다.

13 day   p.88

01   前台   请您   去   一下   登记

> **정답**   请您去前台登记一下。 카운터에 가서 등록해주세요.

단어   前台 qiántái 圆 카운터 | 登记 dēngjì 图 등록하다

해설

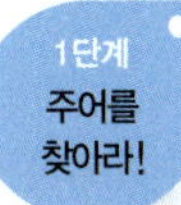

① 请您(당신이 ~해주세요): 请은 '부탁하다, 청하다'라는 의미이며 您은 인칭대사로, 주어가 될 가능성이 크다.

② 前台(카운터): 장소를 나타내는 명사로, 동사 去, 来, 到, 在 등의 목적어가 될 수 있다.

去(가다) / 登记(등록하다): 모두 동사로, 술어가 될 수 있다.
동사가 2개 이상 나오는 연동문에서는 동작의 발생 순서에 따라 동사를 배치한다. 등록은 먼저 가야 할 수 있으므로 去登记(가서 등록하다)의 순서로 배열이 된다. 또한 장소를 나타내는 명사 前台(카운터)는 去(가다)의 목적어로 쓰인다. → 去前台登记(카운터로 가서 등록하다)

一下(좀): 동작의 양을 나타내는 동량보어로, 동사 뒤에 쓰이며 연동문에서는 마지막 동사 뒤에 쓴다.

→ 请您(당신 ~해주세요: 겸어동사 + 주어/목적어) + 去前台(카운터에 가다: 동사1 + 목적어) + 登记(등록하다: 동사2) + 一下(좀: 보어)

➡ 따라서 답은 请您去前台登记一下(카운터에 가서 등록해주세요)의 순서가 된다.

02   出席此次   要   她   学术讨论会   邀请专家

> **정답**   她要邀请专家出席此次学术讨论会。
> 그녀는 전문가에게 이번 학술 세미나에 참석하도록 초청하려고 한다.

단어   出席 chūxí 图 참석하다 | 此 cǐ 때 이, 이것 | 要 yào 图됭 ~하려고 하다 | 学术 xuéshù 圆 학술 | 讨论会 tǎolùnhuì 圆 세미나 | 邀请 yāoqǐng 图 초청하다 | 专家 zhuānjiā 圆 전문가

해설

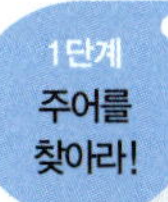

① 她(그녀): 인칭대사

② 学术讨论会(학술 세미나): 명사구

모두 주어나 목적어가 될 가능성이 있으므로, 술어에 따라 주어와 목적어를 판단한다.

① 邀请专家(전문가를 초청하다): '동사 + 목적어'의 형태로, 邀请(초청하다)은 请과 마찬가지로 겸어문에 쓰이는 요청동사다.

Tip 겸어문은 앞 절의 목적어가 뒤 절의 주어 역할도 겸하고 있음을 의미한다.

② 出席此次(참석하다 이번): '동사 + 지시대사 + 양사'의 형태로, 뒤에 명사가 나와야 한다. 양사 次(번)로 셀 수 있는 명사는 学术讨论会(학술 세미나)다.
→ 出席此次学术讨论会(이번 학술 세미나에 참석하다)

3단계 기타 성분을 삽입하라!

要(~하려고 하다): 조동사로, 겸어문에서는 첫 번째 동사 앞에 위치시킨다.
→ 她(그녀: 주어) + 要(~하려고 하다: 조동사) + 邀请专家(전문가를 초청하다: 동사 + 목적어/주어) + 出席此次(참석하다 이번: 동사 + 지시대사 + 양사) + 学术讨论会(학술 세미나: 목적어)

➡ 따라서 답은 她要邀请专家出席此次学术讨论会(그녀는 전문가에게 이번 학술 세미나에 참석하도록 초청하려고 한다)의 순서가 된다.

---

03 把握　他对角度的　佩服　令人

정답 他对角度的把握令人佩服。 그의 관점에 대한 파악은 사람들을 감탄하게 했다.

단어 把握 bǎwò 뗑 파악, 가능성 | 角度 jiǎodù 뗑 각도, 관점 | 佩服 pèifú 图 감탄하다

해설

1단계 주어를 찾아라!

① 把握(파악): 동사로, '잡다, 파악하다'의 의미도 있지만, 여기에서는 '파악, 가능성'이라는 의미의 명사로 쓰였다.
② 他对角度的(그의 관점에 대한): 관형어로, 구조조사 的는 명사와 결합할 수 있으므로, 의미상 명사 把握(파악)와 결합한다. → 他对角度的把握(그의 관점에 대한 파악)

2단계 술어를 찾아라!

① 令人(사람들로 하여금 ~하게 하다): '동사 + 목적어'의 형태로, 令(~하게 하다)은 겸어문에 쓰이는 사역동사다. 人(사람)은 앞 절의 행위 대상이자 뒤 절의 행위자로, 뒤에는 행위자로서 하는 동작이 나와야 한다. 따라서 令이 첫 번째 동사 자리에 위치한다.

Tip 겸어문에 쓰이는 동사의 어순은 '사역동사 + 행위자 + 동사'다.

② 佩服(감탄하다): 동사로, 人(사람)이 하는 동작이 될 수 있다. 따라서 두 번째 동사 자리에 위치시킨다. → 令人佩服(사람들을 감탄하게 했다)
→ 他对角度的把握(그의 관점에 대한 파악: 관형어 + 주어) + 令人(사람으로 하여금: 사역동사 + 목적어/주어) + 佩服(감탄하다: 동사)

➡ 따라서 답은 他对角度的把握令人佩服(그의 관점에 대한 파악은 사람들을 감탄하게 했다)의 순서가 된다.

---

04 让我　班长　收起来　把考卷

정답 班长让我把考卷收起来。 반장은 나에게 시험지를 거둬 오라고 했다.

단어 班长 bānzhǎng 뗑 반장 | 收 shōu 图 거두어들이다 | 考卷 kǎojuàn 뗑 시험지

해설

1단계 주어를 찾아라!

班长(반장): 명사로, 주어가 될 수 있다.

① 让我(나로 하여금 ~하게 하다): '동사 + 목적어'의 형태로, 让(~하게 하다)은 겸어문에 쓰이는 사역동사다. 사역동사 뒤의 我(나)는 앞 절의 행위 대상이자 뒤 절의 행위자로, 뒤에는 행위자로서 하는 동작이 나와야 한다. 따라서 让이 첫 번째 동사 자리에 위치한다.

② 收起来(거둬 오다): '동사 + 방향보어'의 형태로, 我(나)가 하는 동작이 될 수 있다. 따라서 두 번째 동사 자리에 위치한다. → 让我收起来(나에게 거둬오라고 했다)

Tip 起来는 동사 뒤에서 동작의 방향을 나타내는 방향보어다.

把考卷(시험지를): '전치사 + 명사' 형태의 전치사구로, 사역동사가 쓰인 겸어문에서 把전치사구는 두 번째 동사 앞에 위치시킨다.

→ 班长(반장: 주어) + 让我(나로 하여금: 사역동사 + 목적어/주어) + 把考卷(시험지를: 전치사구) + 收起来(거둬 오다: 동사 + 방향보어)

➡ 따라서 답은 班长让我把考卷收起来(반장은 나에게 시험지를 거둬 오라고 했다)의 순서가 된다.

---

05 去年　今年的雪　早下了　比　一个星期

정답 今年的雪比去年早下了一个星期。 올해 눈은 작년보다 일주일 일찍 내렸다.

단어 去年 qùnián 몡 작년 | 今年 jīnnián 몡 올해 | 雪 xuě 몡 눈 | 比 bǐ 젠 ~보다 | 星期 xīngqī 몡 주, 주일

해설

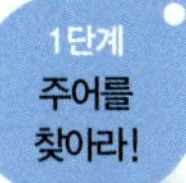

① 去年(작년): 명사
② 今年的雪(올해의 눈): 관형어 + 명사
명사(구)는 주어나 목적어가 될 수 있다.

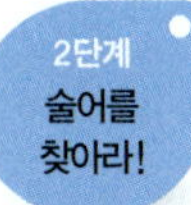

早下了(일찍 내렸다): '형용사(早) + 동사(下) + 동태조사(了)'의 형태로, 술어임을 알 수 있다.

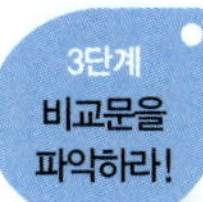

① 一个星期(일주일): 수사 + 양사 + 명사
② 比(~보다): 비교문을 만드는 전치사로, 뒤에 비교 대상인 명사를 끌고 나와야 한다. 술어가 早下了(일찍 내렸다)이므로, 눈이 내린 시기를 비교할 수 있다. 따라서 의미상 今年的雪(올해의 눈)가 주어가 되고 去年(작년)이 비교 대상이 된다. 比를 이용한 비교문에서는 동사 뒤에 수량사를 보어로 사용하여 구체적인 정도를 나타낼 수 있다.

Tip 비교문의 형식은 '주어 + 比 + 비교 대상 + 술어'로, 일반적으로 비교 대상의 중심어는 생략할 수 있다.

예 今年的雪比去年(的雪)早下了一个星期。
올해 눈은 작년(눈)보다 일주일 일찍 내렸다.
这家商店的东西比那家(商店的东西)便宜。
이곳 상점의 물건은 그곳(상점의 물건)보다 싸다.

→ 今年的雪(올해의 눈: 관형어 + 주어) + 比去年(작년보다: 전치사구) + 早下了(일찍 내렸다: 술어) + 一个星期(일주일: 수량보어)

➡ 따라서 답은 今年的雪比去年早下了一个星期(올해 눈은 작년보다 일주일 일찍 내렸다)의 순서가 된다.

01

新鲜空气　　到外边　　你　　透一下　　陪我

정답　你陪我到外边透一下新鲜空气。너 나와 함께 밖에 나가서 신선한 공기 좀 쐬자.

단어　新鲜 xīnxiān 혱 신선하다 | 空气 kōngqì 몡 공기 | 到 dào 동 ~로 가다 | 外边 wàibian 몡 바깥 | 透 tòu 동 스며들다, 통하다 | 陪 péi 동 수행하다, 함께 가다

해설

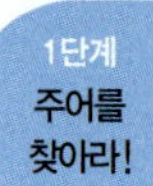

1단계 주어를 찾아라!
① 你(당신): 인칭대사
② 新鲜空气(신선한 공기): 명사구
대사와 명사구는 주어나 목적어가 될 수 있다. 술어를 보고 주어나 목적어를 판단할 수 있다.

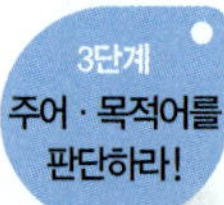

2단계 술어를 찾아라!
① 陪我(나와 함께 가다): 동사 + 대사
② 到外边(바깥으로 가다): 동사 + 명사
③ 透一下(좀 쐬다): 동사 + 보어
동사가 2개 이상 나오는 연동문은 동작의 발생 순서에 따라 배치한다. 먼저 나와 함께(陪我) 바깥으로 나가(到外边)야 좀 쐴(透一下)수 있으므로 陪我到外边透一下(나와 함께 바깥으로 나가서 좀 쐬다)의 순서로 배열이 된다.

Tip　一下는 '좀'의 의미로 동사 뒤에서 동량보어로 쓰이며, 연동문에서 보어는 마지막 동사에 붙인다.

3단계 주어·목적어를 판단하라!
陪我와 到外边은 이미 각자의 목적어를 끌고 나왔기 때문에, 新鲜空气(신선한 공기)는 透(통하다)의 목적어가 되며 문장 전체의 주어는 你(너)가 된다.
→ 你(너: 주어) + 陪我(나와 함께 가다: 동사1 + 목적어1) + 到外边(바깥으로 가다: 동사2 + 목적어2) + 透一下新鲜空气(신선한 공기를 좀 쐬다: 동사3 + 보어 + 목적어3)

➡ 따라서 답은 你陪我到外边透一下新鲜空气(너 나와 함께 밖에 나가서 신선한 공기 좀 쐬자)의 순서가 된다.

02

谦虚　　使　　进步　　人

정답　谦虚使人进步。겸손은 사람을 발전하게 한다.

단어　谦虚 qiānxū 혱 겸손하다 | 进步 jìnbù 동 진보하다, 발전하다

해설

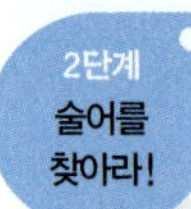

1단계 주어를 찾아라!
① 人(사람): 명사로, 주어가 될 수 있다.
② 谦虚(겸손하다): 형용사로, 술어 역할뿐 아니라 주어 자리에서 주어 역할을 할 수도 있다.

2단계 술어를 찾아라!
① 使(~로 하여금 ~하게 하다): 겸어문에 쓰이는 사역동사로, 뒤에 행위 대상이 나와야 한다. 전체 의미를 파악해보면 '겸손은 사람을 발전하게 한다'가 적합하므로, 행위 대상으로 人(사람)이 나와야 한다.
② 进步(발전하다): 동사로, 사역동사 뒤의 두 번째 동사 자리에 위치시켜 행위자가 하는 동작을 나타낸다. → 使人进步(사람을 발전하게 한다)
→ 谦虚(겸손하다: 주어) + 使(~로 하여금 ~하게 하다: 사역동사) + 人(사람: 목적어/주어) + 进步(발전하다: 동사)

➡ 따라서 답은 谦虚使人进步(겸손은 사람을 발전하게 한다)의 순서가 된다.

| 很羡慕 | 她 | 苗条的 | 让人 | 身材 |

정답 　她苗条的身材让人很羡慕。 그녀의 날씬한 몸매는 사람들을 매우 부러워하게 한다.

단어 　羡慕 xiànmù 图 부러워하다 | 苗条 miáotiao 图 날씬하다 | 身材 shēncái 图 몸매

해설

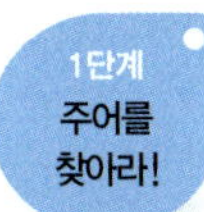

① 她(그녀): 인칭대사
② 苗条的(날씬한): 수식어 的
③ 身材(몸매): 명사
苗条的(날씬한)는 구조조사 的가 있으므로, 의미상 명사 身材(몸매)와 결합하며 날씬한 몸매를 가진 사람은 她(그녀)가 된다. → 她苗条的身材(그녀의 날씬한 몸매)

> **Tip** 복잡한 관형어의 어순은 '소유 + 수식어 的 + 명사'의 형식으로 배열한다.

2단계
술어를
찾아라!

① 让人(사람들로 하여금 ~하게 한다): '동사 + 목적어'의 형태로, 让(~하게 하다)은 겸어문에 쓰이는 사역동사다. 사역동사 뒤의 人(사람)은 앞 절의 행위 대상이자 뒤 절의 행위자로, 뒤에는 행위자로서 하는 동작이 나와야 한다. 따라서 让이 첫 번째 동사 자리에 위치한다.
② 很羡慕(매우 부러워하다): '부사 + 동사'로, 人(사람)이 하는 동작이 될 수 있다. 따라서 두 번째 동사 자리에 위치시킨다. → 让人很羡慕(사람들을 매우 부러워하게 한다)
→ 她苗条的身材(그녀의 날씬한 몸매: 관형어 + 주어) + 让人(사람들로 하여금: 사역동사 + 목적어/주어) + 很羡慕(매우 부러워하다: 부사 + 동사)

➡ 따라서 답은 她苗条的身材让人很羡慕(그녀의 날씬한 몸매는 사람들을 매우 부러워하게 한다)의 순서가 된다.

| 叫 | 帮她 | 姥姥 | 干活儿 | 我 |

정답 　姥姥叫我帮她干活儿。 외할머니께서는 나에게 일을 도와달라고 하셨다.

단어 　帮 bāng 图 돕다 | 姥姥 lǎolao 图 외할머니 | 干活儿 gànhuór 图 일하다

해설

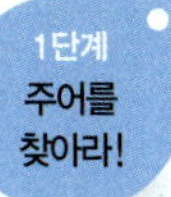

① 姥姥(외할머니): 명사
② 我(나): 인칭대사
명사와 대사는 문장에서 주어와 목적어가 될 수 있으므로, 술어를 보고 판단한다.

① 叫(~에게 ~를 시키다): 겸어문에 쓰이는 사역동사로, 뒤에 행위 대상이 나와야 한다. '我(나)가 姥姥(외할머니)에게 시키는 것'이 아니라, '姥姥(외할머니)가 我(나)에게 시키는 것'이므로, 주어는 姥姥가 되고 我는 행위 대상이다. 또한 행위 대상 뒤에는 행위 대상이 하는 동작이 나와야 하므로, 叫(~에게 ~를 시키다)가 첫 번째 동사 자리에 위치한다.
② 帮她(그녀를 돕다) / 干活儿(일하다): 모두 '동사 + 명사'의 형태로, 동사가 2개 이상 나오는 연동문은 사역동사 뒤에 동작의 순서대로 나열하면 된다.
→ 姥姥(외할머니: 주어) + 叫(~에게 ~를 시키다: 사역동사) + 我(나: 목적어/주어) + 帮她(그녀를 돕다: 동사1 + 목적어1) + 干活儿(일하다: 동사2 + 목적어2)

➡ 따라서 답은 姥姥叫我帮她干活儿(외할머니께서는 나에게 일을 도와달라고 하셨다)의 순서가 된다.

정답　一个拥抱比什么安慰的话都温暖。 한 번의 포옹은 어떠한 위로의 말보다도 따뜻하다.

단어　温暖 wēnnuǎn 혱 따뜻하다 | 安慰 ānwèi 통 위로하다 | 话 huà 몡 말 | 比 bǐ 젠 ~보다 | 什么 shénme 떼 어떤 | 拥抱 yōngbào 통 포옹하다

해설

1단계
주어를
찾아라!

① 一个拥抱(한 번의 포옹): 수사 + 양사 + 동사
② 安慰的话(위로의 말): 수식어 的 + 명사
모두 주어나 목적어가 될 수 있다.

2단계
술어를
찾아라!

都温暖(모두 따뜻하다): '부사 + 형용사'의 형태로, 술어가 될 수 있다. 범위부사 都가 있는 것으로 보아 앞에 복수를 나타내는 어휘가 나와야 함을 추측할 수 있다.

3단계
비교문을
파악하라!

比什么(어떤 ~보다): '전치사 + 대사' 형태의 전치사구로, 주어 뒤 술어 앞에 위치한다. 比 는 비교문을 나타내는 전치사로, 술어의 의미를 생각하며 주어와 비교 대상을 파악해야 한다.

4단계
주어·비교
대상을
판단하라!

해석상 '한 번의 포옹은 어떠한 위로의 말보다도 따뜻하다'라고 하는 것이 자연스럽다. 따라서 주어는 一个拥抱(한 번의 포옹)가 되고, 비교 대상은 什么安慰的话(어떤 위로의 말)가 되며 什么가 복수를 나타내 都 앞에 나온다.
→ 一个拥抱(한 번의 포옹: 주어) + 比什么安慰的话(어떤 위로의 말보다: 전치사구) + 都温暖(모두 따뜻하다: 부사 + 술어)

➡ 따라서 답은 一个拥抱比什么安慰的话都温暖(한 번의 포옹은 어떠한 위로의 말보다도 따뜻하다)의 순서가 된다.

15 day　p. 97

정답　箱子里的玻璃非摔坏了不可。 상자 안의 유리는 분명히 깨졌다.

단어　摔坏 shuāihuài 통 깨지다 | 玻璃 bōli 몡 유리 | 非…不可 fēi…bùkě 반드시 ~한다 | 箱子 xiāngzi 몡 상자

해설

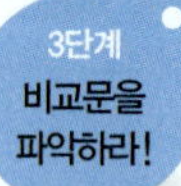

1단계
강조 구문임을
간파하라!

非와 不可를 보고 이중부정 강조 구문임을 알 수 있다.

2단계
주어를
찾아라!

① 玻璃(유리): 명사로, 주어나 목적어가 될 수 있다.
② 箱子里的(상자 안의): 구조조사 的는 명사를 이끌 수 있으므로, 의미상 명사 玻璃(유리)와 결합한다. → 箱子里的玻璃(상자 안의 유리)

3단계
술어를
찾아라!

摔坏了(깨졌다): 동태조사 了를 보고 술어임을 알 수 있다.
非…不可는 '반드시 ~한다'는 긍정을 나타내며, 사이에 강조할 내용인 술어를 배열한다. → 非摔坏了不可(분명히 깨졌다)
→ 箱子里的玻璃(상자 안의 유리: 관형어 + 주어) + 非(반드시: 강조) + 摔坏了(깨졌다: 술어) + 不可(~한다: 강조)

➡ 따라서 답은 箱子里的玻璃非摔坏了不可(상자 안의 유리는 분명히 깨졌다)의 순서가 된다.

听话的　谁　孩子　都　喜欢

정답　谁都喜欢听话的孩子。누구나 말을 잘 듣는 아이를 좋아한다.

단어　听话 tīnghuà 통 말을 잘 듣다 | 谁 shéi 때 누구 | 孩子 háizi 뗑 아이 | 喜欢 xǐhuan 통 좋아하다

해설

1단계 강조 구문임을 간파하라!
谁(누구)와 都(모두)를 보고 강조 구문임을 알 수 있다.
① 都(모두): 범위부사로, 의문대사 뒤에 나와서 예외 없는 모든 것을 나타낸다.
　예 谁都 누구나 / 哪儿都 어디나 / 什么都 무엇도 / 什么时候都 언제라도
② 谁(누구): 평서문에서 의문대사는 불특정한 임의의 대상을 강조하는 데 쓰이며 뒤에 都, 也와 호응하여 '모든'의 의미를 나타낸다. 여기에서는 주어로 쓰여, 사람을 강조할 수 있다. → 谁都(누구나)

2단계 주어를 찾아라!
① 听话的(말을 잘 듣는): 수식어 的
② 孩子(아이): 명사
听话的(말을 잘 듣는)는 구조조사 的 이하 부분에 명사를 끌고 나올 수 있으므로 명사 孩子(아이)와 결합한다. → 听话的孩子(말을 잘 듣는 아이)

3단계 술어를 찾아라!
喜欢(좋아하다): 동사로, 술어가 될 수 있다.
→ 谁都(누구나: 주어/강조) + 喜欢(좋아하다: 술어) + 听话的孩子(말을 잘 듣는 아이: 관형어 + 목적어)

➡ 따라서 답은 谁都喜欢听话的孩子(누구나 말을 잘 듣는 아이를 좋아한다)의 순서가 된다.

游泳　我　连　不会　都

정답　我连游泳都不会。나는 수영조차도 할 줄 모른다.

단어　游泳 yóuyǒng 통 수영하다 | 连 lián 젠 ~조차도 | 会 huì 조통 ~할 수 있다

해설

1단계 강조 구문임을 간파하라!
连과 都를 보고 강조 구문임을 알 수 있다. 连…都의 강조 구문은 주어, 목적어, 동사를 강조할 수 있다.

2단계 주어를 찾아라!
我(나): 인칭대사로, 주어가 될 가능성이 크다.

3단계 술어를 찾아라!
① 游泳(수영하다): 이합동사로, 술어가 될 수 있고, 따로 목적어를 취하지 않는다. 连…都 사이에 강조할 내용으로 넣어준다. → 连游泳都(수영조차도)
② 不会(~할 수 없다): '부정부사 + 조동사'의 형태로, 원래는 술어 앞에 놓이지만, 连이 이끄는 전치사구가 있으므로 전치사구 뒤에 배열한다.

기본문장:　我不会 游泳 。　　　나는 수영할 줄 모른다.

강 조 문:　我连 游泳 都不会。　나는 수영조차도 할 줄 모른다.
→ 我(나: 주어) + 连(~조차도: 강조) + 游泳(수영하다: 술어) + 都(모두: 강조) + 不会(~할 줄 모른다: 부정부사 + 조동사)

➡ 따라서 답은 我连游泳都不会(나는 수영조차도 할 줄 모른다)의 순서가 된다.

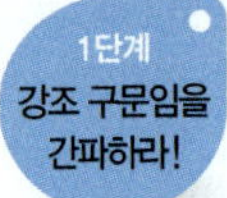

정답　我是在教室里看见他的。 나는 교실에서 그를 보았다.

단어　在 zài 젠 ~에서 | 教室 jiàoshì 몡 교실 | 看见 kànjiàn 동 보다

해설

1단계
**강조 구문임을
간파하라!**

제시된 어휘를 보고 是…的 강조 구문임을 알 수 있다. 是…的 강조 구문은 장소, 시간, 대상, 방식 등을 강조할 수 있으며, 강조하고자 하는 내용은 是…的 사이에 둔다. 이 문제에서 是…的가 강조할 수 있는 대상은 장소로, 教室(교실)를 강조한다.

2단계
**주어를
찾아라!**

① 我(나): 인칭대사로, 주어가 될 수 있다.
② 他的(그): '인칭대사 + 강조 구문의 的'이므로, 문장 끝에 배열한다.
③ 在教室里(교실에서): 장소를 나타내는 전치사구로, 강조하고자 하는 내용이 될 수 있다.

3단계
**술어를
찾아라!**

① 是(~이다): 강조 구문의 是로, 강조하고자 하는 내용 앞에 배열한다.
② 看见(보았다): '동사 + 결과보어'의 형태로, 술어가 될 수 있으며 전치사구 뒤에 위치시킨다.

　기본문장:　我在教室里看见他。　　　나는 교실에서 그를 보았다.
　강 조 문:　我是在教室里看见他的。

　Tip　강조하고자 하는 내용을 是와 的 사이에 삽입해주면 된다.

→我(나: 주어) + 是(~이다: 강조) + 在教室里(교실에서: 전치사구) + 看见(보았다: 술어) + 他的(그: 목적어/강조)

➡ 따라서 답은 我是在教室里看见他的(나는 교실에서 그를 보았다)의 순서가 된다.

정답　北京给他留下了深刻的印象。 베이징은 그에게 깊은 인상을 남겼다.

단어　深刻 shēnkè 혱 깊다 | 给 gěi 젠 ~에게 | 印象 yìnxiàng 몡 인상 | 北京 Běijīng 몡 베이징 | 留 liú 동 남기다

해설

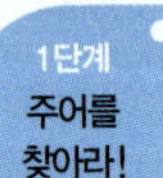
1단계
**주어를
찾아라!**

① 印象(인상) / 北京(베이징): 모두 명사로, 주어나 술어가 될 수 있다.
② 深刻的(깊은): 구조조사 的는 명사를 이끌 수 있으므로, 의미상 명사 印象(인상)과 결합한다.

2단계
**술어를
찾아라!**

留下了(남겼다): '동사 + 결과보어 + 了'로, 동태조사 了가 있으므로 술어임을 알 수 있다.

3단계
**주어·목적어를
판단하라!**

술어 留下了(남겼다)와 어울리는 목적어는 深刻的印象(깊은 인상)이 되고, 北京(베이징)이 주어가 된다.

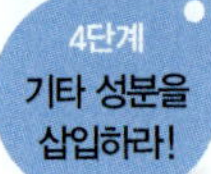
4단계
**기타 성분을
삽입하라!**

给他(그에게): '전치사 + 인칭대사'의 전치사구로, 술어 앞에 위치한다.
　Tip　'给…留下…印象'은 '~에게 ~한 인상을 남기다'라는 의미의 고정 구문으로, 외워두면 작문할 때 도움이 된다.

→北京(베이징: 주어) + 给他(그에게: 전치사구) + 留下了(남겼다: 술어) + 深刻的印象(깊은 인상: 관형어 + 목적어)

➡ 따라서 답은 北京给他留下了深刻的印象(베이징은 그에게 깊은 인상을 남겼다)의 순서가 된다.

01   不认真   我们班   学习   没有一个同学

정답   我们班没有一个同学不认真学习。 우리 반에는 열심히 공부하지 않는 학우가 한 명도 없다.

단어   认真 rènzhēn 혱 성실하다 | 班 bān 몡 반 | 学习 xuéxí 동 공부하다 | 没有 méiyǒu 동 없다 | 同学 tóngxué 몡 학우

해설

1단계
강조 구문임을 간파하라!

① 不认真(열심히 하지 않는다): 부정부사 + 형용사
② 没有一个同学(학우가 한 명도 없다): 동사 + 수량사 + 명사
제시된 어휘에 没有와 不가 있는 것을 보고 没有…不… 형태의 이중부정 강조 구문임을 짐작할 수 있다. → 没有一个同学不认真(열심히 하지 않는 학우가 한 명도 없다)

2단계
주어를 찾아라!

我们班(우리 반): '인칭대사 + 명사'의 형태로, 주어가 될 수 있다.

3단계
술어를 찾아라!

学习(공부하다): 동사로, 술어가 될 수 있다.

Tip 여러 개의 동사가 나왔을 때는 有나 没有가 첫 번째 동사 자리에 위치한다.

→ 我们班(우리 반: 주어) + 没有一个同学(학우가 한 명도 없다: 没有 부정/강조) + 不认真学习(열심히 공부하지 않는다: 不 부정/강조)

➡ 따라서 답은 我们班没有一个同学不认真学习(우리 반에는 열심히 공부하지 않는 학우가 한 명도 없다)의 순서가 된다.

02   谁   请客   就   谁迟到   让

정답   谁迟到就让谁请客。 누구든 늦는 사람에게 밥을 사게 한다.

단어   谁 shéi 때 누구 | 请客 qǐngkè 동 한턱내다, 밥을 사다 | 迟到 chídào 동 지각하다

해설

1단계
강조 구문임을 간파하라!

① 谁(누구): 의문대사
② 就(바로): 부사
③ 谁迟到(누가 늦다): 의문대사 + 동사
의문대사를 반복하여 임의의 대상을 강조하는 강조 구문이다. 앞의 의문대사는 조건을 제시하고, 뒤의 의문대사는 제한된 사람을 가리킨다. 의문대사 사이는 就로 연결하며 '谁…就…谁…'의 형태로 나타낸다.

2단계
술어를 찾아라!

① 让(~로 하여금 ~하게 하다): 겸어문에 쓰이는 사역동사로, 뒤에 행위 대상이 나와야 한다. 따라서 의문대사 谁 앞에 위치한다.

Tip 의문대사 용법에서 사역동사는 일반적으로 두 번째 의문대사 앞에 위치한다.

② 请客(밥을 사다): 동사로, 행위 대상 谁(누구)가 하는 동작이 될 수 있다. → 谁请客(누가 밥을 사다)

3단계
전체 문맥을 파악하라!

'누구든 늦는 사람에게 밥을 사게 한다'로 해석하는 것이 가장 자연스럽다. 따라서 조건 谁迟到(누구든 늦으면)가 앞에 나와야 하고, 제한된 사람 谁请客(그 사람이 밥을 산다)가 就 뒤에 나와야 한다.
→ 谁迟到(누가 늦었다: 의문대사/강조 + 동사1) + 就(바로: 부사/강조) + 让(~로 하여금 ~하게 하다: 사역동사) + 谁(누구: 의문대사/강조) + 请客(밥을 사다: 동사2)

➡ 따라서 답은 谁迟到就让谁请客(누구든 늦는 사람에게 밥을 사게 한다)의 순서가 된다.

정답　我一次也没买过这个牌子的衣服。나는 한 번도 이 브랜드의 옷을 사본 적이 없다.
　　　　这个牌子的衣服我一次也没买过。이 브랜드의 옷을 나는 한 번도 사본 적이 없다.

단어　衣服 yīfu 圐 옷 | 牌子 páizi 圐 브랜드, 상표 | 买 mǎi 圄 사다

해설

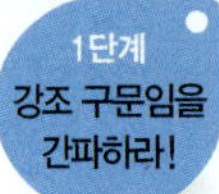
1단계
강조 구문임을 간파하라!

我一次也(나는 한 번도): '대사 + 수량사 + 부사'의 형태로, 부사 也를 사용하여 최소한의 수량을 강조하고 있는 것으로 보아 (连)…也 강조 구문임을 알 수 있다. → 我(连)一次也(나는 한 번도)

Tip　连…也 강조 용법에서 连은 생략이 가능하다. 또한 수량을 강조할 때에는 최소한의 것인 一个(한 개), 一点儿(조금), 一次(한 번) 등을 자주 쓰고, 술어는 부정형이다.

2단계
주어를 찾아라!

① 衣服(옷): 명사로, 주어나 목적어가 될 수 있다.
② 这个牌子的(이 브랜드의): 구조조사 的는 명사를 이끌 수 있으므로, 의미상 명사 衣服(옷)와 결합한다. → 这个牌子的衣服(이 브랜드의 옷)

3단계
술어를 찾아라!

① 没(~ 않다): 부정부사로, 술어 앞에 위치한다.
② 买过(사본 적 있다): 뒤에 동태조사 过가 있으므로 술어임을 알 수 있다.

4단계
주어·목적어를 판단하라!

해석상 '내가 이 브랜드의 옷을 사본 적이 없다'가 되므로 목적어는 这个牌子的衣服(이 브랜드의 옷)가 되고 我一次也(나는 한번도)가 주어다. 连…也 강조 구문에서 목적어는 종종 주어 앞으로 도치시킬 수도 있다.

기본문장: 我一次也没买过 这个牌子的衣服 。나는 한 번도 이 브랜드의 옷을 사본 적이 없다.

강 조 문: 这个牌子的衣服 我一次也没买过。이 브랜드의 옷을 나는 한 번도 사본 적이 없다.

→ 我一次也(나는 한 번도: 주어 + 수량 강조) + 没买过(사본 적이 없다: 부정부사 + 술어) + 这个牌子的衣服(이 브랜드의 옷: 목적어)

→ 这个牌子的衣服(이 브랜드의 옷: 목적어 도치) + 我一次也(나는 한 번도: 주어 + 수량 강조) + 没买过(사본 적이 없다: 부정부사 + 술어)

➡ 따라서 답은 我一次也没买过这个牌子的衣服(나는 한 번도 이 브랜드의 옷을 사본 적이 없다), 또는 这个牌子的衣服我一次也没买过(이 브랜드의 옷을 나는 한 번도 사본 적이 없다)의 순서가 된다.

정답　连几岁的孩子都明白这个道理。몇 살짜리 아이조차도 이 도리를 안다.
　　　　这个道理连几岁的孩子都明白。이 도리는 몇 살짜리 아이조차도 안다.

단어　孩子 háizi 圐 아이 | 道理 dàolǐ 圐 도리 | 明白 míngbai 圄 알다 | 连 lián 圂 ~조차도 | 岁 suì 圐 살, 세

해설

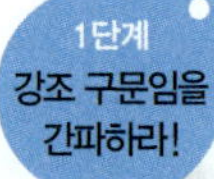
1단계
강조 구문임을 간파하라!

제시된 어휘에서 连几岁的와 都를 보고 강조 구문임을 알 수 있다. 连과 都 사이에 관형어 几岁的가 있으므로, 수식을 받을 명사를 삽입해야 한다.

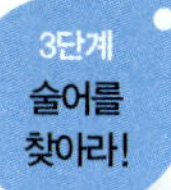

① 这个道理(이 도리): 명사로, 주어나 목적어가 될 수 있다.
② 孩子(아이): 명사로, 주어나 목적어가 될 수도 있지만, 의미상 명사를 이끌 수 있는 连几岁的와 결합한다. → 连几岁的孩子(몇 살짜리 아이조차도)

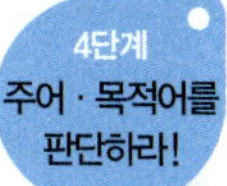

明白(알다): 동사로, 술어가 될 수 있다.

해석상 '몇 살짜리 아이도 이 도리를 안다'가 적합하므로, 목적어는 这个道理(이 도리)가 되고 连几岁的孩子(몇 살짜리 아이조차도)는 주어가 된다. 连…都 강조 구문에서 목적어는 종종 주어 앞에 도치시킬 수도 있다.

기본문장: 连几岁的孩子都明白这个道理。 몇 살짜리 아이조차도 이 도리를 안다.

강 조 문: 这个道理连几岁的孩子都明白。 이 도리는 몇 살짜리 아이조차도 안다.

→ 连几岁的孩子都(몇 살짜리 아이조차도: 주어 강조) + 明白(알다: 술어) + 这个道理(이 도리: 목적어)

→ 这个道理(이 도리: 목적어 도치) + 连几岁的孩子都(몇 살짜리 아이조차도: 주어 강조) + 明白(알다: 술어)

➡ 따라서 답은 连几岁的孩子都明白这个道理(몇 살짜리 아이조차도 이 도리를 안다), 또는 这个道理连几岁的孩子都明白(이 도리는 몇 살짜리 아이조차도 안다)의 순서가 된다.

---

05 永远　好了　要是能　保持年轻　就

정답　要是能永远保持年轻就好了。 만약 영원히 젊음을 유지할 수 있으면 좋을 텐데.

단어　永远 yǒngyuǎn 🈲 영원히 | 要是 yàoshi 🈺 만약 ~라면 | 能 néng 🈴 ~할 수 있다 | 保持 bǎochí 🈺 유지하다 | 年轻 niánqīng 🈺 젊다

해설

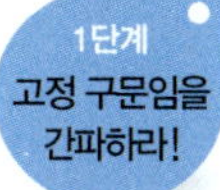

제시된 어휘에서 要是能과 就, 好了를 보고 고정 구문임을 알 수 있다. '要是能…就好了(만약 ~라면 좋을 텐데)'는 자신의 바람을 나타내는 구문으로, 사이에 자신이 바라는 사항을 넣어주면 된다.

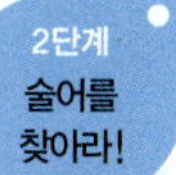

保持年轻(젊음을 유지하다): '동사 + 형용사' 형태의 동사구로, 술어가 될 수 있다.

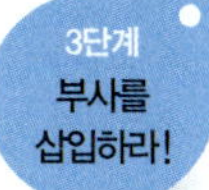

永远(영원히): 부사로, 술어 앞에 위치한다. → 永远保持年轻(영원히 젊음을 유지하다)
 → 要是能(만약 ~할 수 있다면: 강조) + 永远(영원히: 부사어) + 保持年轻(젊음을 유지하다: 술어 + 형용사 목적어) + 就好了(좋다: 강조)

➡ 따라서 답은 要是能永远保持年轻就好了(만약 영원히 젊음을 유지할 수 있으면 좋을 텐데)의 순서가 된다.

01

得　　向老师　　一下　　我　　打听　　考试的内容

정답　　我得向老师打听一下考试的内容。나는 선생님께 시험 내용을 좀 물어봐야 한다.

단어　得 děi 조동 ~해야 한다 | 向 xiàng 전 ~에게 | 老师 lǎoshī 명 선생님 | 打听 dǎting 동 물어보다 | 考试 kǎoshì 명 시험 | 内容 nèiróng 명 내용

해설

1단계
주어를 찾아라!

① 我(나): 인칭대사로, 주어가 될 가능성이 크다.
② 考试的内容(시험 내용): '수식어 的 + 명사'의 형태로, 주어나 목적어가 될 수 있다. 술어를 보고 주어와 목적어를 판단한다.

2단계
술어를 찾아라!

打听(물어보다): 동사로, 술어가 될 수 있다.

3단계
주어·목적어를 판단하라!

술어 打听(물어보다)에 어울리는 목적어는 考试的内容(시험 내용)이며, 시험 내용을 물어보는 주체는 사람이므로 사람이 주어로 나와야 한다. 따라서 我(나)가 주어가 되고, 考试的内容(시험 내용)이 목적어가 된다. → 我打听考试的内容(내가 시험 내용을 물어보다)

4단계
기타 성분을 삽입하라!

① 一下(좀): 동사 뒤에 위치해 동량보어로 쓰인다. → 打听一下(좀 물어보다)
② 得(~해야 한다): 조동사로, 주어 뒤 술어 앞에 삽입한다.
③ 向老师(선생님에게): '전치사 + 명사' 형태의 전치사구로, 조동사 뒤 술어 앞에 삽입한다.

Tip 부사어의 어순에서, 조동사와 전치사구를 술어 앞에 놓는다는 내용은 가장 기본사항이니 반드시 숙지해야 한다.

→ 我(나: 주어) + 得(~해야 한다: 조동사) + 向老师(선생님께: 전치사구) + 打听(물어보다: 술어) + 一下(좀: 동량보어) + 考试的内容(시험 내용: 관형어 + 목적어)

➡ 따라서 답은 我得向老师打听一下考试的内容(나는 선생님께 시험 내용을 좀 물어봐야 한다)의 순서가 된다.

02

一家酒吧　　一直　　小马　　经营　　在

정답　　小马一直在经营一家酒吧。샤오마는 줄곧 술집 하나를 경영하고 있다.

단어　家 jiā 양 집, 점포 등을 세는 단위 | 酒吧 jiǔbā 명 술집 | 一直 yìzhí 부 줄곧 | 经营 jīngyíng 동 경영하다

해설

1단계
주어를 찾아라!

① 小马(샤오마): 사람 이름을 나타내는 명사로, 주어가 될 가능성이 크다.
② 一家酒吧(술집 하나): '수사 + 양사 + 명사'의 형태다. 지시대사 这(이), 那(저) 없이 그냥 수량으로만 나온 불특정한 명사구는 주어가 될 수 없고, 목적어가 될 가능성이 크다.

2단계
술어를 찾아라!

经营(경영하다): 동사로, 술어가 될 수 있다.

3단계
주어·목적어를 판단하라!

술어가 经营(경영하다)이므로, 목적어는 一家酒吧(술집 하나)가 되고, 경영하는 주체는 小马(샤오마)가 된다. → 小马经营一家酒吧(샤오마는 술집 하나를 경영한다)

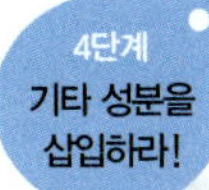

一直(줄곧) / 在(~하는 중이다): 둘 다 시간부사로, 주어 뒤 술어 앞에 위치한다. 진행을 나타내는 在는 다른 부사 앞에 잘 나오지 않고, 술어와 가장 가까이 붙어 있어야 하므로, 어순은 一直在가 된다.

예 一直在想 줄곧 생각하다 / 一直在寻找 줄곧 찾다
　　一直在犹豫 줄곧 머뭇거리다 / 一直在努力 줄곧 노력하다

→ 小马(샤오마: 주어) + 一直在(줄곧 ~하는 중이다: 부사어) + 经营(경영하다: 술어) + 一家酒吧(술집 하나: 목적어)

➡ 따라서 답은 小马一直在经营一家酒吧(샤오마는 줄곧 술집 하나를 경영하고 있다)의 순서가 된다.

03 　想过　我　从来　对这个问题　没有

정답　我对这个问题从来没有想过。 나는 이 문제에 대해 지금까지 생각해본 적이 없다.

단어　想 xiǎng 동 생각하다 | 从来 cónglái 부 지금까지 | 对 duì 전 ~에 대해 | 问题 wèntí 명 문제 | 没有 méiyǒu 부 아직 ~ 않다

해설

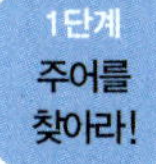

1단계
주어를
찾아라!

我(나): 인칭대사로, 주어가 될 수 있다.

2단계
술어를
찾아라!

想过(생각해본 적 있다): 동태조사 过를 보고 술어임을 알 수 있다.

3단계
기타 성분을
삽입하라!

① 对这个问题: 전치사구로, 주어 뒤 술어 앞에 위치한다.
② 从来(지금까지): 부사
③ 没有(아직 ~ 않다): 부사

从来는 부정부사 不, 没와 자주 함께 쓰이며, 여기에서는 从来没有(지금까지 ~하지 않았다)의 형태로 쓰일 수 있다. 부사는 일반적으로 전치사구 앞에 나오지만, 이 문제에서는 대상(对这个问题)이 아니라 동작(想过)을 강조해야 하므로 전치사구 뒤 술어 앞에 위치시킨다.

Tip 부사는 다른 품사에 비해 위치가 비교적 자유로우며, 예외적인 경우가 있을 수 있다.

→ 我(나: 주어) + 对这个问题(이 문제에 대해: 전치사구) + 从来(지금까지: 부사) + 没有(아직 ~ 않다: 부사) + 想过(생각해본 적 있다: 술어)

➡ 따라서 답은 我对这个问题从来没有想过(나는 이 문제에 대해 지금까지 생각해본 적이 없다)의 순서가 된다.

04 有点儿 会 今天的天气 冷 可能

정답 今天的天气可能会有点儿冷。오늘 날씨는 아마도 조금 추울 것이다.

단어 有点儿 yǒudiǎnr [부] 조금 | 会 huì [조동] ~할 것이다 | 今天 jīntiān [명] 오늘 | 天气 tiānqì [명] 날씨 | 冷 lěng [형] 춥다 | 可能 kěnéng [부] 아마도

해설

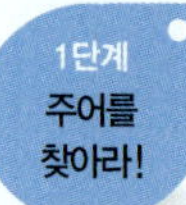

1단계 주어를 찾아라!

今天的天气(오늘 날씨): '수식어 的 + 명사'의 형태로, 주어가 될 수 있다.

2단계 술어를 찾아라!

冷(춥다): 형용사로, 술어가 될 수 있다.

3단계 기타 성분을 삽입하라!

① 会(~할 것이다): 조동사
② 可能(아마도): 부사
부사와 조동사가 같이 제시되었을 경우, '부사 + 조동사'의 어순으로 술어 앞에 위치한다.
③ 有点儿(조금): 정도부사로, 형용사 술어 앞에 위치한다.

Tip 기본 어순대로라면 '일반부사 + 정도부사 + 조동사'의 순서가 되겠지만 정도부사는 형용사 술어와 가장 가까이 위치해야 하므로 예외적으로 '일반부사 + 조동사 + 정도부사' 순으로 배치해야 한다.

→ 今天的天气(오늘 날씨: 관형어 + 주어) + 可能(아마도: 일반부사) + 会(~할 것이다: 조동사) + 有点儿(조금: 정도부사) + 冷(춥다: 술어)

➡ 따라서 답은 今天的天气可能会有点儿冷(오늘 날씨는 아마도 조금 추울 것이다)의 순서가 된다.

05 打算 分别 我们俩 调查 进行

정답 我们俩打算分别进行调查。우리 두 사람은 각자 조사를 진행할 계획이다.

단어 打算 dǎsuan [동] ~할 계획이다 | 分别 fēnbié [부] 각각 | 调查 diàochá [동] 조사하다 | 进行 jìnxíng [동] 진행하다

해설

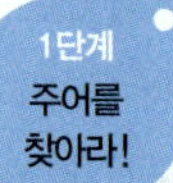

1단계 주어를 찾아라!

我们俩(우리 두 사람): '인칭대사 + 양사'의 형태로, 주어가 될 수 있다.

2단계 술어를 찾아라!

① 打算(~할 계획이다): 특별동사로, 동사구를 목적어로 끌고 나온다. 따라서 문장 전체의 술어가 된다.
② 进行(진행하다) / 调查(조사하다): 둘 다 동사로, 술어가 될 수 있지만 동사구를 목적어로 취하는 특별동사가 있으므로, 목적어 역할을 한다. 동사 进行(진행하다)은 2음절 동사를 목적어로 삼으며, 의미상 调查(조사하다)를 이끌 수 있다.

3단계 부사를 삽입하라!

分别(각각): 부사로, 주어 뒤 술어 앞에 위치한다. 해석상 '각자 조사를 진행할 계획이다'가 적합하므로, 동사구 목적어 进行(진행하다) 앞에서 부사로 쓰인다.

Tip 부사는 문맥상 필요한 곳에 넣어주어야 한다.

→ 我们俩(우리 두 사람: 주어) + 打算(~할 계획이다: 술어) + 分别进行调查(각자 조사를 진행하다: 부사 + 동사구 목적어)

➡ 따라서 답은 我们俩打算分别进行调查(우리 두 사람은 각자 조사를 진행할 계획이다)의 순서가 된다.

01

贡献　为祖国　运动员们　想　巨大的　作出

정답　运动员们想为祖国作出巨大的贡献。
운동선수들은 조국을 위해 아주 큰 공헌을 해내고 싶어한다.

단어　贡献 gòngxiàn 명 공헌 | 为 wèi 전 ~을 위해 | 祖国 zǔguó 명 조국 | 运动员 yùndòngyuán 명 운동선수 | 想 xiǎng 조동 ~하고 싶어하다 | 巨大 jùdà 형 아주 크다

해설

1단계 주어를 찾아라!
① 运动员们(운동선수들): 사람을 나타내는 명사로, 주어가 될 수 있다.
② 贡献(공헌): 명사
③ 巨大的(아주 큰): 구조조사 的는 명사를 이끌 수 있으므로, 의미상 贡献(공헌)과 결합한다.
　→巨大的贡献(아주 큰 공헌)

2단계 술어를 찾아라!
作出(해내다): 방향보어 出를 보고 술어임을 알 수 있다.

3단계 주어 · 목적어를 판단하라!
술어가 作出(해내다)이므로, 목적어는 巨大的贡献(아주 큰 공헌)이 되며, 운동선수들이 큰 공헌을 해내는 것이므로 运动员们(운동선수들)이 주어가 된다.

4단계 기타 성분을 삽입하라!
① 想(~하고 싶어하다): 조동사
② 为祖国(조국을 위해): 전치사 + 명사
'조동사 + 전치사구 + 술어'의 어순으로, 조동사와 전치사구는 모두 술어 앞에 위치한다.
　→ 运动员们(운동선수들: 주어) + 想(~하고 싶어하다: 조동사) + 为祖国(조국을 위해: 전치사구) + 作出(해내다: 술어) + 巨大的贡献(아주 큰 공헌: 관형어 + 목적어)

➡ 따라서 답은 运动员们想为祖国作出巨大的贡献(운동선수들은 조국을 위해 아주 큰 공헌을 해내고 싶어한다)의 순서가 된다.

02

注重　都　调查研究　许多同志　比较

정답　许多同志都比较注重调查研究。 많은 동료 모두가 조사 연구를 비교적 중시한다.

단어　注重 zhùzhòng 통 중점을 두다, 중시하다 | 调查 diàochá 명 통 조사(하다) | 研究 yánjiū 명 통 연구(하다) | 许多 xǔduō 형 매우 많다 | 同志 tóngzhì 명 동료 | 比较 bǐjiào 부 비교적

해설

1단계 주어를 찾아라!
① 许多同志(많은 동료): 명사구로, 주어가 될 수 있다.
② 调查研究(조사 연구): 명사구로, 주어나 목적어가 될 수 있다.
술어를 보고 주어와 목적어를 판단한다.

2단계 술어를 찾아라!
注重(중시하다): 동사로, 술어가 될 수 있다.

3단계
주어·목적어를 판단하라!

해석상 '많은 동료가 조사 연구를 중시한다'라고 해야 하므로, 술어 注重(중시하다)에 어울리는 목적어는 调查研究(조사 연구)이며, 주어는 许多同志(많은 동료)가 된다.

4단계
부사를 삽입하라!

① 都(모두): 범위부사
② 比较(비교적): 정도부사
都는 복수를 나타내는 주어 바로 뒤에 나오고, 정도부사는 술어 바로 앞에 나온다.
→ 许多同志(많은 동료: 주어) + 都(모두: 범위부사) + 比较(비교적: 정도부사) + 注重(중시하다: 술어) + 调查研究(조사 연구: 목적어)

➡ 따라서 답은 许多同志都比较注重调查研究(많은 동료 모두가 조사 연구를 비교적 중시한다)의 순서가 된다.

---

03   了解   对学生的   情况   老师   十分

정답   老师对学生的情况十分了解。 선생님은 학생의 상황에 대해서 충분히 이해한다.

단어   了解 liǎojiě 통 이해하다 | 对 duì 전 ~에 대해 | 学生 xuésheng 명 학생 | 情况 qíngkuàng 명 상황 | 老师 lǎoshī 명 선생님 | 十分 shífēn 부 충분히

해설

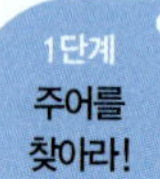

1단계
주어를 찾아라!

① 老师(선생님): 사람을 나타내는 명사로, 주어가 될 가능성이 크다.
② 情况(상황): 명사
③ 对学生的(학생에 대한): 전치사 + 수식어 的
对学生的(학생에 대한)는 명사를 이끄는 구조조사 的가 있으므로, 의미상 명사 情况(상황)과 결합한다. → 对学生的情况(학생의 상황에 대해)
술어를 보고 주어와 목적어를 판단한다.

2단계
술어를 찾아라!

了解(이해하다): 동사로, 술어가 될 수 있다.

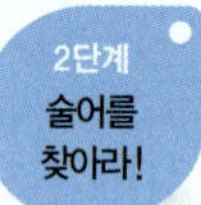

3단계
주어·목적어를 판단하라!

술어가 了解(이해하다)이므로 해석상 '선생님이 학생의 상황에 대해서 이해한다'가 적합하다. 따라서 목적어는 对学生的情况(학생의 상황에 대해)이며, 老师(선생님)가 주어가 된다. → 老师对学生的情况了解(선생님은 학생의 상황에 대해서 이해한다)

4단계
기타 성분을 삽입하라!

十分(충분히): 정도부사로, 술어 앞에 위치한다.
→ 老师(선생님: 주어) + 对学生的情况(학생의 상황에 대해: 전치사구) + 十分(충분히: 정도부사) + 了解(이해하다: 술어)

➡ 따라서 답은 老师对学生的情况十分了解(선생님은 학생의 상황에 대해서 충분히 이해한다)의 순서가 된다.

---

04   感谢   得   你   好好儿   老板

정답   你得好好儿感谢老板。 당신은 사장님께 충분히 감사해야 한다.

단어   感谢 gǎnxiè 통 감사하다 | 得 děi 조동 ~해야 한다 | 老板 lǎobǎn 명 사장

해설

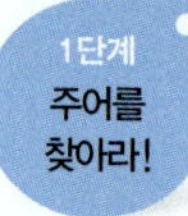

1단계
주어를 찾아라!

① 你(당신): 인칭대사
② 老板(사장): 명사
대사와 명사는 문장에서 주어나 목적어가 될 수 있으므로, 술어를 보고 주어와 목적어를 판단한다.

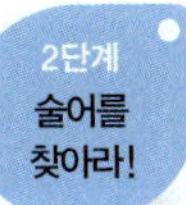

感谢(감사하다): 동사로, 술어가 될 수 있다.

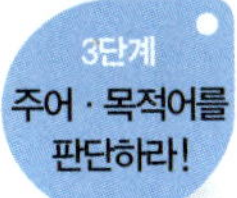

해석상 '사장이 당신에게 감사하다'보다 '당신이 사장님에게 감사하다'라는 의미가 더 적합하므로, 你(당신)가 주어가 되고, 老板(사장님)이 感谢(감사하다)의 목적어가 된다. → 你感谢老板(당신이 사장님께 감사하다)

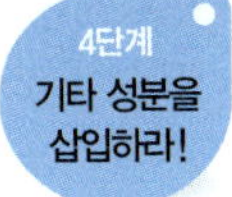

① 好好儿(충분히): 형용사 好를 중첩한 형태로, 술어 앞에서 부사어로 쓰인다.

> Tip 1음절 형용사 중첩은 구조조사 地를 쓰지 않는다.

② 得(~해야 한다): 당위성을 나타내는 조동사로, 술어 전체를 수식하여 전체 술어부 앞에 위치한다.

→ 你(너: 주어) + 得(~해야 한다: 조동사) + 好好儿(충분히: 부사어) + 感谢(감사하다: 술어) + 老板(사장님: 목적어)

➡ 따라서 답은 你得好好儿感谢老板(당신은 사장님께 충분히 감사해야 한다)의 순서가 된다.

05 　再　　会议　　推迟　　不能　　日期　　了

정답　会议日期不能再推迟了。 회의 날짜를 더 연기할 수는 없다.

단어　再 zài 團 더 | 会议 huìyì 團 회의 | 推迟 tuīchí 圖 연기하다 | 不能 bùnéng ～할 수가 없다 | 日期 rìqī 團 날짜

해설

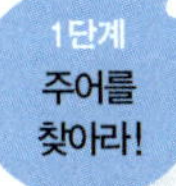

会议(회의) / 日期(날짜): 두 명사는 '회의 날짜'라는 고정된 어휘로 구조조사 的 없이도 연결할 수 있다. → 会议日期(회의 날짜)

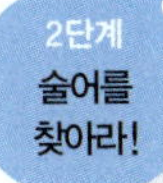

推迟(연기하다): 동사로, 술어가 될 수 있다.

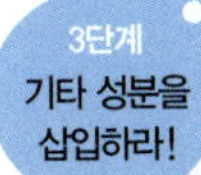

① 了(어기조사): 了가 조동사나 부정부사와 함께 나오면 변화를 나타내는 어기조사로, 문장 맨 끝에 쓰인다.
② 再(더): 부사
③ 不能(~할 수 없다): 부정부사 + 조동사

부사는 위치가 비교적 자유로우며, 都(모두), 很(매우), 再(더)의 경우 위치에 더욱 신경 써야 한다. 전체 의미를 파악해보면, 再不能(더 할 수 없다)이 아니라, 再推迟(더 연기하다)를 할 수 없는 것이므로, 不能이 再推迟了 전체를 부정해야 한다.

> 예 不能再便宜了 더 싸게 할 수는 없다 / 不能再错了 더 틀릴 수는 없다 / 不能再等了 더 기다릴 수는 없다 / 不能再吃了 더 먹을 수는 없다 / 不能再胖了 더 살찔 수는 없다

→ 会议日期(회의 날짜: 주어) + 不能(~할 수 없다: 부정부사 + 조동사) + 再(더: 부사) + 推迟了(연기하다: 술어 + 어기조사)

➡ 따라서 답은 会议日期不能再推迟了(회의 날짜를 더 연기할 수는 없다)의 순서가 된다.

19 day　p.119

01　活动、组织、留学、单调、深刻

단어　活动 huódòng 명 활동, 행사　　组织 zǔzhī 동 조직하다, 구성하다　　留学 liúxué 동 유학하다
　　单调 dāndiào 형 단조롭다　　深刻 shēnkè 형 (인상이) 깊다

해설

1단계 주제어 정하기
留学(유학하다)를 주제로 하여 유학 생활에 관한 상황을 떠올릴 수 있다.

2단계 흐름 잡기
유학 갔다 / 생활이 단조로웠다
→ 학교가 구성한 활동에 참여했다
→ 나에게 깊은 인상을 남겨주었다

3단계: 방법1 단어 활용하기
活动: 参加活动 / 参加了各种活动 / 举办活动 / 课外活动 / 优惠活动
组织: 学校组织的活动 / 组织了很多活动 / 组织比赛
留学: 去中国留学 / 在韩国留学 / 留过学 / 留学两年多了 / 留了两年学
单调: 生活非常单调 / 单调的工作 / 色彩单调 / 感到单调
深刻: 印象深刻 / 留下深刻的印象 / 给我留下了深刻的印象 / 意义深刻 / 记忆深刻

3단계: 방법2 핵심 어법 활용하기

1. 이합동사: 留学(유학하다)
　이합동사에 시간의 양을 나타내는 시량보어를 붙일 때는 '동사 + 了 + 시량보어 + 목적어'의 형태가 된다. 하지만 留学가 주어가 될 때는 바로 뒤에 시간의 양을 쓸 수 있다. 이때 시간의 양은 술어가 된다.
　예 留了两年学　2년간 유학했다
　　　동사 시량보어 목적어

　　我在中国留学已经两年了。 나는 중국에서 유학한 지 이미 2년이 되었다.
　　　　주어　　　　　술어

　Tip 이합동사(离合动词)는 2음절로 된 한 단어처럼 보이지만, 실제로는 '동사 + 목적어'로 결합된 형태로 필요에 따라 떨어지기도(离) 하고, 붙기도(合) 한다고 하여 이합동사라고 한다.

2. 一A[동작1]…就B[동작2]…(A하자마자, 곧 B하다 / A하기만 하면, B하다)
　동작1과 동작2가 시간상으로 아주 긴밀하게 연결되어 발생함을 나타내기도 하고, 조건과 결과를 나타낼 경우에는 습관적으로 항상 그러함을 나타내며 了를 쓰지 않는다.
　예 一休息就自己呆在宿舍里。 쉬기만 하면, 혼자 기숙사 안에서 머무른다.

3. 连…也(심지어 ~조차도)
　连…也 사이에 강조하고자 하는 내용을 넣는다.
　예 连简单的话也不会说。 간단한 말조차도 할 줄 모른다.

4. 접속사: 只要A, 就B(단지 A하기만 하면, 곧 B하다)
　只要 뒤에는 충분조건이 오고, 就 뒤에는 도달할 수 있는 결과가 온다. 즉 충분조건이 형성되면 바로 그렇게 된다는 뜻이다.
　예 只要有时间，就组织很多活动。 시간만 나면, 매우 많은 활동을 구성했다.

5. 越来越(점점 더 / 갈수록)

시간에 따른 상황의 변화, 정도의 증가를 나타낸다.

예 我的汉语越来越流利了。내 중국어는 갈수록 유창해졌다.

一转眼在中国留学两年多了。刚开始因为不会说汉语，也没有朋友，一休息就自己呆在宿舍里，生活非常单调。后来我参加了学校组织的各种活动，认识了很多新朋友，他们给我留下了很深刻的印象。

눈 깜짝할 사이에 중국에서 유학한 지 2년이 되었다. 막 시작했을 때는 중국어를 할 줄 모르고, 친구도 없었기 때문에, 쉬기만 하면 혼자 기숙사 안에 머물렀고, 생활은 매우 단조로웠다. 훗날 나는 학교에서 구성한 갖가지 활동에 참가했고, 매우 많은 새로운 친구들을 알게 되었다. 그들은 나에게 매우 깊은 인상을 남겨주었다.

단어 一转眼 yìzhuǎnyǎn 명 어느덧, 눈 깜짝할 사이 | 开始 kāishǐ 동 시작하다 | 因为 yīnwèi 접 ~ 때문에 | 汉语 Hànyǔ 명 중국어 | 休息 xiūxi 동 쉬다 | 呆 dāi 동 머물다 | 宿舍 sùshè 명 기숙사 | 后来 hòulái 명 훗날 | 参加 cānjiā 동 참가하다 | 认识 rènshi 동 알다 | 留 liú 동 남기다 | 印象 yìnxiàng 명 인상

去年我在中国留了一年学。刚到中国时，我连简单的话也不会说。学校担心留学生的生活太单调，只要有时间，就组织很多活动。半年以后，我的汉语越来越流利了。中国的留学生活给我留下了深刻的印象。

작년에 나는 중국에서 1년간 유학했다. 중국에 막 도착했을 때, 나는 간단한 말조차도 할 줄 몰랐다. 학교는 유학생의 생활이 지나치게 단조로운 것을 염려하여, 시간만 나면 매우 많은 활동을 구성했다. 반년이 흐르고, 내 중국어는 갈수록 유창해졌다. 중국의 유학생활은 나에게 깊은 인상을 남겨주었다.

단어 去年 qùnián 명 작년 | 连 lián 전 ~조차도 | 简单 jiǎndān 형 간단하다 | 担心 dānxīn 동 걱정하다 | 只要 zhǐyào 접 단지 ~하기만 하면 | 时间 shíjiān 명 시간 | 越来越 yuèláiyuè 점점 ~해진다 | 流利 liúlì 형 유창하다

02 婚礼、沟通、幸福、充满、鼓励

단어 婚礼 hūnlǐ 명 결혼식　　沟通 gōutōng 동 소통하다, 의견을 나누다　　幸福 xìngfú 형 행복하다
充满 chōngmǎn 동 충만하다　　鼓励 gǔlì 동 격려하다

해설

1단계
주제어
정하기

婚礼(결혼식)를 주제로 하여 결혼식에 관한 상황을 떠올릴 수 있다.

2단계
흐름 잡기

남자친구는 소통이 잘되고 격려도 잘해준다
→ 자신감을 충만하게 해준다
→ 결혼식을 한다 / 행복할 것이다

3단계: 방법1
단어
활용하기

婚礼: 举行婚礼 / 今天是姐姐的婚礼 / 参加婚礼 / …的婚礼
沟通: A跟(和)B沟通 / 很会沟通 / 沟通能力 / 沟通技巧
幸福: 过得很幸福 / 生活幸福 / 一定会让她幸福 / 幸福的人 / 感到幸福 / 幸福极了
充满: 对…充满信心 / 让…充满信心 / 让她对生活充满信心 / 让我对任何事情都充满信心
鼓励: 鼓励 + 人 / 鼓励学生的话语 / 鼓励鼓励

1. 이합동사: 谈恋爱(연애하다)
   이합동사로 시량보어를 붙일 때는 '동사 + 了 + 시량보어 + 목적어'의 형식이 된다.
   예 谈了八年的恋爱了 8년간 연애를 하였다
2. 对…来说(~의 입장에서)
   주어 앞이나 뒤에 올 수 있는 전치사구로, 어떤 사람이나 사물의 각도로 어떤 일을 보는 것을 나타낸다.
   예 对姐姐来说, 姐夫是非常重要的人。 언니에게 있어서, 형부는 매우 중요한 사람이다.
3. 접속사: 因为(왜냐하면)
   원인을 나타내는 접속사다. 원래 '因为 + 원인, 所以 + 결과'의 형식으로 자주 쓰이지만, '결과, 因为 + 원인'처럼 결과를 앞 절에 쓸 수도 있다.
   예 姐夫是非常重要的人, 因为他很会和姐姐沟通。
      형부는 매우 중요한 사람이다. 왜냐하면 그는 언니와 소통이 매우 잘되기 때문이다.
4. 접속사: 不管A[2개 이상의 조건], 都B[변하지 않는 결과] (A하든지 간에, B하다)
   앞 절에 어떤 조건이 나와도 결과는 바뀌지 않음을 의미하며, 不管 뒤에는 什么, 怎么, 谁, 哪儿 등의 의문대사가 나올 수 있다.
   예 不管姐姐遇到什么困难, 他都鼓励姐姐。
      언니가 어떤 어려움에 부딪히든지 간에, 그는 항상 언니를 격려해준다.

我和男朋友谈了六年的恋爱了, 他是一个很体贴的人。每当我遇到困难时, 他都耐心地和我沟通, 并且鼓励我, 让我对任何事情都充满信心。下个月20号我们就要举行婚礼了, 我相信我们一定会过得很幸福。

나와 남자친구는 6년간 연애를 했으며, 그는 매우 자상한 사람이다. 내가 어려움을 겪을 때마다, 그는 인내심을 가지고 나와 의견을 나누었고, 또한 나를 격려해줌으로써, 내가 어떠한 일에도 자신감으로 충만하게 해주었다. 다음 달 20일에 우리는 결혼식을 올린다. 나는 우리가 반드시 매우 행복할 거라고 믿는다.

단어 谈恋爱 tán liàn'ài 통 연애하다 | 体贴 tǐtiē 통 자상하게 돌보다 | 遇到 yùdào 통 만나다, 맞닥뜨리다 | 困难 kùnnan 명 어려움 | 耐心 nàixīn 형 참을성이 있다 | 并且 bìngqiě 접 또한, 게다가 | 任何 rènhé 대 어떠한 | 事情 shìqíng 명 일 | 信心 xìnxīn 명 자신감 | 举行 jǔxíng 통 거행하다 | 相信 xiāngxìn 통 믿다 | 一定 yídìng 부 반드시 | 过 guò 통 보내다

今天是姐姐的婚礼, 很多亲戚朋友都来了。对姐姐来说, 姐夫是非常重要的人, 因为他很会和姐姐沟通。不管姐姐遇到什么困难, 他都鼓励姐姐, 让姐姐对生活充满信心。他一定会让姐姐生活幸福。

오늘은 언니의 결혼식이어서 매우 많은 친척, 친구들이 모두 왔다. 언니에게 있어서 형부는 매우 중요한 사람이다. 왜냐하면 그는 언니와 소통이 매우 잘되기 때문이다. 언니가 어떤 어려움에 부딪히든지 간에, 그는 항상 언니를 격려하고, 언니로 하여금 생활에 자신감으로 가득 차게 해주었다. 그는 반드시 언니를 행복하게 해줄 것이다.

단어 姐姐 jiějie 명 언니, 누나 | 亲戚 qīnqi 명 친척 | 朋友 péngyou 명 친구 | 对…来说 duì…láishuō ~의 입장에서 | 姐夫 jiěfu 명 형부 | 重要 zhòngyào 형 중요하다 | 不管 bùguǎn 접 ~하든지 간에 | 生活 shēnghuó 명 생활

01　打招呼、魅力、尽量、轻松、邀请

단어　打招呼 dǎ zhāohu 통 인사하다　　魅力 mèilì 명 매력　　尽量 jǐnliàng 부 가능한 한
　　　　轻松 qīngsōng 형 편안하다, 가뿐하다　　邀请 yāoqǐng 통 초대하다

해설

1단계 주제어 정하기
邀请(초대하다)을 주제로 하여 초대받아 간 곳의 상황을 떠올릴 수 있다.

서론	→	본론	→	결론
邀请		尽量 / 打招呼		魅力 / 轻松

2단계 흐름 잡기
초대받아서 참석하다
→ 가능한 ~하다 / 사람들과 인사를 나눈다
→ 제일 매력적이었다 / 분위기는 편안했다

3단계: 방법1 단어 활용하기
打招呼: A跟(和)B打招呼 / 跟(和)朋友打招呼 / 跟(和)客人打招呼 / 热情地打招呼
魅力: 有魅力 / 最有魅力的人 / 笑的魅力 / 性格的魅力
尽量: 尽量帮助朋友 / 尽量跟每位客人打招呼 / 尽量不喝酒 / 尽量完成工作
轻松: 觉得很轻松 / 气氛非常轻松 / 生活很轻松 / 过得轻松
邀请: 邀请我参加晚会 / 邀请我们去她家玩儿 / 邀请客人 / 邀请专家 / 邀请信

3단계: 방법2 핵심 어법 활용하기
1. 정도보어: 동사 + 得 + 부사 + 형용사
   중국어에서 정도보어는 동작의 정도를 보충해주는 것을 말한다.
   예　她穿得漂亮极了。그녀는 매우 예쁘게 입었다.
   　　玩儿得非常高兴 매우 즐겁게 놀았다
2. 접속사: 不管A[2개 이상의 조건], 都B[바뀌지 않는 결과] (A하든지 간에, B하다)
   앞 절에 어떤 조건이 나와도 결과는 바뀌지 않음을 의미하며, 不管 뒤에는 什么, 怎么, 谁, 哪儿 등의 의문대사가 나올 수 있다.
   예　不管朋友有什么困难, 她都尽量帮助朋友。
   　　친구가 어떠한 어려움이 있든지 간에, 그녀는 가능한 한 친구를 돕는다.
3. 부사어 + 地 + 술어
   구조조사 地는 술어를 꾸며주는 부사어와 술어를 연결하는 연결고리다.
   예　热情地打招呼 친절하게 인사를 나눈다
4. 연동문: 동사1 + 목적어1 + 동사2 + 목적어2 + 동사3 + 목적어3
   연동문은 주어가 하나인 문장에 동사가 2개 이상 나오는 것으로, 각각의 동사는 해당하는 목적어를 끌고 나올 수 있다.
   예　邀请我们去她家玩儿 우리를 그녀의 집에 놀러 오라고 초대하다
   　　동사1　　동사2　　동사3

모범답안 1 단어 활용

　　今天是朋友的生日，她邀请我参加生日晚会。晚会开始了，她尽量跟每位客人打招呼。她穿得漂亮极了，成了今天晚上最有魅力的女人。晚会的气氛非常轻松，我觉得所有的客人都玩儿得非常高兴。

오늘은 친구의 생일이다. 그녀는 나를 생일 파티에 참석하라고 초대했다. 파티가 시작했고, 그녀는 가능한 한 모든 손님과 인사를 나눴다. 그녀는 매우 예쁘게 입고 있었고, 오늘 저녁 가장 매력있는 여자가 되었다. 파티 분위기는 매우 편안했고, 나는 모든 손님이 매우 즐겁게 논다고 느꼈다.

 生日 shēngrì 圆 생일 | 参加 cānjiā 동 참가하다 | 晚会 wǎnhuì 圆 저녁 파티 | 开始 kāishǐ 동 시작하다 | 客人 kèrén 圆 손님 | 穿 chuān 동 입다 | 漂亮 piàoliang 圆 예쁘다 | 气氛 qìfēn 圆 분위기 | 觉得 juéde 동 ~라고 느끼다 | 所有 suǒyǒu 圆 모든 | 高兴 gāoxìng 圆 기쁘다

我有一个朋友，她是一个有魅力的女人。每次遇见朋友，她都热情地打招呼。不管朋友有什么困难，她都尽量帮助朋友。跟她在一起，朋友们都觉得很轻松。这个周末她邀请我们去她家玩儿。

나는 친구 한 명이 있는데, 그녀는 매력있는 여자다. 친구를 만날 때마다, 그녀는 친절하게 인사한다. 친구가 어떤 어려움이 있든지 간에, 그녀는 가능한 한 친구를 도와준다. 그녀와 함께 있으면, 친구들은 모두 매우 편안함을 느낀다. 이번 주말에 그녀는 우리를 그녀의 집에 놀러 오라고 초대했다.

 遇见 yùjiàn 동 만나다, 마주치다 | 热情 rèqíng 圆 친절하다 | 不管 bùguǎn 접 ~하든지 간에 | 困难 kùnnan 圆 어려움 | 帮助 bāngzhù 동 돕다 | 周末 zhōumò 圆 주말

02　耽误、烦恼、教育、不耐烦、惭愧

 耽误 dānwu 동 그르치다, 지체하다　　烦恼 fánnǎo 圆 고민스럽다　　教育 jiàoyù 동 교육하다
不耐烦 búnàifán 圆 귀찮다, 견디지 못하다　　惭愧 cánkuì 圆 부끄럽다

해설

1단계 주제어 정하기
烦恼(고민스럽다)를 주제로 하여 고민스럽고 짜증 나던 상황을 떠올릴 수 있다.

2단계 흐름 잡기
고민이 있었고 / 귀찮아했다
→ 혼이 나고 나서야 부끄럽다고 느꼈다
→ 가르침이 있어서 / 그르치지 않을 수 있었다

3단계: 방법1 단어 활용하기
耽误: 耽误学习 / 一定会被耽误的 / 耽误工作 / 耽误时间 / 耽误了几天
烦恼: 有很多烦恼 / 解决烦恼 / 摆脱烦恼
教育: 他的批评和教育 / 妈妈教育我 / 爸爸不教育我 / 教育学生 / 教育的方法
不耐烦: 对…不耐烦 / 很不耐烦 / 觉得不耐烦 / 有点儿不耐烦
惭愧: 觉得很惭愧 / 感到惭愧 / 惭愧得要命

3단계: 방법2 핵심 어법 활용하기
1. 이합동사: 发脾气(성질을 내다)
   '동사(发) + 목적어(脾气)'의 구조로 이미 목적어를 가지고 있기 때문에, 전치사 对를 사용하여 화를 내는 대상을 나타낼 수 있다.
   예 常常对妈妈发脾气 자주 엄마에게 화를 낸다
2. 특별동사: 觉得(~라고 여기다)
   일반적으로 동사는 목적어로 명사를 끌고 나오지만, 觉得는 특별동사로 명사가 아닌 동사구나 형용사구를 목적어로 끌고 나온다.
   예 我觉得很惭愧。 나는 매우 부끄럽다고 생각한다.
   　　觉得很满意 매우 만족한다고 생각한다
3. 如果A, 一定会B(만약 A라면, 분명히 B할 것이다)
   앞 절에서 가정을 나타내며, 뒤 절에 순접적인 결과를 이끈다.
   예 如果当时妈妈不教育我，我一定会耽误学习。
   　　만약 당시에 엄마께서 나를 가르치지 않으셨다면, 나는 분명히 공부를 그르쳤을 것이다.
4. 考上(합격하다)
   방향보어 上은 파생된 의미로 목적 달성, 부착의 의미가 있다.
   예 不可能考上大学 대학에 합격하지 못했을 것이다

　　记得刚参加工作的时候，我好像每天都有很多烦恼，对什么事情都不耐烦。直到有一次我被领导批评了，他的话让我觉得非常惭愧。现在想想，当初要不是他的批评和教育，我的前途一定会被耽误的。

막 일을 시작했을 무렵을 기억해보면, 나는 매일 매우 많은 고민이 있었고, 무슨 일에 대해서든 전부 귀찮아했던 거 같다. 한번은 상사에게 꾸지람을 들었는데, 그의 말은 나를 매우 부끄럽게 생각하게 했다. 지금 생각해보면, 당시에 그의 꾸지람과 가르침이 아니었다면, 나의 미래는 틀림없이 그르쳤을 것이다.

단어 参加 cānjiā 통 참가하다 | 工作 gōngzuò 몡 일, 업무 | 好像 hǎoxiàng 悍 마치 | 事情 shìqing 몡 일 | 直到 zhídào 통 줄곧 ~까지 | 领导 lǐngdǎo 몡 상사 | 批评 pīpíng 통 꾸짖다 | 觉得 juéde 통 ~라고 여기다 | 当初 dāngchū 몡 당시 | 前途 qiántú 몡 미래, 전망 | 一定 yídìng 悍 반드시

　　高中的时候，我有很多烦恼，常常对妈妈发脾气。每次妈妈批评我的时候，我都很不耐烦。现在想一想，我觉得很惭愧。如果当时妈妈不教育我，我一定会耽误学习，不可能考上大学。妈妈，我爱你。

고등학교 시절, 나는 고민이 많아 항상 엄마에게 성질을 내곤 했다. 매번 엄마께서 나를 꾸짖으실 때마다 나는 매우 견디지 못했다. 지금 생각해보면, 정말 부끄럽다는 생각이 든다. 만일 그때 엄마께서 나를 가르치지 않으셨다면, 나는 분명히 학업을 그르치고 대학에 합격하지 못했을 것이다. 엄마, 사랑해요.

단어 常常 chángcháng 悍 자주 | 发脾气 fā píqì 통 성질을 내다, 화를 내다 | 当时 dāngshí 몡 그때 | 考上 kǎoshàng 통 (시험에) 합격하다

21 day　p.130

01　牛仔裤、推荐、身材、购物、合适

단어 牛仔裤 niúzǎikù 몡 청바지　　推荐 tuījiàn 통 추천하다　　身材 shēncái 몡 몸매
购物 gòuwù 통 물건을 사다　　合适 héshì 톙 알맞다, 어울리다

해설

购物(물건을 사다)를 주제로 하여 물건을 사러 간 장소와 상황을 떠올릴 수 있다.

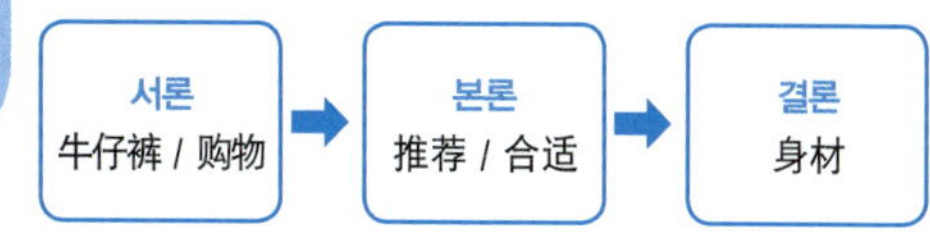

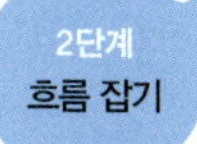

청바지를 사고 싶다 / 물건 사러(쇼핑) 갔다
→ 판매원이 추천해줬다 / 입어보니 어울린다
→ 몸매가 예뻐 보인다

牛仔裤：一条牛仔裤 / 想买一条牛仔裤 / 挑牛仔裤
推荐：推荐了一条牛仔裤 / 售货员推荐了 / 给(向)我推荐一下 / 推荐人才
身材：身材特别好 / 显得身材很好 / 身材棒极了 / 身材高大 / 标准身材 / 有好身材
购物：去百货商店购物 / 跟妈妈一起去购物 / 在网上购物
合适：穿着很合适 / 觉得很合适 / 衣服很合适 / 条件合适 / 最合适的人

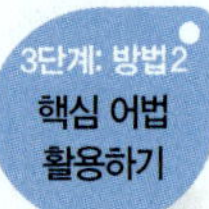

1. 合适(어울리다)

형용사로, 很과 같은 정도부사와 같이 쓰이지만, 목적어는 가질 수 없다. 따라서, 전치사 对를 사용하여 대상을 나타낸다.

예 对我很合适 나에게 잘 어울린다

Tip 适合(적합하다): 동사로, 뒤에 목적어를 바로 끌고 나올 수 있다.
예 适合我 나에게 적합하다

2. 특별동사: 知道(알다)

특별동사는 명사 목적어 이외에 주술구, 동사구, 형용사구를 목적어로 삼을 수 있다.

예 不<u>知道</u> <u>哪条更适合自己</u> 어느 것이 더 자기에게 어울리는지 모른다
　　　특별동사　　주술구

3. 동사 중첩: A了A(한번 A 하였다)

1음절 동사의 중첩 형식은 AA , A—A의 형태로 쓰이며, 과거형은 A了A 로 표현한다.

예 姐姐试了试 언니는 한번 입어봤다

4. 강조용법: 怎么A 也不B(아무리 A해도 B하지 않는다)

'怎么 + (동사) + 都 / 也 + 不'의 형식으로 쓰여, 어떤 조건에서도 상황에 변함이 없음을 의미한다.

예 怎么吃也不胖，很多人都羡慕她。
아무리 먹어도 살이 찌지 않아서, 매우 많은 사람이 그녀를 부러워한다.

모범답안 1 단어 활용

　　最近我很想买一条牛仔裤，所以周末跟朋友一起去百货商店购物。售货员推荐了一条白色的牛仔裤，朋友说我穿着很合适，显得我身材特别好。虽然价格有点儿贵，可是我还是把它买下来了。

최근 나는 청바지를 매우 사고 싶어서, 주말에 친구와 함께 백화점에 쇼핑하러 갔다. 점원은 흰색 청바지를 추천해줬고, 친구는 나에게 잘 어울리며 내 몸매가 특히 돋보인다고 말했다. 비록 가격은 조금 비쌌지만, 그래도 나는 그 청바지를 샀다.

단어 最近 zuìjìn 뗑 최근 | 周末 zhōumò 뗑 주말 | 百货商店 bǎihuò shāngdiàn 뗑 백화점 | 售货员 shòuhuòyuán 뗑 판매원 | 穿 chuān 동 입다 | 显得 xiǎnde 동 ~처럼 보이다 | 特别 tèbié 뭐 특별히, 아주 | 虽然 suīrán 젭 비록 ~하지만 | 价格 jiàgé 뗑 가격 | 贵 guì 톙 비싸다

모범답안 2 어법 활용

　　上个周末，我跟姐姐一起去购物。姐姐想买一条牛仔裤，可是不知道哪条更适合自己。售货员推荐了一条，姐姐试了试，觉得很合适，就买了那条牛仔裤。姐姐的身材非常好，怎么吃也不胖，很多人都羡慕她。

지난 주말, 나는 언니와 함께 쇼핑하러 갔다. 언니는 청바지를 사고 싶어했지만, 어느 것이 더 자기에게 맞는지 몰랐다. 점원이 한 벌을 추천해줬고, 언니는 한번 입어보고는 잘 어울린다고 생각해서, 곧바로 그 청바지를 샀다. 언니의 몸매는 매우 예쁘다. 아무리 먹어도 살이 찌지 않아서, 매우 많은 사람이 그녀를 부러워한다.

단어 姐姐 jiějie 뗑 누나, 언니 | 适合 shìhé 동 알맞다, 적합하다 | 试 shì 동 시험 삼아 해보다 | 觉得 juéde 동 ~라고 여기다 | 胖 pàng 톙 살찌다 | 羡慕 xiànmù 동 부러워하다

단어　虚心 xūxīn 圈 겸손하다　　　效率 xiàolǜ 圈 효율, 능률　　　学期 xuéqī 圈 학기
　　　　鼓励 gǔlì 图 격려하다　　　羡慕 xiànmù 图 부러워하다

해설

1단계
주제어
정하기

学期(학기)를 주제로 하여 공부와 관련된 장소와 상황을 떠올릴 수 있다.

2단계
흐름 잡기

이번 학기 시험을 잘 봐서 부러워했다
→ 격려해줬다 / 겸손하게 공부했다
→ 학습 효율이 높아졌다

3단계: 방법1
단어
활용하기

虚心: 虚心好学 / 向他虚心学习 / 虚心的态度 / 虚心请教 / 虚心的人
效率: 学习效率提高了 / 提高学习效率是最重要的 / 提高工作效率 / 工作有效率
学期: 上个学期 / 这个学期 / 下个学期
鼓励: 鼓励 + 人 / 班长鼓励了我 / 老师鼓励我认真学习
羡慕: 羡慕 + 人 / 特别羡慕她 / 让… 羡慕 / 真让人羡慕 / 羡慕极了

3단계: 방법2
핵심 어법
활용하기

1. 전치사구 활용 동사: 学习(배우다)
　'跟(向) + 명사' 형태의 전치사구와 함께 쓰여 다양한 표현법을 만든다.
　예　跟韩老师学习 한 선생님에게 배운다(= 한 선생님께서 가르쳐주신다)
　　　　跟他一起学汉语 그와 함께 중국어를 배운다
　　　　向他学习 그를 본받는다
2. 一A[동작1]… 就B[동작2]…(A하자마자, 곧 B하다)
　동작1과 동작2가 시간상으로 아주 긴밀하게 연결되어 발생함을 나타낸다.
　예　一开学，老师就鼓励妹妹认真学习。
　　　　개학하자마자, 선생님께서는 여동생에게 열심히 공부하도록 격려해주셨다.
3. 접속사: 不但A, 而且B(A뿐만 아니라, 게다가 B)
　점층을 나타내는 접속사 구문으로, 주어가 1개일 경우, 주어는 접속사 不但 앞에 위치한다.
　예　妹妹不但学习成绩很好，而且虚心好学。
　　　　여동생은 학업 성적이 좋을 뿐 아니라, 게다가 겸손하고 배우는 걸 좋아한다.
4. 시제 만들기: 到…的时候(~할 때 / ~가 되었을 때)
　어떤 시기가 되었음을 나타낸다.
　예　到了期末考试的时候 기말고사가 되었을 때

모범
답안
1
단어
활용

　　上个学期班长又考了第一名，真让人羡慕。我也很努力学习，但是成绩却总是不好，让我很难受。班长鼓励了我，并且教了我他的学习经验。我向他虚心学习之后，我的学习效率提高了，考试也取得了好成绩。

지난 학기에 반장이 또 1등을 해서, 사람들이 정말로 부러워 했다. 나도 매우 열심히 공부했지만, 성적은 오히려 줄곧 좋지 않아서 정말 답답했다. 반장은 나를 격려해줬고, 게다가 그의 공부 노하우를 가르쳐주었다. 나는 반장에게 겸허하게 배우고 난 후, 나의 학업 능률은 높아졌고, 시험에서도 좋은 성적을 거두었다.

단어　班长 bānzhǎng 圈 반장 | 努力 nǔlì 图 노력하다 | 成绩 chéngjì 圈 성적 | 总是 zǒngshì 囝 줄곧, 항상 | 难受 nánshòu 圈 답답하다, 괴롭다 | 并且 bìngqiě 젭 게다가 | 教 jiāo 图 가르치다 | 经验 jīngyàn 圈 경험 | 提高 tígāo 图 향상시키다, 높이다 | 考试 kǎoshì 圈 시험 | 取得 qǔdé 图 얻다, 획득하다

这学期的课非常多。一开学，老师就鼓励妹妹认真学习。妹妹不但学习成绩很好，而且虚心好学。妹妹认为提高学习效率是最重要的。到了期末考试的时候，她得到了第一名，别人都特别羡慕她。

이번 학기는 수업이 너무 많다. 개학하자마자, 선생님께서는 여동생이 열심히 공부하도록 격려해주셨다. 여동생은 학업 성적이 좋을 뿐만 아니라, 게다가 겸손하고 배우는 걸 좋아한다. 여동생은 학업 능률을 높이는 것은 가장 중요한 것이라고 생각한다. 기말고사가 되었을때 그녀는 1등을 해서, 다른 사람 모두 여동생을 아주 부러워했다.

단어 课 kè 圐 수업 | 开学 kāixué 튐 개학하다 | 老师 lǎoshī 圐 선생님 | 妹妹 mèimei 圐 여동생 | 认真 rènzhēn 휑 진지하다, 성실하다 | 不但 búdàn 쥅 ~뿐만 아니라 | 认为 rènwéi 튐 여기다 | 重要 zhòngyào 휑 중요하다 | 期末 qīmò 圐 기말 | 特别 tèbié 틪 아주, 특별히

22 day   p.131

01 买单、干脆、感谢、临时、海鲜

단어 买单 mǎidān 튐 계산하다   干脆 gāncuì 틪 차라리, 아예 휑 간단명료하다

感谢 gǎnxiè 튐 감사하다   临时 línshí 휑 잠시의, 임시의 틪 때가 되어   海鲜 hǎixiān 圐 해산물

해설

1단계 주제어 정하기

买单(계산하다)을 주제로 하여 이야기가 전개될 장소와 상황을 떠올릴 수 있다.

서론 感谢 → 본론 海鲜 / 干脆 → 결론 临时 / 买单

2단계 흐름 잡기

도움을 준 사람에게 감사를 표시하다
→ 고민하다가 차라리 해산물 음식점으로 갔다
→ 회사에 잠시 일이 생겼다 / 나는 먼저 계산하고 나왔다

3단계: 방법1 단어 활용하기

买单: 去买单 / 谁买单 / 只好先买单离开了 / 吃晚饭买单的时候
干脆: 干脆去那儿算了 / 干脆请他吃海鲜算了 / 干脆别去了 / 说话做事很干脆
感谢: 感谢 + 人 / 非常感谢他 / 表示感谢 / 为了表示感谢 / 感谢你的帮助
临时: 公司临时加班 / 公司临时有事 / 临时出差
海鲜: 海鲜饭馆 / 吃海鲜 / 买海鲜 / 请他吃海鲜 / 海鲜很新鲜 / 海鲜的味道不错

3단계: 방법2 핵심 어법 활용하기

1. 이합동사: 帮忙(도와주다)
   '동사(帮) + 목적어(忙)'의 형태로 되어 있는 이합동사다. 동태조사(了), 목적어(我) 등은 帮忙 사이에 넣어준다.
   예 朋友们最近帮了我很多忙。친구들이 최근 나를 매우 많이 도와주었다.
2. 반어문: 谁知道(누가 알았겠느냐?)
   예상치 못했다는 어감으로 의문대사 谁를 맨 앞으로 도치시켜 반문하는 반어문의 형식이다.
   예 谁知道公司临时加班? 회사에서 그때 야근하게 될 줄 누가 알았겠는가?
3. 부사: 只好(어쩔 수 없이)
   不得不(부득이하게), 只能(~할 수밖에 없다)과 동의어로 쓰이며, 방법이 없음을 나타낸다.
   예 我只好先买单离开了。나는 어쩔 수 없이 먼저 계산하고 갔다.

4. 사역동사: 让(~로 하여금 ~하게 하다)
   '주어 + 让 + 명사(목적어 / 주어) + 술어' 형식으로 겸어문에서 사역동사로 쓰인다. 让뒤에 있는 명사는 앞 절 让의 목적어이면서, 뒤 절의 주어도 된다.
   예 我只好让朋友等我。나는 어쩔 수 없이 친구를 기다리게 했다.
5. 시제 만들기: …的时候(~일 때)
   '동작 + 的时候'의 형식으로 시제를 만들 수 있다. 이때, 吃饭时候가 아니라, 반드시 구조조사 的를 사용하여 吃饭的时候라고 표현해야 한다.
   예 上课的时候 수업할 때 / 回家的时候 집에 돌아갈 때 /
   打电话的时候 전화할 때 / 逛街的时候 거리 구경할 때 /
   放假的时候 방학할 때 / 吃晚饭买单的时候 저녁을 먹고 계산할 때

모범답안 1 단어 활용

朋友们最近帮了我很多忙，为了表示感谢，我打算请他们吃饭。可大家都不知道该去哪儿吃。听说公司附近新开的海鲜饭馆味道不错，干脆去那儿算了。没想到吃饭时公司临时有事，我只好先买单离开了。

친구들이 최근에 나를 매우 많이 도와줘서, 고마움을 표시하기 위해 나는 그들에게 밥을 대접하려 했다. 그런데 다들 어디에 가서 식사를 해야 할지 몰랐다. 듣자하니, 회사 근처에 새로 개업한 해산물 식당이 맛이 괜찮다고 해서, 아예 그곳에 가기로 했다. 식사하고 있을 때 예상치 못하게 회사에 잠시 일이 생겼고, 나는 어쩔 수 없이 먼저 계산하고 떠났다.

단어 最近 zuìjìn 몡 최근 | 帮忙 bāngmáng 통 도와주다 | 为了 wèile 전 ~을 위해서 | 表示 biǎoshì 통 나타내다, 표시하다 | 打算 dǎsuan 통 ~하려고 하다 | 听说 tīngshuō 통 듣자하니 | 附近 fùjìn 몡 근처 | 饭馆 fànguǎn 몡 식당, 음식점 | 味道 wèidao 몡 맛 | 不错 búcuò 혱 좋다, 괜찮다 | 只好 zhǐhǎo 뮈 어쩔 수 없이 | 离开 líkāi 통 떠나다

모범답안 2 어법 활용

今天是朋友的生日，可是不知道买什么礼物，干脆请他吃海鲜算了。谁知道公司临时加班，我只好让朋友等我。吃晚饭买单的时候，我多给了20块，没想到服务员还给我了，非常感谢他。

오늘은 친구의 생일이다. 그런데 어떤 선물을 사야 할지 몰라서, 차라리 그에게 해산물을 대접하기로 했다. 회사에서 그때 야근하게 될 줄 누가 알았겠는가. 나는 어쩔 수 없이 친구를 기다리게 했다. 저녁 식사를 하고 계산할 때, 나는 20위안을 더 냈다. 생각지도 못하게 종업원은 나에게 돈을 돌려주었고, 그에게 매우 감사했다.

단어 生日 shēngrì 몡 생일 | 礼物 lǐwù 몡 선물 | 加班 jiābān 통 초과 근무하다 | 服务员 fúwùyuán 몡 종업원

02 成立、扩大、信心、服务、谦虚

단어 成立 chénglì 통 설립하다   扩大 kuòdà 통 확대하다   信心 xìnxīn 몡 자신감
服务 fúwù 통 서비스하다   谦虚 qiānxū 혱 겸손하다

해설

1단계 주제어 정하기

成立(설립하다)를 주제로 하여 이야기가 전개될 장소와 상황을 떠올릴 수 있다.

2단계 흐름 잡기

사장은 성실하고 겸손한 사람이다 / 자신의 결정에 자신감이 있다
→ 회사를 세운 지 몇 년 되지 않았다
→ 서비스 영역을 몇 배로 확대시켜 성공했다

成立: 成立分公司 / 公司成立已经十年了 / 他的公司成立不到三年
扩大: 扩大业务 / 扩大服务范围 / 范围扩大了将近三倍 / 扩大影响
信心: 对…有信心 / 对自己的决定有信心 / 充满了信心 / 信心十足 / 在…方面有信心
服务: 客户服务 / 服务工作 / 服务态度 / 服务范围
谦虚: 保持谦虚的态度 / 非常谦虚的人 / 为人谦虚 / 谦虚谨慎 / 在…方面比较谦虚

1. 특별부사: 几乎(거의) / 从来(여태껏) / 根本(본래)
   几乎, 从来, 根本 등과 같은 특별부사는 종종 부정부사(不, 没有)와 함께 쓰인다.
   예 几乎没有不认识他的人。그를 모르는 사람이 거의 없다.
2. 전치사: 为了(~을 위해서)
   전치사로서 목적을 나타내며, 앞 절에만 쓰이는 특징이 있다.
   예 为了扩大服务范围 서비스 범위를 확대하기 위하여
3. 특별동사: 决定(결정하다) / 喜欢(좋아한다) / 觉得(~라고 여기다) / 认为(생각하다)
   决定, 喜欢, 觉得, 认为 등과 같은 특별동사는 동사구를 목적어로 끌고 나온다.
   예 公司决定派小王去上海工作。회사는 샤오왕을 상하이로 파견하기로 결정하였다.
   　　　　　 동사구 목적어
4. 접속사: 不但A, 而且B(A뿐만 아니라, 게다가 B)
   점층을 나타내는 접속사 구문으로, 주어가 1개일 경우, 주어는 접속사 不但 앞에 위치한다.
   예 他不但有丰富的工作经验，而且是一个非常谦虚的人。
   　　그는 풍부한 업무 경험이 있을 뿐만 아니라, 게다가 매우 겸손한 사람이다.
5. 전치사구 활용 동사: 充满(충만하다)
   充满은 추상적인 목적어 信心(자신감), 笑声(웃음소리), …着友好的气氛(우호적인 분위기)
   등과 함께 쓰이며, 대상을 나타낼 때는 전치사 对를 사용하여 对…充满의 형태로 쓴다.
   예 公司对小王充满了信心。회사는 샤오왕에 대해 믿음이 충만하다.

　　一说起王老板，几乎没有不认识他的人。他很诚实，为人谦虚，而且对自己的决定向来都特别有信心。所以他的公司成立不到三年就把服务范围扩大了将近三倍，取得了很大的成功，我们都非常羡慕他。

왕 사장에 대해 이야기를 하자면, 그를 모르는 사람이 거의 없다. 그는 매우 성실하고 인품이 겸손했으며, 게다가 자신의 결정에 대해 줄곧 특별히 자신감을 가져왔다. 그래서 그의 회사는 창립한 지 3년도 되지 않아 서비스 범위를 거의 3배 가까이 확대시켰고, 매우 큰 성공을 거두었다. 우리는 모두 그를 매우 부러워한다.

단어 老板 lǎobǎn 명 사장 | 几乎 jīhū 부 거의 | 认识 rènshi 동 알다 | 诚实 chéngshí 형 성실하다 | 为人 wéirén 명 됨됨이, 인품 | 而且 érqiě 접 게다가 | 决定 juédìng 명 결정 | 向来 xiànglái 부 줄곧, 본래부터 | 特别 tèbié 부 특별히 | 范围 fànwéi 명 범위 | 将近 jiāngjìn 동 거의 ~에 이르다 | 取 qǔ 동 얻다 | 成功 chénggōng 동 성공하다 | 羡慕 xiànmù 동 부러워하다

　　公司想在上海成立分公司，主要是为了扩大服务范围。公司决定派小王去上海工作。他不但有丰富的工作经验，而且是一个非常谦虚的人，能认真听别人的建议。我们公司对小王充满了信心。

회사는 상하이에 지사를 설립하고자 했으며, 주로 서비스 범위를 확대하기 위해서였다. 회사는 샤오왕을 상하이에 파견하기로 결정했다. 그는 매우 풍부한 업무 경험이 있을 뿐만 아니라, 게다가 매우 겸손한 사람으로, 다른 사람의 의견을 진지하게 들을 줄 안다. 우리 회사는 샤오왕에 대해 믿음이 충만하다.

단어 分公司 fēngōngsī 명 지사 | 主要 zhǔyào 형 주요한 | 为了 wèile 전 ~을 위해서 | 派 pài 동 파견하다 | 工作 gōngzuò 동 일하다 | 不但 búdàn 접 ~뿐만 아니라 | 丰富 fēngfù 형 풍부하다 | 经验 jīngyàn 명 경험 | 而且 érqiě 접 게다가 | 认真 rènzhēn 형 진지하다 | 建议 jiànyì 명 의견 | 充满 chōngmǎn 동 충만하다

01 迟到、下雪、堵车、厉害、浪费

단어 迟到 chídào [동] 지각하다   下雪 xiàxuě [동] 눈이 내리다   堵车 dǔchē [동] 교통이 체증되다
厉害 lìhai [형] 심각하다   浪费 lángfèi [동] 낭비하다

해설

1단계 주제어 정하기 堵车(차가 막히는 것)를 주제로 하여 이야기를 구성할 수 있다.

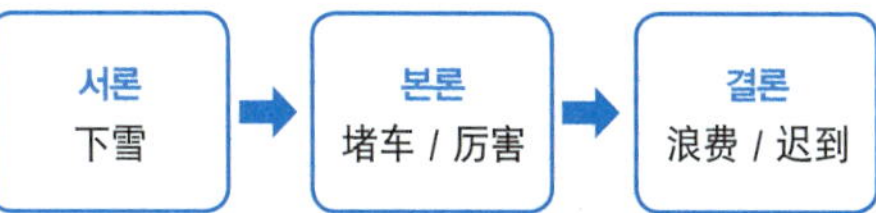

2단계 흐름 잡기
눈이 많이 내렸다
→ 출근길이 막혔다 / 정도가 심하다
→ 시간을 낭비했다 / 지각했다

3단계: 방법1 단어 활용하기
迟到: 不想迟到 / 迟到了 / 迟到了一个小时 / 别再迟到了 / 结果到学校的时候迟到了
下雪: 下大雪 / 下一场雪 / 下了一场大雪 / 下雪天
堵车: 堵车堵得很厉害 / 路上堵车了 / 前面堵车了
厉害: 车堵得厉害 / 病得厉害 / 妈妈很厉害 / 在…方面很厉害
浪费: 太浪费了 / 在路上浪费了半个小时 / 浪费时间 / 浪费钱 / 不喜欢浪费

3단계: 방법2 핵심 어법 활용하기

1. 이합동사: 下雪(눈이 내리다)
   '동사(下) + 목적어(雪)'의 형태로, 동태조사(了)나 수량사(一场)는 모두 동사(下) 바로 뒤에 위치해야 한다.
   예 昨天晚上下了一场大雪。어제저녁 한바탕 큰 눈이 내렸다.
2. 시량보어: 半个小时(30분) / 二十分钟(20분)
   시간의 양을 나타내는 시량보어는 동사 뒤에 위치한다. 等车(차를 기다리다)에서 车는 명사 목적어이므로, 바로 뒤에 시량보어를 쓸 수 없고, 동사를 한 번 더 반복한 다음에 시량보어를 위치시켜 주면 된다.
   예 我等车等了<u>二十分钟</u>左右。나는 20여 분 정도 차를 기다렸다.
   시량보어
3. 접속사: 因为A, 所以B(A 때문에, 그래서 B하다)
   원인과 결과를 나타내는 접속사 구문이다.
   예 因为不想迟到, 所以很早就出门了。지각하고 싶지 않았기 때문에, 매우 일찍 집을 나섰다.
4. 정도보어: 동사 + 得 + 형용사
   동사 뒤에 구조조사 得를 써서 동작의 정도를 보충해주는 것을 말한다. 이합동사 堵车(차가 막히다)에서 车는 목적어이므로, 堵车得…라고 할 수 없고, 堵车堵得…라고 해야 한다.
   예 没想到路上堵车堵得非常厉害。예상치 못하게 길에 차가 너무 심하게 막혔다.
5. 비교문: A不如B(A는 B만 못하다 / B가 낫다)
   예 不如坐地铁上班了。지하철 타고 출근하는 것이 낫다.

모범답안 1 단어 활용
　　昨天晚上下了一场大雪, 所以今天路上堵车堵得厉害。我等车等了二十分钟左右, 公共汽车才来。没想到去学校的路上, 车突然坏了, 所以浪费了半个小时, 结果到学校的时候迟到了, 我被老师批评了。

어제저녁 한바탕 큰 눈이 내려서, 오늘은 길에 차가 심하게 막혔다. 내가 20여 분 정도 차를 기다리고 나서야 버스가 왔다. 생각지도 못하게 학교 가는 길에 차가 갑자기 고장 났고, 30분이나 낭비했다. 결국 학교에 도착했을 때에는 지각이었고, 나는 선생님께 꾸중을 들었다.

단어 路上 lùshang 圕 길 위 | 左右 zuǒyòu 圕 내외, 가량 | 公共汽车 gōnggòng qìchē 圕 버스 | 学校 xuéxiào 圕 학교 | 突然 tūrán 囝 갑자기 | 坏 huài 圄 고장 나다 | 结果 jiéguǒ 쥅 결국 | 老师 lǎoshī 圕 선생님 | 批评 pīpíng 圄 꾸짖다

모범답안 2 어법 활용

我今天第一天上班，因为不想迟到，所以很早就出门了。没想到路上堵车堵得非常厉害，原来昨天晚上下雪了。我也没有别的办法，只好慢慢开。我居然在路上浪费了一个小时，不如坐地铁上班了。

나는 오늘 첫 출근 날이어서, 지각하고 싶지 않았기 때문에, 매우 일찍 집을 나섰다. 그런데 예상치 못하게 길에 차가 너무 심하게 막혔고, 알고 보니 어제저녁 눈이 내렸던 것이다. 나는 별다른 방법이 없어, 어쩔 수 없이 천천히 운전했다. 뜻밖에 나는 길에서 한 시간을 낭비했으며, 지하철을 타고 출근하는 것이 나았다.

단어 上班 shàngbān 圄 출근하다 | 出门 chūmén 圄 집을 나서다 | 原来 yuánlái 囝 알고 보니 | 办法 bànfǎ 圕 방법 | 只好 zhǐhǎo 囝 어쩔 수 없이 | 慢慢 mànmàn 圀 천천히 | 开 kāi 圄 운전하다 | 居然 jūrán 囝 뜻밖에, 의외로 | 不如 bùrú 圄 ~만 못하다 | 地铁 dìtiě 圕 지하철

02 满足、健康、压力、放松、锻炼

단어 满足 mǎnzú 圄 만족하다
健康 jiànkāng 圀 圄 건강(하다)
压力 yālì 圕 스트레스
放松 fàngsōng 圄 정신적 긴장을 풀다
锻炼 duànliàn 圄 단련하다

해설

1단계 주제어 정하기

건강(건강)을 주제로 하여 이야기를 구성할 수 있다.

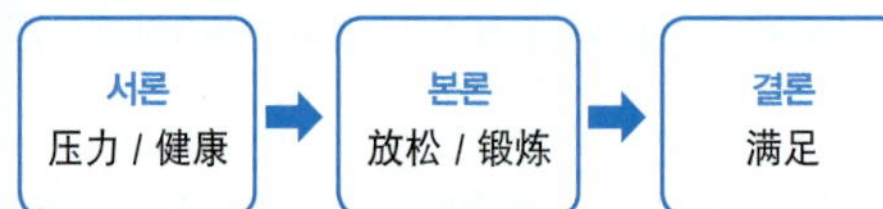

2단계 흐름 잡기

스트레스로 건강이 안 좋아졌다
→ 긴장을 풀려고 / 체력단련을 했다
→ 지금의 생활에 만족한다

3단계: 방법1 단어 활용하기

满足: 对…很(不)满足 / 感到满足 / 满足现在的生活 / 对自己的生活不满足
健康: 身体健康 / 健康状况越来越差 / 健康食品 / 对健康有好处 / 健康生活
压力: 有压力 / 压力比较大 / 缓解压力 / 工作压力的原因 / 让压力消失
放松: 为了放松一下 / 觉得很放松 / 可以放松放松
锻炼: 锻炼身体 / 在公园锻炼

3단계: 방법2 핵심 어법 활용하기

1. 전치사구 활용 동사: 满足(만족하다)
   명사 목적어를 끌고 나올 수도 있지만, 전치사 对를 사용해 대상을 나타낼 수도 있다.
   예 我常常对自己的生活不满足。 나는 항상 자신의 생활에 만족하지 못한다.
2. 사역동사: 让(~로 하여금 ~하게 하다)
   '주어 + 让 + 명사(목적어 / 주어) + 술어' 의 형식으로, 겸어문에서 사역동사로 쓰인다. 让 뒤에 있는 명사는 앞 절 让의 목적어이면서, 뒤 절의 주어도 된다.
   예 医生让我每天锻炼身体。 의사는 나에게 매일 신체단련을 하라고 했다.
3. 如果A的话, 就B(만약 A라면, 곧 B)
   가정을 나타내며, 때에 따라서 如果를 생략할 수도 있다.
   예 (如果)有时间的话, 就出去旅游。 시간이 있다면, 바로 여행을 간다.
4. 접속사: 不仅A, 而且B(A뿐만 아니라, 게다가 B)
   점층을 나타내는 접속사로, 작문할 때 가장 자주 활용되는 접속사 중의 하나다.
   예 这样不仅可以放松放松, 而且对自己的健康很好。
   이렇게 하면 긴장을 풀 수 있을 뿐만 아니라, 자신의 건강에도 매우 좋다.

因为工作压力的原因，我的健康状况越来越差。为了放松一下，我开始抽时间参加体育锻炼，并时刻告诉自己要满足现在的生活。没想到不仅健康状态好了，连工作效率也提高了。现在我真的很满足。

업무 스트레스의 원인으로 인해, 나의 건강 상태는 갈수록 나빠졌다. 긴장을 풀기 위해 나는 시간을 내서 스포츠 단련에 참여하기 시작했고, 또한 항상 현재의 생활에 만족해야 한다고 스스로에게 말했다. 생각지도 못하게 건강 상태가 좋아졌을 뿐만 아니라, 업무 능률까지도 높아졌다. 현재 나는 정말 매우 만족한다.

단어 原因 yuányīn 몡 원인 | 状况 zhuàngkuàng 몡 상황 | 越来越 yuèláiyuè 점점 ~해진다 | 差 chà 톙 나쁘다 | 为了 wèile 젠 ~을 위해서 | 开始 kāishǐ 됭 시작하다 | 抽 chōu 됭 (시간, 틈을) 내다 | 时间 shíjiān 몡 시간 | 参加 cānjiā 됭 참가하다 | 体育 tǐyù 몡 체육, 스포츠 | 时刻 shíkè 뷔 시시각각, 항상 | 告诉 gàosu 됭 알리다, 말하다 | 生活 shēnghuó 몡 생활 | 不仅 bùjǐn 젭 ~뿐만 아니라 | 状态 zhuàngtài 몡 상태 | 连 lián 젠 ~조차도 | 效率 xiàolǜ 몡 효율, 능률 | 提高 tígāo 됭 향상시키다, 높이다

我常常对自己的生活不满足，所以压力比较大。医生让我每天锻炼身体，有时间的话就出去旅游，这样不仅可以放松放松，而且对自己的健康很好。没想到这个方法这么有效，你也试试吧。

나는 자주 자신의 생활에 불만족해서, 스트레스가 비교적 많은 편이었다. 의사는 나에게 매일 몸을 단련하라고 했고, 시간이 있다면 바로 여행을 떠나보라고 했다. 이렇게 하면 긴장을 풀 수 있을 뿐만 아니라, 자신의 건강에도 매우 좋다는 것이다. 이런 방법이 이렇게 효과가 있을 줄은 미처 몰랐다. 당신도 한번 해보시길.

단어 常常 chángcháng 뷔 자주 | 医生 yīshēng 몡 의사 | 身体 shēntǐ 몡 신체, 몸 | 出去 chūqu 됭 나가다 | 旅游 lǚyóu 됭 여행하다 | 而且 érqiě 젭 게다가 | 方法 fāngfǎ 몡 방법 | 有效 yǒuxiào 톙 효과가 있다 | 试 shì 됭 시험 삼아 해보다

24 day p.139

01 避免、垃圾、保护、严重、污染

단어 避免 bìmiǎn 됭 피하다, 방지하다　　垃圾 lājī 몡 쓰레기　　保护 bǎohù 됭 보호하다
严重 yánzhòng 톙 심각하다　　污染 wūrǎn 몡 오염 됭 오염되다, 오염시키다

해설

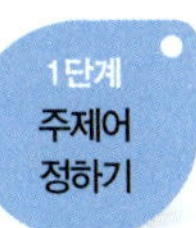

垃圾(쓰레기) 문제를 주제로 하여 이야기를 구성할 수 있다.

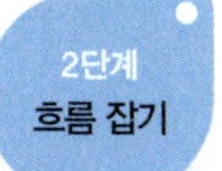

쓰레기가 많아졌다
→ 오염이 심각하다
→ 환경을 보호해야 한다 / 더 이상의 오염은 피해야 한다

3단계: 방법1
단어
활용하기

避免: 避免破坏环境 / 尽量避免污染环境 / 避免发生事故 / 避免环境被进一步地污染
垃圾: 乱扔垃圾 / 倒垃圾 / 生活垃圾也随着增加 / 把垃圾扔到地上 / 垃圾分类 / 收垃圾 / 扫垃圾
保护: 保护我们的环境 / 保护动物 / 学会保护自己
严重: 污染越来越严重了 / 造成了严重的污染 / 问题严重 / 后果很严重
污染: 环境污染 / 被污染了 / 污染了空气 / 进一步的污染

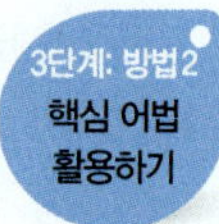

1. 随着…(~에 따라서)

'随着 + 수식어 的 + 명사, 주어 + 술어 + 목적어'의 형태로, 주어보다도 앞에 나온다는 특징이 있다. 随着는 发展(발전), 变化(변화), 提高(향상시키다), 增加(증가하다) 등의 어휘와 자주 호응하여 쓰인다.

例 随着社会的发展 사회가 발전함에 따라서

2. 越来越(점점 더 / 갈수록)

시간에 따른 상황의 변화, 정도의 증가를 나타낸다.

例 环境污染越来越严重了。환경오염이 갈수록 심각해졌다.

3. 상용구: 拿…来说(~를 (가지고) 말해보면)

예를 들어 설명할 때 사용하는 상용구다.

例 就拿昨天来说吧。어제를 (가지고) 말해보자.

4. 처치문: 把(~을 / ~를)

把는 처치문을 만드는 전치사로, 기본 문장에서 술어 뒤에 놓이는 목적어를 술어 앞으로 도치시키는 역할을 하며, '把 + 처치 대상 + 동사 + 기타 성분'의 형식으로 쓰인다.

例 小孩子把垃圾扔到地上。꼬마 아이가 쓰레기를 땅에 버렸다.

모범 답안 1 단어 활용

人们的生活越来越方便，生活垃圾也随着增加了许多。而目前这些垃圾对环境已经造成了严重的污染。为了保护我们的环境，每个人都应该努力减少生活垃圾，避免环境被进一步地污染。

사람들의 생활이 갈수록 편리해지면서, 생활 쓰레기도 그만큼 매우 많이 늘어났다. 게다가 현재 이런 쓰레기들은 이미 환경에 심각한 오염을 일으켰다. 우리의 환경을 보호하기 위해서, 모든 사람들은 마땅히 생활 쓰레기를 줄이도록 노력하여, 환경이 더 오염되는 것을 방지해야 한다.

단어 生活 shēnghuó 명 생활 | 越来越 yuèláiyuè 점점 ~해진다 | 方便 fāngbiàn 형 편리하다 | 随着 suízhe 전 ~에 따라서 | 许多 xǔduō 형 매우 많다 | 目前 mùqián 명 현재 | 环境 huánjìng 명 환경 | 已经 yǐjing 부 이미 | 造成 zàochéng 동 조성하다 | 为了 wèile 전 ~을 위해서 | 应该 yīnggāi 조동 마땅히 ~해야 한다 | 努力 nǔlì 동 노력하다 | 减少 jiǎnshǎo 동 감소하다 | 进一步 jìnyíbù 부 더 나아가

모범 답안 2 어법 활용

随着社会的发展，环境污染越来越严重了。就拿昨天来说吧，我看见一个小孩子把垃圾扔到地上。我批评了他，可是他觉得很委屈。我告诉他，乱扔垃圾会污染环境，我们每一个人都应该尽量保护环境，避免污染环境。

사회가 발전함에 따라, 환경오염이 갈수록 심각해졌다. 어제를 가지고 말해보면, 나는 한 아이가 쓰레기를 바닥에 버리는 것을 보았다. 나는 그 아이를 꾸짖었는데, 그는 매우 억울해했다. 나는 그에게 쓰레기를 함부로 버리면 환경을 오염시킬 수 있으니, 우리는 모두 가능한 한 환경을 보호하고, 환경을 오염시키는 것을 방지해야 한다고 알려주었다.

단어 社会 shèhuì 명 사회 | 发展 fāzhǎn 명 발전 | 拿…来说 ná…láishuō ~를 (가지고) 말해보면 | 看见 kànjiàn 동 보다 | 小孩子 xiǎoháizi 명 아이 | 扔 rēng 동 내버리다 | 地上 dìshàng 명 땅, 지상 | 批评 pīpíng 동 꾸짖다 | 觉得 juéde 동 ~라고 여기다 | 委屈 wěiqu 형 억울하다 | 告诉 gàosu 동 알리다, 말하다 | 乱 luàn 부 함부로 | 尽量 jǐnliàng 부 가능한 한

---

02 压力、适合、缓解、乐观、偶然

단어 压力 yālì 명 스트레스   适合 shìhé 동 적합하다, 알맞다   缓解 huǎnjiě 동 완화하다
乐观 lèguān 형 낙관적이다   偶然 ǒurán 부 가끔, 우연히 형 우연하다

1단계 주제어 정하기

压力(스트레스)를 주제로 하여 이야기를 구성할 수 있다.

2단계 흐름 잡기

스트레스가 많다
→ 우연히 스트레스 해결하는 방법을 듣게(보게) 되었다
→ 낙관적인 태도와 자신에게 맞는 활동을 하는 것이다

3단계: 방법1 단어 활용하기

压力: 有压力 / 压力大 / 缓解压力 / 让压力消失 / 缓解压力的办法 / 工作压力大得要命
适合: 哪种运动适合我 / 适合自己 / 听适合自己的音乐 / 适合自己的运动
缓解: 缓解压力 / 缓解压力的办法 / 为了缓解
乐观: 总是非常乐观 / 保持乐观的工作态度 / 要有乐观的生活态度
偶然: 偶然知道的 / 这是偶然 / 偶然的机会 / 偶然听朋友说了 / 偶然在报纸上看到了

3단계: 방법2 핵심 어법 활용하기

1. 정도보어: 형용사 + 得 + 要命
   형용사 술어 뒤에 구조조사 得를 쓰고, 그 뒤에 要命(심하다), 要死(최고도에 이르다), 不得了(매우 심하다) 등을 써서 정도가 매우 심함을 나타낸다.
   예 工作压力大得要命。 업무 스트레스가 너무 심하다.
2. 既A又B(A할 뿐만 아니라, B하기도 하다)
   A와 B가 유사한 구조를 이루며, 又 대신 也를 사용할 수도 있다.
   예 既要交很多报告，又(也)要总结一年的工作。
     매우 많은 보고서를 제출해야 할 뿐만 아니라, 일 년간의 업무도 총결산 해야 한다.
3. 접속사: 首先(첫째 / 첫 번째)
   부사로 '먼저'라는 의미도 있으며, 접속사로 쓰일 때에는 보통 '首先…, 其次…'의 형식으로 쓰인다.
   예 首先，要有乐观的生活态度；其次，选择一个适合自己的运动。
     첫 번째로 낙관적인 생활 태도를 가져야 하고, 두 번째로 자신에게 맞는 운동을 선택한다.
4. 비교문: A比B (A는 B보다)
   B 뒤에 오는 술어가 설명하는 대상은 A가 된다.
   예 我的工作压力比以前小了很多。 나의 업무 스트레스는 예전보다 매우 많이 줄었다.

모범답안 1 단어 활용

　　公司一到年末就特别忙，既要交很多报告，又要总结一年的工作，工作压力大得要命。偶然听朋友说了他缓解压力的办法，就是保持乐观的工作态度和听适合自己的音乐。我试了试，果然压力比以前小多了。

회사는 연말만 되면 매우 바빠진다. 매우 많은 보고서를 제출해야 할 뿐만 아니라, 또 일 년간의 업무도 총결산 해야 해서, 업무 스트레스가 너무 심하다. 우연히 친구에게 스트레스를 해결하는 방법을 들었는데, 바로 낙관적인 업무 태도를 유지하고 자신에게 맞는 음악을 듣는 것이다. 나는 시도해보았는데, 역시 스트레스가 이전보다 훨씬 줄었다.

단어 年末 niánmò 명 연말 | 特别 tèbié 부 특별히, 아주 | 忙 máng 형 바쁘다 | 既…又… jì…yòu… ~할 뿐만 아니라 ~하기도 하다 | 报告 bàogào 명 보고서 | 总结 zǒngjié 통 총결산하다 | 工作 gōngzuò 명 업무, 일 | 要命 yàomìng 부 아주, 몹시 | 办法 bànfǎ 명 방법 | 保持 bǎochí 통 유지하다 | 态度 tàidu 명 태도 | 音乐 yīnyuè 명 음악 | 试 shì 통 시험 삼아 해보다 | 果然 guǒrán 부 역시, 과연 | 以前 yǐqián 명 이전

모범답안 2 어법 활용

　　前几天，我偶然在报纸上看到了几种缓解压力的办法，决定试试。首先，要有乐观的生活态度；其次，选择一个适合自己的运动。用了这两个办法之后，我的工作压力比以前小了很多。你也试试吧。

며칠 전, 나는 우연히 신문에서 몇 가지 스트레스 해결하는 방법을 보았고, 한번 해보기로 마음먹었다. 첫째, 낙관적인 생활 태도를 가져야 한다. 그 다음, 자신에게 맞는 운동을 선택한다. 이 두 가지 방법을 사용하고 난 후, 나의 업무 스트레스는 예전보다 매우 많이 줄었다. 당신도 한번 해보시길.

단어 报纸 bàozhǐ 명 신문 | 决定 juédìng 통 결정하다 | 首先 shǒuxiān 대 첫 번째, 먼저 | 生活 shēnghuó 명 생활 | 其次 qícì 대 그 다음 | 选择 xuǎnzé 통 선택하다 | 运动 yùndòng 명 운동

01

해설

1단계
그림
파악하기

인물: 한 쌍의 남녀
사물: 신문
동작: 남녀가 함께 즐겁게 신문을 보고 있다

2단계: 방법1
특징
나열하기

신문이 일상생활에 가져다주는 장점을 생각해본다.
1. 새로운 정보를 얻을 수 있다: 可以获得新信息
2. 국가의 큰 일을 잘 알 수 있다: 可以了解国家大事
3. 좋아하는 내용은 보존해두었다가, 나중에 또 볼 수 있다: 自己喜欢的内容可以保存起来，以后也可以看

2단계: 방법2
에피소드
설정하기

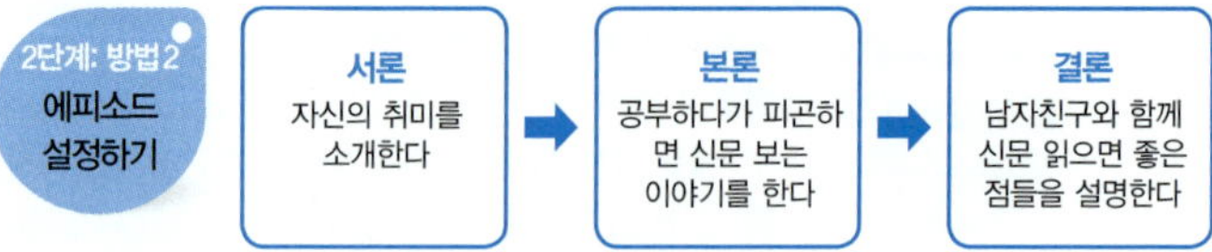

서론		본론		결론
자신의 취미를 소개한다	→	공부하다가 피곤하면 신문 보는 이야기를 한다	→	남자친구와 함께 신문 읽으면 좋은 점들을 설명한다

모범답안 1 특징나열

　　图片中的两个人一边看报纸一边聊天儿。读报纸有哪些好处呢？一来，可以获得新信息；二来，可以了解国家大事；三来，自己喜欢的内容可以保存起来，以后也可以看。所以，我们最好养成读报纸的习惯。

　　그림 속의 두 사람은 신문을 보면서, 이야기를 나누고 있다. 신문을 읽는 것은 어떠한 장점이 있을까? 첫째, 새로운 정보를 얻을 수 있다. 둘째, 국가의 큰 일을 잘 알 수 있다. 셋째, 자신이 좋아하는 내용은 보존해두었다가, 나중에 또 볼 수 있다. 따라서, 우리는 신문 읽는 습관을 기르는 것이 가장 좋다.

단어 图片 túpiàn 몡 그림 | 一边…一边… yìbiān…yìbiān… ~하면서 ~하다 | 报纸 bàozhǐ 몡 신문 | 聊天儿 liáotiānr 동 이야기하다. 잡담하다 | 读 dú 동 읽다 | 好处 hǎochu 몡 장점 | 获得 huòdé 동 얻다. 획득하다 | 信息 xìnxī 몡 정보, 소식 | 了解 liǎojiě 동 잘 알다 | 国家 guójiā 몡 국가 | 喜欢 xǐhuan 동 좋아하다 | 内容 nèiróng 몡 내용 | 保存 bǎocún 동 보존하다 | 所以 suǒyǐ 젭 그래서 | 最好 zuìhǎo 뮈 ~하는 게 제일 좋다 | 养成 yǎngchéng 동 양성하다, 기르다 | 习惯 xíguàn 몡 습관

모범답안 2 에피소드

　　我和男朋友的爱好相同，那就是看报纸。每当我们在图书馆学习的时候，如果太累了，就在图书馆外面一边看报纸一边聊天。通过报纸，我们不但了解了很多外面的事情，而且也增进了相互的了解。

　　나와 남자친구는 취미가 같은데, 그것은 바로 신문을 보는 것이다. 우리는 도서관에서 공부할 때마다, 만약 너무 피곤하면, 도서관 밖에서 신문을 보며 이야기를 나눈다. 신문을 통해 우리는 매우 많은 외부의 일들을 잘 알 뿐만 아니라, 상호간의 이해도 증진한다.

단어 爱好 àihào 몡 취미 | 相同 xiāngtóng 혱 똑같다 | 每当 měi dāng ~할 때마다 | 图书馆 túshūguǎn 몡 도서관 | 如果 rúguǒ 젭 만약 | 累 lèi 혱 피곤하다 | 外面 wàimian 몡 바깥 | 通过 tōngguò 전 ~를 통해 | 不但 búdàn 젭 ~뿐만 아니라 | 事情 shìqing 몡 일 | 而且 érqiě 젭 게다가 | 增进 zēngjìn 동 증진하다 | 相互 xiānghù 뮈 서로

해설

1단계 그림 파악하기

인물: 사람들
사물: 지하철
동작: 지하철을 탔다

2단계: 방법1 특징 나열하기

지하철이 일상생활에 가져다주는 장점과 단점을 생각해본다.
1. 지하철을 타면 막히지 않는다: 坐地铁没有堵车
2. 제시간에 도착할 수 있다: 会准时到达
3. 책을 읽거나 음악을 들을 수 있다: 可以读书或者听音乐

2단계: 방법2 에피소드 설정하기

서론	본론	결론
매일 출퇴근할 때 지하철을 탄다고 말한다	지하철 이용할 때 불편한 이유를 설명한다	차를 사서 자가용으로 출퇴근하고 싶은 소망을 말한다

모범답안 1 특징 나열

　　图片里的男人和女人正在坐地铁。坐地铁有哪些好处呢？一来，最近常常堵车，可是坐地铁的话，没有这样的烦恼，一般会准时到达；二来，坐地铁的时候可以读书或者听音乐。下次出门的时候，你也坐地铁吧。

그림 속의 남자와 여자는 지하철을 타고 있다. 지하철을 타면 어떠한 장점이 있을까? 첫째, 최근 항상 차가 막히지만, 지하철을 타면 이런 걱정이 없고, 대부분 제때에 도착할 수 있다. 둘째, 지하철을 탈 때는 책을 읽거나 음악을 들을 수 있다. 다음에 외출할 때 당신도 지하철을 타보시길.

단어 图片 túpiàn 똉 그림 | 正在 zhèngzài 퉴 ~하고 있다 | 坐 zuò 똉 타다 | 地铁 dìtiě 똉 지하철 | 好处 hǎochu 똉 장점 | 最近 zuìjìn 똉 최근 | 堵车 dǔchē 똉 차가 막히다 | 可是 kěshì 젭 그러나 | 烦恼 fánnǎo 똉 걱정하다 | 一般 yìbān 똉 일반적이다 | 准时 zhǔnshí 퉴 제때에 | 到达 dàodá 똉 도착하다 | 读书 dúshū 똉 책을 읽다 | 或者 huòzhě 젭 ~이거나 혹은 ~이다 | 音乐 yīnyuè 똉 음악 | 下次 xiàcì 똉 다음번 | 出门 chūmén 똉 외출하다

모범답안 2 에피소드

　　每天上下班，我都坐地铁，可是地铁很不方便。因为地铁站不仅离家很远，而且上下班高峰期的时候，地铁里的人太多了，挤得要死。如果有钱的话，我真想快点儿买一辆车，再也不想坐地铁上班了。

매일 출퇴근할 때 나는 지하철을 타지만, 지하철은 매우 불편하다. 왜냐하면 지하철역이 집에서 멀 뿐만 아니라, 출퇴근 러시아워 때는 지하철에 사람들이 너무 많아 몹시 붐빈다. 만일 돈이 있다면, 나는 빨리 자가용 한 대를 사고 싶고, 다시는 지하철을 타고 출근하고 싶지 않다.

단어 方便 fāngbiàn 똉 편리하다 | 因为 yīnwèi 젭 ~때문에 | 站 zhàn 똉 역, 정류장 | 不仅 bùjǐn 젭 ~뿐만 아니라 | 远 yuǎn 똉 멀다 | 而且 érqiě 젭 게다가 | 高峰期 gāofēngqī 똉 절정기 | 挤 jǐ 똉 붐비다 | 要死 yàosǐ 퉴 몹시 | 如果 rúguǒ 젭 만약 | 辆 liàng 떙 대(차량을 세는 단위)

01

해설

1단계
그림 파악하기

인물: 여자들
사물: 커피
동작: 여유롭게 커피를 마시고 있다

2단계: 방법1
특징 나열하기

커피가 일상생활에 가져다주는 장점과 사랑받는 원인을 생각해본다.
1. 커피는 어떤 음료수보다 맛있다: 咖啡比什么饮料都好喝
2. 커피를 마시면 소화에 도움이 된다: 喝咖啡对消化有帮助
3. 커피를 마시는 것은 정신을 깨워주는 작용을 한다: 喝咖啡有提神的作用
4. 커피를 마시는 것은 일종의 시대적 유행이다: 喝咖啡是一种时尚

2단계: 방법2
에피소드 설정하기

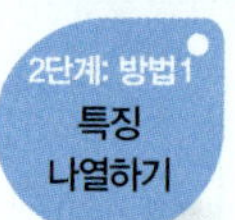

서론	본론	결론
커피 마시는 걸 좋아한다고 소개한다	아침, 점심, 저녁으로 커피 마시는 상황을 설명한다	커피의 역할을 말해준다

모범 답안 1 특징 나열

　　图片中的女人正在喝咖啡，最近咖啡受到很多女人的欢迎。原因有哪些呢？第一，喝咖啡对消化有帮助；第二，喝咖啡有提神的作用；第三，喝咖啡是一种时尚。所以很多女人越来越离不开咖啡。

그림 속의 여자는 커피를 마시고 있다. 최근 커피는 매우 많은 여성에게 인기를 얻고 있다. 원인은 어디에 있을까? 첫째, 커피를 마시면 소화에 도움이 된다. 둘째, 커피를 마시는 것은 정신을 깨워주는 작용을 한다. 셋째, 커피를 마시는 것은 일종의 시대적 유행이다. 따라서 많은 여성이 갈수록 커피를 떠날 수 없게 되고 있다.

단어 图片 túpiàn 몡 그림 | 正在 zhèngzài 뷔 ~하고 있다 | 咖啡 kāfēi 몡 커피 | 最近 zuìjìn 몡 최근 | 受到 shòudào 통 받다 | 欢迎 huānyíng 통 환영하다 | 原因 yuányīn 몡 원인 | 消化 xiāohuà 통 소화하다 | 帮助 bāngzhù 통 돕다, 도와주다 | 提神 tíshén 통 (정신을) 차리다 | 作用 zuòyòng 몡 작용 | 时尚 shíshàng 몡 시대적 유행 | 所以 suǒyǐ 젭 그래서 | 越来越 yuèláiyuè 점점 ~해진다 | 离不开 líbukāi 통 떨어질 수 없다

모범 답안 2 에피소드

　　在所有的饮品中，我最喜欢咖啡，一天大概要喝三杯咖啡。每天我的早餐是一杯咖啡加上一些面包。每天午饭以后，我常常喝一杯咖啡，感觉舒服极了。咖啡还有提神的作用，加班的时候喝一杯，就不觉得困了。

모든 음료 중, 나는 커피를 제일 좋아해서, 하루에 약 세 잔의 커피를 마셔야 한다. 매일 나의 아침 식사는 커피 한 잔에 빵 몇 조각을 추가한다. 매일 점심 이후, 나는 항상 커피 한 잔을 마시며 정말 편안함을 느낀다. 커피는 정신을 차리게 하는 효과도 있어서, 야근할 때 한 잔 마시면 졸리지 않다.

단어 所有 suǒyǒu 혱 모든 | 饮品 yǐnpǐn 몡 음료 | 喜欢 xǐhuan 통 좋아하다 | 大概 dàgài 뷔 아마, 대개 | 杯 bēi 양 잔 | 早餐 zǎocān 몡 아침 식사 | 加 jiā 통 더하다, 첨가하다 | 面包 miànbāo 몡 빵 | 午饭 wǔfàn 몡 점심 식사 | 感觉 gǎnjué 통 느끼다 | 舒服 shūfu 혱 편안하다 | 加班 jiābān 통 초과 근무하다 | 困 kùn 혱 졸리다

해설

**1단계
그림
파악하기**

인물: 남자
사물: 표지판
동작: 길이나 방향을 잃고 표지판 앞에 서 있다

**2단계: 방법1
특징
나열하기**

길을 잃었을 때, 해야 하는 행동을 생각해본다.
1. 주위에 도로표지가 있는지 본다: 看看周围有没有路标
2. 근처에 사람이 있는지 둘러본다: 看看附近有没有人
3. 지도를 본다: 看看地图
4. 경찰에게 전화한다: 给警察打电话

**2단계: 방법2
에피소드
설정하기**

서론	**본론**	**결론**
여행 가서 길을 잃었던 일을 회상한다	길을 잃고 어떤 기분이었는지 당시의 상황을 설명한다	꼼꼼히 표지판을 보고 방향을 찾았다는 경험을 말한다

**모범
답안
1
특징
나열**

　　当你一个人去旅游的时候，要是迷路了怎么办呢？第一，马上停下来，看看周围有没有路标；第二，看看附近有没有人；第三，看看地图，找出自己的位置。如果都不行的话，给警察打电话。

당신 혼자서 여행을 떠날 때, 만약 길을 잃었다면 어떻게 할 것인가? 첫째, 곧바로 멈춰 서서 주위에 도로표지가 있는지 본다. 둘째, 근처에 사람이 있는지 둘러본다. 셋째, 지도를 보고 자신의 위치를 찾는다. 만일 모두 소용없다면, 경찰에게 전화를 한다.

단어 旅游 lǚyóu 통 여행하다 | 要是 yàoshi 접 만약 | 迷路 mílù 통 길을 잃다 | 马上 mǎshàng 부 바로 | 停下来 tíngxiàlái 통 멈추다 | 周围 zhōuwéi 통 주위 | 路标 lùbiāo 명 도로표지 | 附近 fùjìn 명 근처 | 地图 dìtú 명 지도 | 找 zhǎo 통 찾다 | 位置 wèizhi 명 위치 | 如果 rúguǒ 접 만약 | 警察 jǐngchá 명 경찰 | 打电话 dǎ diànhuà 전화를 걸다

**모범
답안
2
에피
소드**

　　去年夏天，我一个人去中国旅游的时候，发生了一件意想不到的事情。我在中国迷路了，当时我非常紧张，不知道怎么办。我告诉自己一定要冷静，认真看了看周围的路标和地图，终于认清了方向。

지난해 여름 나 혼자서 중국으로 여행을 떠났을 때, 예상치 못했던 일이 일어났다. 나는 중국에서 길을 잃었고, 그 당시 너무 긴장해서 어떻게 해야 할지를 몰랐다. 나는 스스로에게 반드시 침착해야 한다고 말하고, 주위의 도로표지와 지도를 유심히 살펴, 결국에는 방향을 알아냈다.

단어 去年 qùnián 명 작년 | 夏天 xiàtiān 명 여름 | 发生 fāshēng 통 발생하다 | 意想 yìxiǎng 통 예상하다 | 事情 shìqing 명 일 | 当时 dāngshí 명 당시 | 非常 fēicháng 부 매우 | 紧张 jǐnzhāng 형 긴장해 있다 | 告诉 gàosu 통 말하다 | 一定 yídìng 부 반드시 | 冷静 lěngjìng 형 침착하다 | 认真 rènzhēn 형 진지하다 | 终于 zhōngyú 부 결국, 마침내 | 认清 rènqīng 통 확실히 알다 | 方向 fāngxiàng 명 방향

01

해설

1단계 그림 파악하기
인물: 남자
사물: 시계
동작: 시계를 보며 누군가를 기다리고 있다

2단계 주제 정하기
약속 시간을 지키는 것은 중요하다.

3단계: 방법1 견해 논술하기
1. 시간은 매우 중요한 것이다: 时间都是非常重要的
2. 시간을 지키는 것은 상대방에 대한 예의다: 遵守时间是对别人的礼貌
3. 우리는 다른 사람의 시간을 낭비해서는 안 된다: 我们不能浪费别人的时间
4. 시간을 지키지 않으면, 신용도가 떨어질 수 있다: 不遵守时间的话, 信用度会降低

3단계: 방법2 에피소드 설정하기

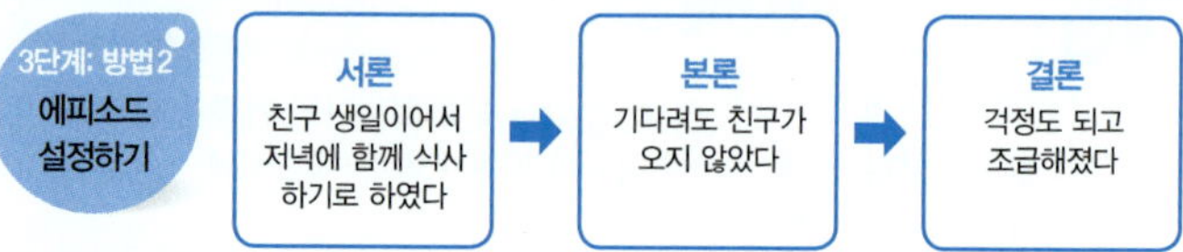

모범답안 1 견해 논술

　　图片上的男人可能在等什么人。对每个人来说，时间都是非常重要的。首先，遵守时间是对别人的礼貌；其次，我们不能浪费别人的时间；最后，不遵守时间的话，信用度会降低。如果跟别人约好了时间，应该准时到。

그림 속의 남자는 아마도 누군가를 기다리고 있는 것 같다. 모든 사람에게 있어서, 시간은 매우 중요한 것이다. 먼저, 시간을 지키는 것은 상대방에 대한 예의다. 그 다음으로, 우리는 다른 사람의 시간을 낭비해서는 안 된다. 마지막으로, 시간을 지키지 않으면 신용도가 떨어질 수 있다. 만약 다른 사람과 시간을 약속했다면, 마땅히 제때에 도착해야 한다.

단어 图片 túpiàn 명 그림 | 对…来说 duì…láishuō ~에게 있어서 | 时间 shíjiān 명 시간 | 非常 fēicháng 부 매우 | 重要 zhòngyào 형 중요하다 | 遵守 zūnshǒu 동 준수하다, 지키다 | 礼貌 lǐmào 명 예절, 예의 | 浪费 làngfèi 동 낭비하다 | 信用度 xìnyòngdù 명 신용도 | 降低 jiàngdī 동 떨어지다, 낮아지다 | 如果 rúguǒ 접 만약 | 约 yuē 동 약속하다 | 应该 yīnggāi 조동 마땅히 ~해야 한다 | 准时 zhǔnshí 명 제때에

모범답안 2 에피소드

　　今天是朋友的生日，晚上跟他约好一起吃饭。可是等了30分钟了，他也没来。给他打电话也不接，不知道发生了什么事情，真是让人着急。本来吃完饭我还有别的约会，现在怎么办才好呢？

오늘은 친구의 생일이라서, 저녁에 그와 같이 밥을 먹기로 약속했다. 그런데 30분을 기다려도 그가 오지 않았다. 그에게 전화를 걸어도 받지 않았고, 무슨 일이 생긴 건지 알 수가 없어서 정말 마음이 조급했다. 원래 식사를 마친 후에, 나는 다른 약속이 또 있는데, 이제 어떻게 해야 좋을까?

단어 生日 shēngrì 명 생일 | 约 yuē 동 약속하다 | 一起 yìqǐ 부 함께 | 可是 kěshì 접 그러나 | 打电话 dǎ diànhuà 전화를 걸다 | 接 jiē 동 받다 | 发生 fāshēng 동 발생하다 | 事情 shìqing 명 일 | 着急 zháojí 형 조급하다 | 本来 běnlái 부 원래 | 约会 yuēhuì 명 약속 | 现在 xiànzài 명 현재, 지금

02

**1단계
그림
파악하기**

인물: 여자
사물: 선물
동작: 여자가 선물 상자를 안고 있다

**2단계
주제
정하기**

선물에 담겨 있는 마음의 가치가 중요한 것이다.

**3단계: 방법1
견해
논술하기**

1. 선물은 가장 아름다운 마음을 나타내준다: 礼物表达了最美好的心意
2. 비싸든 싸든 상관하지 않는다: 不在乎贵贱
3. 중요한 것은 선물에 담겨 있는 마음의 가치: 看重的是礼物中所包含的情感价值

**3단계: 방법2
에피소드
설정하기**

서론		본론		결론
내일은 어머니의 생일이다	→	백화점에 가서 선물을 샀다	→	내가 산 생일선물을 마음에 들어하셨으면 좋겠다

**모범
답안
1
견해
논술**

　　礼物是在节日里朋友之间相互送的东西，表达了人和人之间最美好的心意。对于礼物，很多人并不在乎贵贱，看重的是礼物中所包含的情感价值，因为礼物传达了对他人最真诚的祝福。

선물은 기념일에 친구들 사이에 서로 건네주는 것으로써, 사람과 사람 사이에 가장 아름다운 마음을 나타내준다. 선물에 대해 많은 사람들은 비싸든 싸든 결코 상관하지 않는다. 중요한 것은 선물에 담겨 있는 마음의 가치다. 왜냐하면 선물은 다른 사람에 대한 가장 진실한 축복을 전달하기 때문이다.

단어 礼物 lǐwù 몡 선물 | 节日 jiérì 몡 기념일 | 之间 zhījiān 몡 (~의) 사이 | 相互 xiānghù 뷔 서로 | 送 sòng 동 선물하다 | 美好 měihǎo 혱 아름답다 | 心意 xīnyì 몡 마음 | 不在乎 búzàihu 동 마음에 두지 않다 | 贵贱 guìjiàn 몡 가격의 높고 낮음 | 看重 kànzhòng 동 중시하다 | 包含 bāohán 동 포함하다, 함유하다 | 情感 qínggǎn 몡 감정, 마음 | 价值 jiàzhí 몡 가치 | 因为 yīnwèi 젭 ~ 때문에 | 传达 chuándá 동 전달하다 | 真诚 zhēnchéng 혱 진실하다 | 祝福 zhùfú 몡 축하, 축복

**모범
답안
2
에피
소드**

　　明天是妈妈的生日，今天下班以后，我去百货商店给她买了一个礼物。妈妈总觉得百货商店的衣服太贵了，一直舍不得买。我为了给买一个贵的礼物，每天辛苦地工作，希望她能喜欢我送的礼物。

내일은 어머니의 생신이어서, 오늘 퇴근 후에 나는 백화점에 가서 어머니께 드릴 선물을 샀다. 어머니는 항상 백화점 옷은 너무 비싸다고 생각하셨고, 줄곧 사기를 아까워하셨다. 나는 비싼 선물을 사드리기 위해서 매일 힘들게 일을 했다. 어머니께서 내가 드린 선물을 마음에 들어하셨으면 좋겠다.

단어 生日 shēngrì 몡 생일 | 百货商店 bǎihuò shāngdiàn 몡 백화점 | 礼物 lǐwù 몡 선물 | 觉得 juéde 동 ~라고 여기다 | 衣服 yīfu 몡 옷 | 贵 guì 혱 비싸다 | 一直 yìzhí 뷔 줄곧 | 舍不得 shěbude 아까워하다, 아쉬워하다 | 为了 wèile 젠 ~을 위하여 | 辛苦 xīnkǔ 혱 힘들다, 고생스럽다 | 工作 gōngzuò 동 일하다 | 希望 xīwàng 동 바라다 | 送 sòng 동 선물하다

01

해설

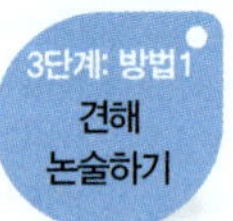
1단계
그림
파악하기

인물: 남자와 여자
사물: 반지
동작: 남자가 여자에게 반지를 주며 프러포즈를 하고 있다

2단계
주제
정하기

프러포즈의 방식보다도 두 사람의 사랑하는 마음이 더 중요하다.

3단계: 방법1
견해
논술하기

1. 여자는 남자가 프러포즈할 때에도 매우 낭만적이기를 바란다: 女人希望男人求婚的时候也很浪漫
2. 남자는 신경을 많이 써야 한다: 男人要花很多心思
3. 다양한 프러포즈 방식이 유행하고 있다: 流行很多种求婚的方式
4. 두 사람이 서로 진심으로 사랑하는 것이 가장 중요하다: 两个人真心相爱是最重要的

3단계: 방법2
에피소드
설정하기

서론
어제는 매우 의미 있고, 중요한 날이었다

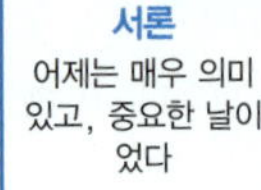
본론
5년 동안 연애를 한 남자친구가 나에게 청혼을 했다

결론
나는 매우 행복했다

모범답안 1 견해 논술

女人非常喜欢浪漫，所以她们希望男人求婚的时候也很浪漫。为了满足女人的需求，男人常常要花很多心思。最近网上流行很多种求婚的方式，不管方式怎么变，两个人真心相爱是最重要的。

여자는 낭만적인 것을 매우 좋아한다. 그래서 여자들은 남자가 프러포즈할 때에도 매우 낭만적이기를 바란다. 여자들의 요구를 만족시켜주기 위해, 남자들은 항상 신경을 많이 써야 한다. 최근 인터넷에서는 다양한 프러포즈 방식이 유행하고 있다. 방식이 어떻게 변하든지 간에, 두 사람이 서로 진심으로 사랑하는 것이 가장 중요하다.

단어 非常 fēicháng 뮈 매우 | 喜欢 xǐhuan 동 좋아하다 | 浪漫 làngmàn 형 낭만적이다 | 所以 suǒyǐ 접 그래서 | 希望 xīwàng 동 바라다 | 求婚 qiúhūn 동 청혼하다 | 为了 wèile 전 ~을 위하여 | 满足 mǎnzú 동 만족시키다 | 需求 xūqiú 명 요구 | 心思 xīnsi 명 마음 | 最近 zuìjìn 명 요즘, 최근 | 流行 liúxíng 동 유행하다 | 方式 fāngshì 명 방식 | 不管 bùguǎn 접 ~하든지 간에 | 变 biàn 동 변하다 | 真心 zhēnxīn 명 진심 | 相爱 xiāng'ài 동 서로 사랑하다 | 重要 zhòngyào 형 중요하다

모범답안 2 에피소드

对我来说，昨天是很重要的日子。因为昨天不仅是我的生日，而且是男朋友向我求婚的日子。我和男朋友谈了五年恋爱了，昨天他把戒指拿出来，希望我能答应他的求婚，我觉得自己是最幸福的女人。

나에게 있어서, 어제는 매우 중요한 날이었다. 어제는 나의 생일이었을 뿐만 아니라, 남자친구가 나에게 프러포즈를 한 날이기도 하기 때문이다. 나와 남자친구는 5년간 연애했고, 어제는 그가 반지를 꺼내면서, 내가 그의 청혼을 승낙하기를 바랐다. 나는 내가 가장 행복한 여자라고 생각한다.

단어 对…来说 duì…láishuō ~에게 있어서 | 重要 zhòngyào 형 중요하다 | 日子 rìzi 명 날 | 因为 yīnwèi 접 ~ 때문에 | 不仅 bùjǐn 접 ~뿐만 아니라 | 生日 shēngrì 명 생일 | 而且 érqiě 접 게다가 | 求婚 qiúhūn 동 청혼하다 | 谈恋爱 tán liàn'ài 연애하다 | 戒指 jièzhi 명 반지 | 希望 xīwàng 동 바라다 | 答应 dāying 동 동의하다 | 觉得 juéde 동 ~라고 여기다 | 幸福 xìngfú 형 행복하다

1단계 그림 파악하기

인물: 남자와 여자
사물: 정수기, 물
동작: 두 사람이 컵을 들고 마주 보며 물을 마시고 있다

2단계 주제 정하기

물은 우리의 건강에 중요하므로 자주 물을 마셔야 한다.

3단계: 방법1 견해 논술하기

1. 물은 건강에 매우 중요한 것이다: 水对健康是非常重要的
2. 인체에 반드시 필요한 수분을 보충해준다: 补充人体必需的水分
3. 몸 안의 노폐물을 체외로 배출시킨다: 把身体里的垃圾排到体外
4. 피부에 좋다: 对皮肤有好处

3단계: 방법2 에피소드 설정하기

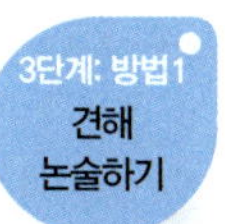

서론	본론	결론
어제 마신 술 때문에 목이 많이 말랐다	물 마시러 갔다가 동료를 만나서 이야기를 나누었다	동료와 나눈 이야기를 소개한다

모범 답안 1 견해 논술

图片中的男人和女人正在饮水机前喝水。水对我们的健康是非常重要的。首先，补充人体必需的水分；其次，水可以帮我们把身体里的垃圾排到体外；最后，对皮肤有好处。所以，我们平时一定要多喝水。

그림 속의 남자와 여자는 정수기 앞에서 물을 마시고 있다. 물은 우리의 건강에 매우 중요한 것이다. 첫째, 인체에 반드시 필요한 수분을 보충해준다. 그 다음, 물은 우리 몸 안의 노폐물을 체외로 배출시키는 데 도움을 줄 수 있다. 마지막으로 피부에 좋다. 따라서 우리는 평소에 반드시 물을 많이 마셔야 한다.

단어 图片 túpiàn 뗑 그림 | 正在 zhèngzài 뛴 ~하고 있다 | 饮水机 yǐnshuǐjī 뗑 정수기 | 健康 jiànkāng 뗑 건강 | 非常 fēicháng 뛴 매우 | 重要 zhòngyào 뼹 중요하다 | 首先 shǒuxiān 떼 첫째로 | 补充 bǔchōng 뚱 보충하다 | 人体 réntǐ 뗑 인체 | 必需 bìxū 뚱 반드시 필요로 하다 | 水分 shuǐfèn 뗑 수분 | 其次 qícì 떼 그 다음 | 帮 bāng 뚱 돕다 | 身体 shēntǐ 뗑 신체 | 垃圾 lājī 뗑 쓰레기 | 排 pái 뚱 제거하다. 내보내다 | 最后 zuìhòu 뗑 맨 마지막 | 皮肤 pífū 뗑 피부 | 好处 hǎochu 뗑 장점 | 所以 suǒyǐ 뗍 그래서 | 平时 píngshí 뗑 평상시 | 一定 yídìng 뛴 반드시

모범 답안 2 에피소드

我昨天晚上喝了一点儿酒，所以今天早晨渴得要命。没想到去喝水的时候，遇到了以前的同事，跟他聊了一会儿。他告诉我，下个月他就要结婚了，希望我能去参加他的婚礼。我真为他高兴。

어제저녁에 술을 약간 마셨더니, 오늘 아침에 너무 갈증이 났다. 물을 마시러 갔을 때 예상치 못하게 예전의 동료를 만나, 그와 이야기를 잠시 나누었다. 그는 다음 달에 결혼을 하는데, 내가 결혼식에 와줬으면 한다고 말했다. 나는 그를 위하여 진심으로 기뻐했다.

단어 早晨 zǎochén 뗑 아침 | 渴 kě 뼹 갈증 나다 | 要命 yàomìng 뛴 몹시 | 遇到 yùdào 뚱 만나다. 마주치다 | 以前 yǐqián 뗑 예전 | 同事 tóngshì 뗑 동료 | 聊 liáo 뚱 잡담하다 | 一会儿 yíhuìr 뗑 잠시 | 告诉 gàosu 뚱 알리다 | 就要 jiùyào 뛴 곧 | 结婚 jiéhūn 뚱 결혼하다 | 希望 xīwàng 뚱 바라다 | 参加 cānjiā 뚱 참가하다 | 婚礼 hūnlǐ 뗑 결혼식 | 高兴 gāoxìng 뼹 기쁘다

01

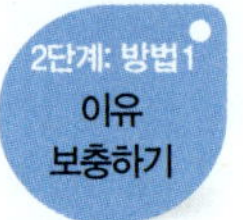

1단계 그림 파악하기

통행금지 표지

2단계: 방법1 이유 보충하기

1. 우리는 교통규칙을 지켜야 한다: 我们要遵守交通规则
2. 교통사고 발생을 줄일 수 있다: 可以减少交通事故的发生
3. 자신과 타인의 생명 안전을 보장할 수 있다: 可以保证自己和他人的生命安全
4. 서로 간에 모두 매우 편리해질 것이다: 彼此之间都会变得很方便

2단계: 방법2 에피소드 설정하기

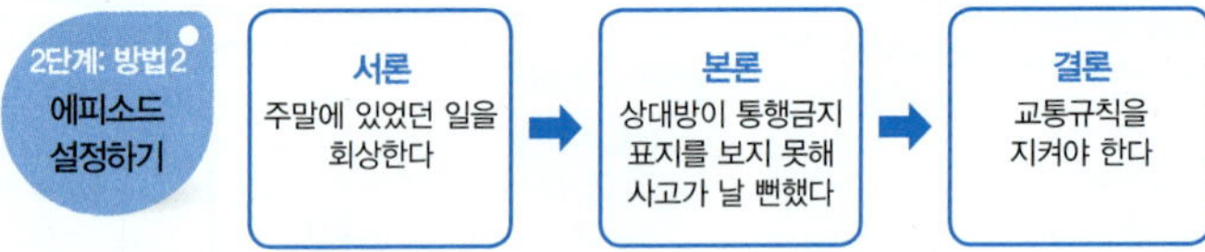

모범 답안 1 이유 보충

　　这是一张禁止通行的图片。我们每个人都要遵守交通规则，理由有如下两点：首先，遵守交通规则可以减少交通事故的发生，保证自己和他人的生命安全；其次，如果遵守交通规则，彼此之间都会变得很方便。

이것은 통행금지 그림이다. 우리는 모두 교통규칙을 지켜야 한다. 그 이유는 다음과 같은 두 가지다. 첫째, 교통규칙을 지키는 것은 교통사고 발생을 줄일 수 있고, 자신과 다른 사람의 생명 안전을 보장할 수 있다. 둘째, 만일 교통규칙을 지킨다면, 서로 간에 모두 매우 편리해질 것이다.

단어　通行 tōngxíng 图 통행하다 | 图片 túpiàn 명 그림 | 遵守 zūnshǒu 图 준수하다 | 交通规则 jiāotōng guīzé 명 교통규칙 | 理由 lǐyóu 명 이유 | 首先 shǒuxiān 때 첫째, 먼저 | 减少 jiǎnshǎo 图 줄이다 | 交通事故 jiāotōng shìgù 명 교통사고 | 发生 fāshēng 图 발생하다 | 保证 bǎozhèng 图 보증하다 | 生命 shēngmìng 명 생명 | 安全 ānquán 图 안전하다 | 其次 qícì 때 그 다음 | 如果 rúguǒ 집 만약 | 彼此 bǐcǐ 때 서로 | 之间 zhījiān 명 (~의) 사이 | 方便 fāngbiàn 图 편리하다

모범 답안 2 에피소드

　　上个周末，我和家人开车出去玩儿。车开着开着突然停了，我们都吓了一跳。原来对方没有看到前面禁止通行的标志，突然开过来，所以差点发生了交通事故。不管是谁，都要遵守交通规则。

지난 주말 나와 가족들은 차를 몰고 야외에 놀러 나갔다. 그런데 차가 잘 가다가 갑자기 멈춰서 우리는 모두 깜짝 놀랐다. 알고 보니 상대방이 앞에 있는 통행금지 표지를 보지 못하고, 갑자기 들어온 것이다. 그래서 하마터면 교통사고가 날 뻔했다. 누구든지 상관없이 모두 교통규칙을 지켜야 한다.

단어　周末 zhōumò 명 주말 | 家人 jiārén 명 가족 | 开车 kāichē 图 운전하다 | 出去 chūqu 图 나가다 | 突然 tūrán 图 갑자기 | 停 tíng 图 멈추다 | 吓 xià 图 놀라다 | 原来 yuánlái 图 알고 보니 | 对方 duìfāng 명 상대방 | 前面 qiánmiàn 명 앞 | 禁止 jìnzhǐ 图 금지하다 | 通行 tōngxíng 图 통행하다 | 标志 biāozhì 명 표지 | 所以 suǒyǐ 집 그래서 | 差点(儿) chàdiǎn(r) 图 하마터면 | 发生 fāshēng 图 발생하다 | 交通事故 jiāotōng shìgù 명 교통사고 | 不管 bùguǎn 집 ~에 관계없이, ~하든지 간에 | 谁 shéi 때 누구 | 遵守 zūnshǒu 图 준수하다 | 交通规则 jiāotōng guīzé 명 교통규칙

해설

1단계
그림 파악하기

휴대전화 사용 금지 표지

2단계: 방법1
이유 보충하기

1. 휴대전화는 생활에 편리함을 가져다주었다: 手机给生活带来了方便
2. 다른 사람의 업무나 휴식을 방해할 수 있다: 可能会打扰别人的工作和休息
3. 다른 사람에게 영향을 주지 않도록 주의해야 한다: 要注意不要影响他人

2단계: 방법2
에피소드 설정하기

서론
퇴근길 지하철에서 있었던 일을 회상한다

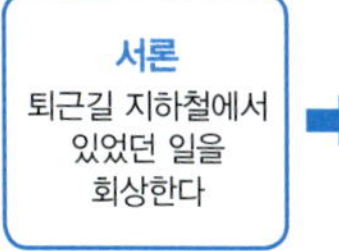
본론
옆 사람이 큰소리로 통화해서 화가 났다

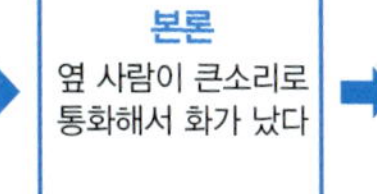
결론
공공장소에서는 작은 목소리로 통화해야 한다

모범답안 1 이유 보충

　　这张图片的意思是禁止使用手机。随着科学的发展，现在几乎人人都有手机。手机虽然给生活带来了方便，但是当你在公共场所使用的时候，可能会打扰别人的工作和休息。所以，使用手机时一定要注意不要影响他人。

이 그림의 뜻은 휴대전화 사용 금지다. 과학의 발전에 따라서, 현재 거의 모든 사람이 휴대전화를 가지고 있다. 휴대전화는 비록 생활에 편리함을 가져다주었지만, 당신이 공공장소에서 사용할 때, 다른 사람의 업무나 휴식을 방해할 수 있다. 따라서 휴대전화를 사용할 때는 반드시 다른 사람에게 영향을 미치지 않도록 주의해야 한다.

단어 图片 túpiàn 몡 그림 | 意思 yìsi 몡 의미 | 禁止 jìnzhǐ 통 금지하다 | 使用 shǐyòng 통 사용하다 | 手机 shǒujī 몡 휴대전화 | 随着 suízhe 젠 ~에 따라 | 科学 kēxué 몡 과학 | 发展 fāzhǎn 통 발전하다 | 现在 xiànzài 몡 현재, 지금 | 几乎 jīhū 튀 거의 | 人人 rénrén 몡 모든 사람 | 虽然 suīrán 젭 비록 ~일지라도 | 生活 shēnghuó 몡 생활 | 带来 dàilái 통 가져오다, 가져다주다 | 方便 fāngbiàn 혱 편리하다 | 但是 dànshì 젭 그러나 | 公共场所 gōnggòng chǎngsuǒ 몡 공공장소 | 打扰 dǎrǎo 통 방해하다 | 工作 gōngzuò 몡 일 | 休息 xiūxi 몡 휴식 | 所以 suǒyǐ 젭 그래서 | 一定 yídìng 튀 반드시 | 注意 zhùyì 통 주의하다 | 影响 yǐngxiǎng 통 영향을 끼치다, 영향을 주다

모범답안 2 에피소드

　　最近工作很辛苦，昨天下班坐地铁回家的时候本来想好好休息一下，可是旁边的人一直打电话，而且声音很大。车上明明有禁止使用手机的标志，真是让人生气。如果在公共场所用手机，请尽量小声一点儿。

요즘 일이 너무 힘들어서, 어제 퇴근 후 지하철을 타고 집에 돌아올 때 원래는 휴식을 취하고 싶었지만, 옆에 있는 사람이 계속 전화를 하는데다가, 그 목소리도 너무 컸다. 지하철 안에는 휴대전화 사용 금지라는 표지가 분명히 있었는데 말이다. 정말 화가 났다. 만일 공공장소에서 휴대전화를 사용하게 된다면, 최대한 작은 소리로 통화하자.

단어 最近 zuìjìn 몡 최근, 요즘 | 工作 gōngzuò 통 일하다 | 辛苦 xīnkǔ 혱 힘들다, 고되다 | 坐 zuò 통 타다 | 地铁 dìtiě 몡 지하철 | 本来 běnlái 튀 원래 | 休息 xiūxi 통 쉬다 | 可是 kěshì 젭 그러나 | 旁边 pángbiān 몡 옆 | 一直 yìzhí 튀 줄곧 | 打电话 dǎ diànhuà 전화를 걸다 | 而且 érqiě 젭 게다가 | 声音 shēngyīn 몡 소리 | 明明 míngmíng 튀 분명히 | 标志 biāozhì 몡 표지 | 生气 shēngqì 통 화내다 | 如果 rúguǒ 젭 만약 | 尽量 jǐnliàng 튀 가능한 한

01

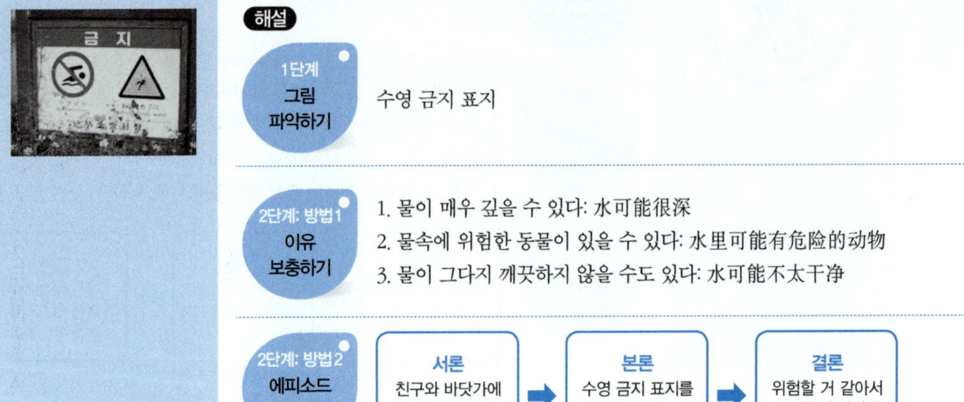

해설

1단계
그림 파악하기

수영 금지 표지

2단계: 방법1
이유 보충하기

1. 물이 매우 깊을 수 있다: 水可能很深
2. 물속에 위험한 동물이 있을 수 있다: 水里可能有危险的动物
3. 물이 그다지 깨끗하지 않을 수도 있다: 水可能不太干净

2단계: 방법2
에피소드 설정하기

서론	본론	결론
친구와 바닷가에 놀러 간 일을 회상한다	수영 금지 표지를 보았다	위험할 거 같아서 수영하지 않았다

모범답안 1 이유 보충

　　这是禁止游泳的标志。为什么禁止游泳呢？主要有以下几个原因。一来，水可能很深，游泳比较危险；二来，水里可能有危险的动物；三来，水可能不太干净。因此，请大家不要随便找地方游泳。

이것은 수영 금지 표지다. 왜 수영을 금지하는 것일까? 주로 다음과 같은 몇 가지 원인이 있다. 첫째, 물이 매우 깊을 수 있어서, 수영하는 것이 비교적 위험하다. 둘째, 물속에 위험한 동물이 있을 수 있다. 셋째, 물이 그다지 깨끗하지 않을 수 있다. 따라서 마음대로 수영할 곳을 찾지 말아야 한다.

단어 禁止 jìnzhǐ 图 금지하다 | 游泳 yóuyǒng 图 수영하다 | 标志 biāozhì 명 표지 | 主要 zhǔyào 된 주로 | 原因 yuányīn 명 원인 | 深 shēn 형 깊다 | 比较 bǐjiào 된 비교적 | 危险 wēixiǎn 형 위험하다 | 动物 dòngwù 명 동물 | 干净 gānjìng 형 깨끗하다 | 因此 yīncǐ 접 그래서 | 随便 suíbiàn 된 마음대로, 함부로 | 找 zhǎo 图 찾다 | 地方 dìfang 명 장소

모범답안 2 에피소드

　　前天我约朋友一起去海边玩，可是到了才发现人特别地多。我们看到远处有个地方几乎没有人，我们高兴地过去了。没想到那儿有禁止游泳的标志。我们想这儿可能比较危险，所以没有下去游泳。

그저께 나는 친구와 함께 바닷가에 놀러 가기로 약속했는데, 도착하고 나서야 사람이 너무 많다는 것을 발견했다. 우리는 저 멀리 사람이 거의 없는 곳을 보고, 기뻐하며 그곳으로 갔다. 그러나 그곳에 수영 금지 표지가 있을 줄은 예상하지 못했다. 우리는 이곳이 비교적 위험할 수도 있다는 생각에, 수영을 하지 않았다.

단어 前天 qiántiān 명 그저께 | 约 yuē 图 약속하다 | 一起 yìqǐ 된 함께 | 海边 hǎibiān 명 해변 | 发现 fāxiàn 图 발견하다 | 特别 tèbié 된 특히, 유달리 | 远处 yuǎnchù 명 먼 곳 | 几乎 jīhū 된 거의 | 高兴 gāoxìng 형 기쁘다 | 所以 suǒyǐ 접 그래서

해설

1단계
그림 파악하기

정숙 표지

2단계: 방법1
이유 보충하기

1. 큰 소리로 말하면 다른 사람의 업무에 영향을 줄 수 있다: 大声说话可能会影响别人的工作
2. 다른 사람의 휴식을 방해할 수 있다: 可能打扰别人休息
3. 공공장소에서는 반드시 조용히 해야 한다: 在公共场所一定要保持安静

2단계: 방법2
에피소드 설정하기

서론
영화 보러 간 일을 회상한다

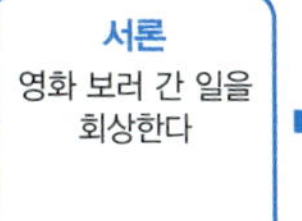

본론
영화관에서 떠들고 돌아다녔다

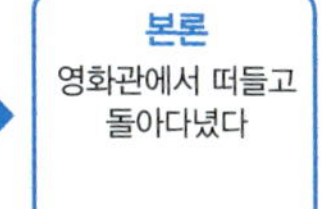

결론
선생님께서 표지를 가리키시면서 조용히 해야 한다고 주의를 주셨다

모범답안 1 이유 보충

我们经常在图书馆、医院等公共场所看见这个标志，它告诉人们要保持安静。首先，在公共场所大声说话可能会影响别人的工作；其次，你可能打扰别人休息。所以，请大家在公共场所一定要保持安静。

우리는 자주 도서관이나 병원 등 공공장소에서 이 표지를 보게 되는데, 이 표지는 사람들에게 정숙해야 한다는 것을 알려준다. 첫째, 공공장소에서 큰 소리로 이야기하는 것은 다른 사람의 업무에 영향을 미칠 수 있다. 그 다음, 당신은 다른 사람의 휴식을 방해할 수 있다. 따라서 모두 공공장소에서는 반드시 정숙해야 한다.

단어 经常 jīngcháng 🖾 자주 | 图书馆 túshūguǎn 몡 도서관 | 医院 yīyuàn 몡 병원 | 公共场所 gōnggòng chǎngsuǒ 몡 공공장소 | 标志 biāozhì 몡 표지 | 告诉 gàosu 동 알리다. 말하다 | 保持 bǎochí 동 유지하다 | 安静 ānjìng 톙 조용하다 | 首先 shǒuxiān 때 첫째, 먼저 | 影响 yǐngxiǎng 동 영향을 끼치다. 영향을 주다 | 工作 gōngzuò 몡 일 | 其次 qícì 때 그 다음 | 打扰 dǎrǎo 동 방해하다 | 休息 xiūxi 동 쉬다 | 所以 suǒyǐ 젭 그래서 | 一定 yídìng 🖾 반드시

모범답안 2 에피소드

昨天，老师带我们去电影院看电影，我们高兴极了。到了电影院，我们又跟同学玩，又跑来跑去。这时老师指了指这个标志，告诉我们它的意思是保持安静，而且我们在公共场所不可以影响别人。

어제 선생님께서 우리를 데리고 극장에 영화를 보러 가셔서, 우리는 매우 신이 났다. 극장에 도착해서, 우리는 친구들끼리 놀기도 하고, 이리저리 뛰어다니기도 했다. 이때 선생님께서는 이 표지를 가리키시며, 우리에게 그 표지의 뜻은 정숙하라는 뜻이며, 게다가 공공장소에서는 다른 사람에게 영향을 주어서는 안 된다고 말씀해주셨다.

단어 带 dài 동 인솔하다 | 电影 diànyǐng 몡 영화 | 高兴 gāoxìng 톙 기쁘다 | 同学 tóngxué 몡 학우 | 跑 pǎo 동 뛰다 | 指 zhǐ 동 가리키다 | 标志 biāozhì 몡 표지 | 告诉 gàosu 동 알리다. 말하다 | 意思 yìsi 몡 의미 | 而且 érqiě 젭 게다가 | 影响 yǐngxiǎng 동 영향을 끼치다. 영향을 주다

실전 모의고사

01　自信的　松院长　人　是个　相当

> **정답**　松院长是个相当自信的人。송 원장은 매우 자신만만한 사람이다.

단어　自信 zìxìn 톙 자신만만하다 | 松 Sōng 몡 송씨(성씨를 나타냄) | 院长 yuànzhǎng 몡 원장 | 相当 xiāngdāng 児 매우

해설

1단계 주어를 찾아라!
① 松院长(송 원장): 사람의 직책을 나타내는 명사로, 주어나 목적어로 쓰일 수 있다.
② 人(사람): 명사로, 주어나 목적어가 될 수 있다.
③ 自信的(자신만만한): 관형어로, 구조조사 的는 명사를 이끌 수 있으며, 의미상 人(사람)과 결합할 수 있다. → 自信的人(자신만만한 사람)

2단계 술어를 찾아라!
是个(~이다): 是는 판단동사로 술어가 되고, 个는 목적어와 연결되는 양사다.

3단계 주어·목적어를 판단하라!
술어 是(~이다)는 판단을 나타내는 동사로, 어울리는 목적어는 自信的人(자신만만한 사람)이며 松院长(송 원장)이 주어가 된다.

4단계 기타 성분을 삽입하라!
相当(매우): 정도부사로, 형용사 自信(자신만만하다) 앞에 위치한다.

> **Tip**　相当(매우)은 일반부사가 아니라, 정도를 나타내는 정도부사임을 확실히 인지해야 한다. 따라서 술어 是(~이다) 앞이 아니라, 형용사 自信(자신만만하다) 앞에 놓여 人(사람)을 꾸며주는 관형어가 된다.
> → 松院长(송 원장: 주어) + 是个(~이다: 술어 + 양사) + 相当自信的(매우 자신만만한: 관형어) + 人(사람: 목적어)

➡ 따라서 답은 松院长是个相当自信的人(송 원장은 매우 자신만만한 사람이다)의 순서가 된다.

02　营业部门　我儿子　工作　在

> **정답**　我儿子在营业部门工作。내 아들은 영업부에서 일한다.

단어　营业 yíngyè 동 영업하다 | 部门 bùmén 몡 부서 | 儿子 érzi 몡 아들 | 在 zài 젠 ~에서

해설

1단계 주어를 찾아라!
营业部门(영업부) / 我儿子(내 아들): 둘 다 명사로, 주어나 목적어가 될 수 있다. 술어를 보고 주어나 목적어를 판단해야 한다.

2단계 술어를 찾아라!
① 工作(일하다): 동사로, 술어가 될 수 있다.
② 在(~에서): 동사로는 '~에 있다'의 뜻이고, 전치사로는 '~에서'의 뜻이다. 전체 문장의 술어는 工作(일하다)이기 때문에 在는 장소를 나타내는 전치사로 쓰여, 뒤에 장소명사 营业部门(영업부)을 끌고 나온다.

사람을 나타내는 我儿子(내 아들)가 주어가 되고, 在营业部门(영업부에서)은 전치사구로 술어 앞에 놓는다. 工作는 일반적으로 목적어를 끌고 나오지 않는다.

Tip 在는 전치사, 동사, 시간부사가 될 수 있다. 여기에서는 전치사로 쓰여, 뒤에 장소명사를 동반한다.
→ 我儿子(내 아들: 주어) + 在营业部门(영업부에서: 전치사구) + 工作(일한다: 술어)

➡ 따라서 답은 我儿子在营业部门工作(내 아들은 영업부에서 일한다)의 순서가 된다.

---

03 表演 就 我丈夫 在大学时代 热爱

정답 我丈夫在大学时代就热爱表演。내 남편은 대학 시절에 이미 공연하는 것을 열렬히 사랑했다.
在大学时代我丈夫就热爱表演。대학 시절에 내 남편은 이미 공연하는 것을 열렬히 사랑했다.

단어 表演 biǎoyǎn 통 공연하다 | 就 jiù 부 이미 | 丈夫 zhàngfu 명 남편 | 时代 shídài 명 시대 | 热爱 rè'ài 통 열렬히 사랑하다

해설

1단계 주어를 찾아라!
我丈夫(내 남편): 명사로, 주어가 될 수 있다.

2단계 술어를 찾아라!
① 热爱(열렬히 사랑하다): 감정동사로, 동사구 목적어를 끌고 나올 수 있다.
② 表演(공연하다): 동사로, 술어가 될 수도 있지만, 동사구를 목적어로 취하는 감정동사 热爱(열렬히 사랑하다)가 있으므로, 목적어 역할을 한다. → 热爱表演(공연하는 것을 열렬하게 사랑하다)

3단계 기타 성분을 삽입하라!
① 在大学时代(대학 시절에): '전치사 + 명사' 형태로, 시간을 나타내는 전치사 在와 명사 大学时代가 결합한 전치사구다. 전치사구는 일반적으로 주어 뒤에 위치하지만, 일부 시간이나 장소를 나타내는 전치사구는 강조하기 위해 문장 앞에 위치할 수 있다.
② 就(이미): 부사로, 시간의 빠름을 의미하는 就(이미)는 시간을 나타내는 표현 뒤에 위치한다. → 在大学时代就(대학 시절에 이미)

Tip 시간 전치사구가 문장 앞으로 도치될 경우 부사는 따라가지 않는다.
어순: 주어 + 시간 전치사구 + 就 + 술어
시간 전치사구, 주어 + 就 + 술어

→ 我丈夫(내 남편: 주어) + 在大学时代(대학 시절에: 전치사구) + 就(이미: 부사어) + 热爱(열렬하게 사랑하다: 술어) + 表演(공연하다: 동사 목적어)
→ 在大学时代(대학 시절에: 전치사구) + 我丈夫(내 남편: 주어) + 就(이미: 부사어) + 热爱(열렬하게 사랑하다: 술어) + 表演(공연하다: 동사 목적어)

➡ 따라서 답은 我丈夫在大学时代就热爱表演(내 남편은 대학 시절에 이미 공연하는 것을 열렬히 사랑했다), 또는 在大学时代我丈夫就热爱表演(대학 시절에 내 남편은 이미 공연하는 것을 열렬히 사랑했다)의 순서가 된다.

---

04 资格 俱乐部 参加比赛的 不具备 你们的

정답 你们的俱乐部不具备参加比赛的资格。너희 클럽은 경기에 참가할 자격을 갖추고 있지 않다.

단어 资格 zīgé 명 자격 | 俱乐部 jùlèbù 명 클럽, 단체 | 比赛 bǐsài 명 경기 | 具备 jùbèi 통 구비하다, 갖추다

해설

1단계 주어를 찾아라!
① 资格(자격) / 俱乐部(클럽): 둘 다 명사로, 주어나 목적어가 될 수 있다.
② 参加比赛的(경기에 참가하는) / 你们的(너희의): 둘 다 구조조사 的가 있는 관형어로, 명사와 결합할 수 있다.

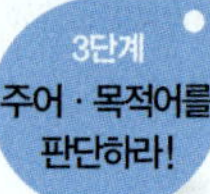

不具备(갖추지 않다): '부정부사 + 동사'의 형태로, 술어가 될 수 있다. 일반적으로 부정부사 不, 没有와 함께 있으면 술어일 가능성이 크다.

술어가 될 수 있는 不具备(갖추지 않다)와 어울리는 목적어는 资格(자격)가 되고, 주어는 俱乐部(클럽)가 된다. 전체적인 의미상 관형어 你们的(너희의)는 주어를 수식하고 参加比赛的(경기에 참가하는)는 목적어를 수식한다. → 你们的俱乐部 너희 클럽 / 参加比赛的资格 경기에 참가할 자격
  → 你们的俱乐部(너희 클럽: 관형어 + 주어) + 不具备(갖추고 있지 않다: 술어) + 参加比赛的资格(경기에 참가할 자격: 관형어 + 목적어)

➡ 따라서 답은 你们的俱乐部不具备参加比赛的资格(너희 클럽은 경기에 참가할 자격을 갖추고 있지 않다)의 순서가 된다.

---

05 女儿的   到处   书房里   是各种各样的资料   都

정답 女儿的书房里到处都是各种各样的资料。 딸의 공부방 안 곳곳에 모두 각양각색의 자료가 있다.

단어 到处 dàochù 🈺 곳곳에 | 书房 shūfáng 🈺 서재 | 各种各样 gèzhǒng gèyàng 🈺 각양각색 | 资料 zīliào 🈺 자료

해설

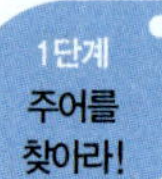

① 女儿的(딸의): 구조조사 的가 있는 관형어로, 명사를 이끌 수 있다.
② 书房里(공부방 안): 장소를 나타내는 명사로, 관형어 女儿的(딸의)와 결합하여 주어가 될 수 있다. → 女儿的书房里(딸의 공부방 안)

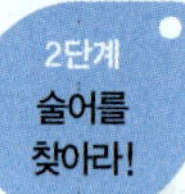

是各种各样的资料(각양각색의 자료다): '동사(是) + 명사구(各种各样的资料)'의 형태로, 술어와 목적어가 될 수 있다.

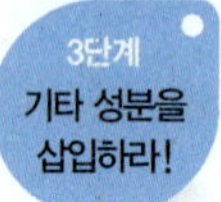

到处(곳곳에) / 都(모두): 모두 부사다. 都는 범위부사로, 복수를 나타내는 어휘 뒤에 위치한다. 따라서 어순은 到处都가 되며, 술어 앞에 위치한다.
  → 女儿的书房里(딸의 공부방 안: 관형어 + 주어) + 到处都(곳곳에 모두: 부사어) + 是各种各样的资料(각양각색의 자료다: 술어 + 목적어)

➡ 따라서 답은 女儿的书房里到处都是各种各样的资料(딸의 공부방 안 곳곳에 모두 각양각색의 자료가 있다)의 순서가 된다.

---

06 吃猪肉   建议   他   别   大夫

정답 大夫建议他别吃猪肉。 의사는 그에게 돼지고기를 먹지 말라고 제안했다.

단어 猪肉 zhūròu 🈺 돼지고기 | 建议 jiànyì 🈺 건의하다, 제안하다 | 大夫 dàifu 🈺 의사

해설

① 他(그): 인칭대사
② 大夫(의사): 명사
대사와 명사는 주어나 목적어가 될 수 있다.

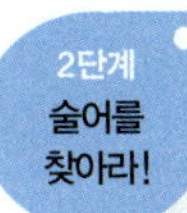

① 建议(제안하다): 건의, 제안을 나타내는 동사로, 겸어문에 쓰이며, 뒤에 또 다른 주어와 술어를 끌고 나올 수 있다.

② 吃猪肉(돼지고기를 먹다): '동사(吃) + 목적어(猪肉)'의 형태로, 주술구를 목적어로 취하는 建议(제안하다)의 동사구 목적어로 쓰일 수 있다. → 建议吃猪肉(돼지고기를 먹지 말라고 제안하다)

> **Tip** 겸어문이란?
> 하나의 문장 안에서 앞 절의 목적어가 뒤 절의 주어 역할을 겸하는 문장을 겸어문이라고 한다.
> **예** 大夫(의사) + 建议(제안하다) + 我(나) + 多喝水(물을 많이 마시다)
>   주어   술어   목적어/주어   술어

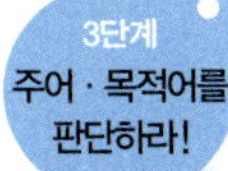

술어 建议(제안하다)와 의미상 적합한 목적어는 他(그)가 되며, 문장 전체의 주어는 大夫(의사)가 된다. 즉 他는 吃猪肉(돼지고기를 먹다)의 주어가 되는 것이다.

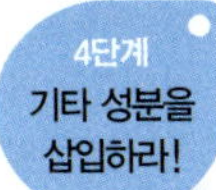

别(~하지 마라): 어떤 동작을 하지 말라는 의미의 부사로, 동사 앞에 나올 수 있다.
문장 전체의 술어는 建议(제안하다)이므로, 해석상 의사가 환자에게 '~을 하지 마라'고 제안하는 것이 더 자연스럽다. 따라서 别는 吃猪肉(돼지고기를 먹다) 앞에 나온다.

> **Tip** 경우의 수
> 别建议 제안하지 마라 / 别吃 먹지 마라

→ 大夫(의사: 주어) + 建议(제안하다: 술어) + 他(그: 목적어/주어) + 别(~하지 마라: 부사어) + 吃猪肉(돼지고기를 먹다: 술어 + 목적어)

➡ 따라서 답은 大夫建议他别吃猪肉(의사는 그에게 돼지고기를 먹지 말라고 제안했다)의 순서가 된다.

07 花　粉红色的　有　窗台上　一朵

정답 窗台上有一朵粉红色的花。 창턱 위에는 한 송이 분홍색의 꽃이 있다.

단어 粉红色 fěnhóngsè 몡 분홍색 | 窗台 chuāngtái 몡 창턱 | 朵 duǒ 양 송이, 점(꽃이나 구름 등을 세는 양사)

해설

① 窗台上(창턱 위): 장소명사로, 존현문에서는 장소나 시간이 주어가 될 수 있다.
② 花(꽃): 명사
③ 粉红色的(분홍색의): 관형어
④ 一朵(한 송이): 수사 + 양사
'수량사 + 관형어 + 명사'의 어순에 따라 一朵粉红色的花(한 송이 분홍색의 꽃)로 결합된다.

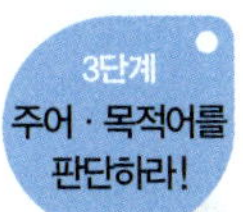

有(있다): 동사로, 술어가 된다.

존현문에서는 시간 및 장소를 뜻하는 어휘를 주어로 삼고, 목적어는 특정한 것을 나타내는 지시대사 这(이것), 那(저것)를 쓰지 않고, 수량사 一(하나), 两(둘)을 써서 불특정함을 나타낸다.
→ 窗台上(창턱 위: 장소 주어) + 有(있다: 술어) + 一朵粉红色的花(한 송이 분홍색의 꽃: 불특정 목적어)

➡ 따라서 답은 窗台上有一朵粉红色的花(창턱 위에는 한 송이 분홍색의 꽃이 있다)의 순서가 된다.

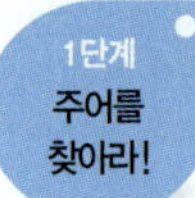 **08** 出色　那位　非常　表现　主持人　得

　那位主持人表现得非常出色。 그 사회자는 매우 뛰어나게 활약한다.

단어　出色 chūsè 휑 출중하다, 뛰어나다 | 表现 biǎoxiàn 동 나타내다, 활약하다 | 主持人 zhǔchírén 명 사회자

해설

1단계 주어를 찾아라!
① 那位(그분): '지시대사 + 양사'의 형태로, 명사를 수식할 수 있다.
② 主持人(사회자): 명사로, 의미상 那位(그분)와 결합하여 주어가 될 수 있다. → 那位主持人 (그 사회자)

2단계 술어를 찾아라!
① 出色(뛰어나다): 형용사
② 表现(활약하다): 동사
형용사와 동사는 문장에서 술어나 보어 역할을 할 수 있다.

3단계 기타 성분을 삽입하라!
① 非常(매우): 정도부사로, 형용사와 결합한다. → 非常出色(매우 뛰어나다)
② 得(~하는 정도): 구조조사로, 정도보어문에서 보어를 연결해주는 역할을 한다.
정도보어문에서 정도가 높음을 나타내는 표현은 구조조사 得 이하 부분에 쓰여 보어 역할을 한다. → 表现得非常出色(매우 뛰어나게 활약하다)
→ 那位主持人(그 사회자: 주어) + 表现(표현하다: 술어) + 得(~하는 정도: 구조조사) + 非常出色(매우 뛰어나다: 형용사 보어)

➡ 따라서 답은 那位主持人表现得非常出色(그 사회자는 매우 뛰어나게 활약한다)의 순서가 된다.

제2부분　p.161

09 结婚、庆祝、愿望、感谢、开心

단어　结婚 jiéhūn 동 결혼하다　　庆祝 qìngzhù 동 축하하다　　愿望 yuànwàng 명 염원, 바람
　　感谢 gǎnxiè 동 감사하다　　开心 kāixīn 휑 (기분이) 즐겁다, 유쾌하다

해설

1단계 주제어 정하기　结婚(결혼)을 주제로 하여 결혼식에 관한 에피소드를 떠올릴 수 있다.

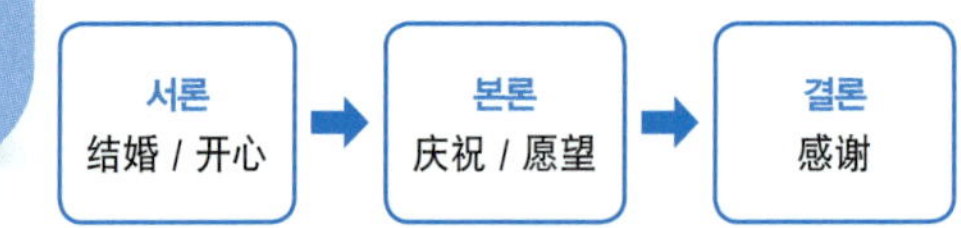

2단계 흐름 잡기
결혼하는 날이다 / 기분이 좋다
→ 모두 축하하러 왔다 / 소원은 행복하길 바라는 것이다
→ 모두에게 감사한다

3단계 단어 활용하기
结婚: 今天是我结婚的日子 / 明天是结婚纪念日 / 参加结婚典礼 / 结婚年龄
庆祝: 庆祝结婚 / 为了庆祝这个重要的日子 / 庆祝喜事 / 庆祝结婚一周年 / 庆祝一下 / 庆祝庆祝 / 值得庆祝
愿望: 父母最大的愿望是… / 有一个愿望 / 美好的愿望 / 实现愿望 / 新婚愿望
感谢: 感谢大家 / 感谢大家来参加我们的婚礼 / 向大家表示感谢 / 非常感谢 / 感谢各位
开心: 大家都开心极了 / 很开心 / 非常开心 / 开心得不得了 / 开心死了

今天是姐姐结婚的日子，家人都开心极了。为了庆祝这个重要的日子，很多亲戚和朋友都来参加了婚礼。现在，爸爸和妈妈最大的愿望就是姐姐以后的生活幸福。在婚礼上，姐姐感谢大家来参加他们的婚礼。

오늘은 언니가 결혼하는 날이다. 가족들 모두 매우 즐거워했다. 이 중요한 날을 축하하기 위해, 매우 많은 친척과 친구가 모두 결혼식에 참석하러 왔다. 지금 아빠와 엄마의 가장 큰 바람은 바로 언니의 이후 생활이 행복해지는 것이다. 결혼식에서 언니는 모두에게 그들의 결혼식에 참석해준 것에 감사하였다.

단어 姐姐 jiějie 圆 언니, 누나 | 日子 rìzi 圆 날 | 家人 jiārén 圆 가족 | 极了 jíle 매우 ~하다 | 为了 wèile 젠 ~을 위해서 | 重要 zhòngyào 圈 중요하다 | 亲戚 qīnqi 圆 친척 | 参加 cānjiā 圐 참가하다 | 婚礼 hūnlǐ 圆 결혼식, 혼례 | 以后 yǐhòu 圆 이후 | 生活 shēnghuó 圆 생활 | 幸福 xìngfú 圈 행복하다

10

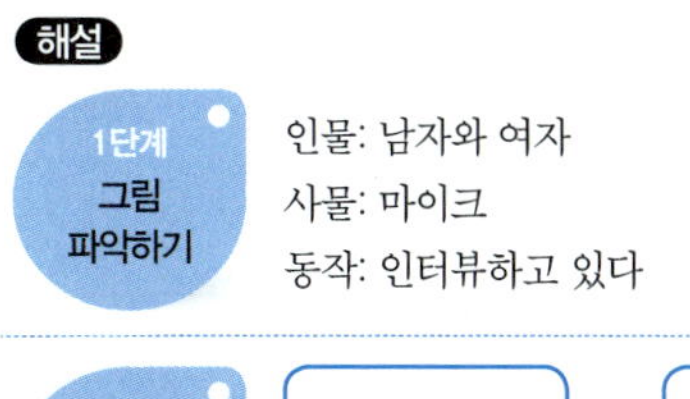

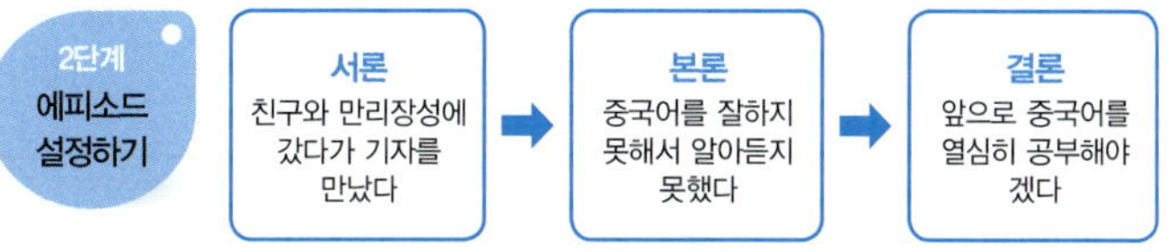

昨天我和朋友去长城，没想到在那儿遇到了一位女记者。我当时紧张得要死，因为我的汉语说得不太流利。她以为我是中国人，说得非常快，结果我一句话也没听懂。我决定以后要努力学习汉语。

어제 나는 친구와 만리장성에 갔다가, 생각지도 못하게 그곳에서 여기자를 만났다. 나는 당시에 너무 긴장해 있었다. 왜냐하면 나는 중국어를 그다지 유창하게 말하지 못하기 때문이다. 그녀는 나를 중국인으로 생각하고 매우 빠르게 말을 해서, 결국 나는 한마디도 못 알아들었다. 나는 앞으로 중국어를 열심히 공부해야겠다고 결심했다.

단어 长城 Chángchéng 圆 만리장성 | 没想到 méixiǎngdào 생각지도 못하다 | 遇到 yùdào 圐 만나다 | 记者 jìzhě 圆 기자 | 当时 dāngshí 圆 당시 | 紧张 jǐnzhāng 圈 긴장해 있다 | 要死 yàosǐ 凰 몹시 | 流利 liúlì 圈 유창하다 | 以为 yǐwéi 圐 ~라고 (잘못) 여기다 | 结果 jiéguǒ 圆 결과 | 决定 juédìng 圐 결정하다 | 以后 yǐhòu 圆 이후 | 努力 nǔlì 圐 노력하다

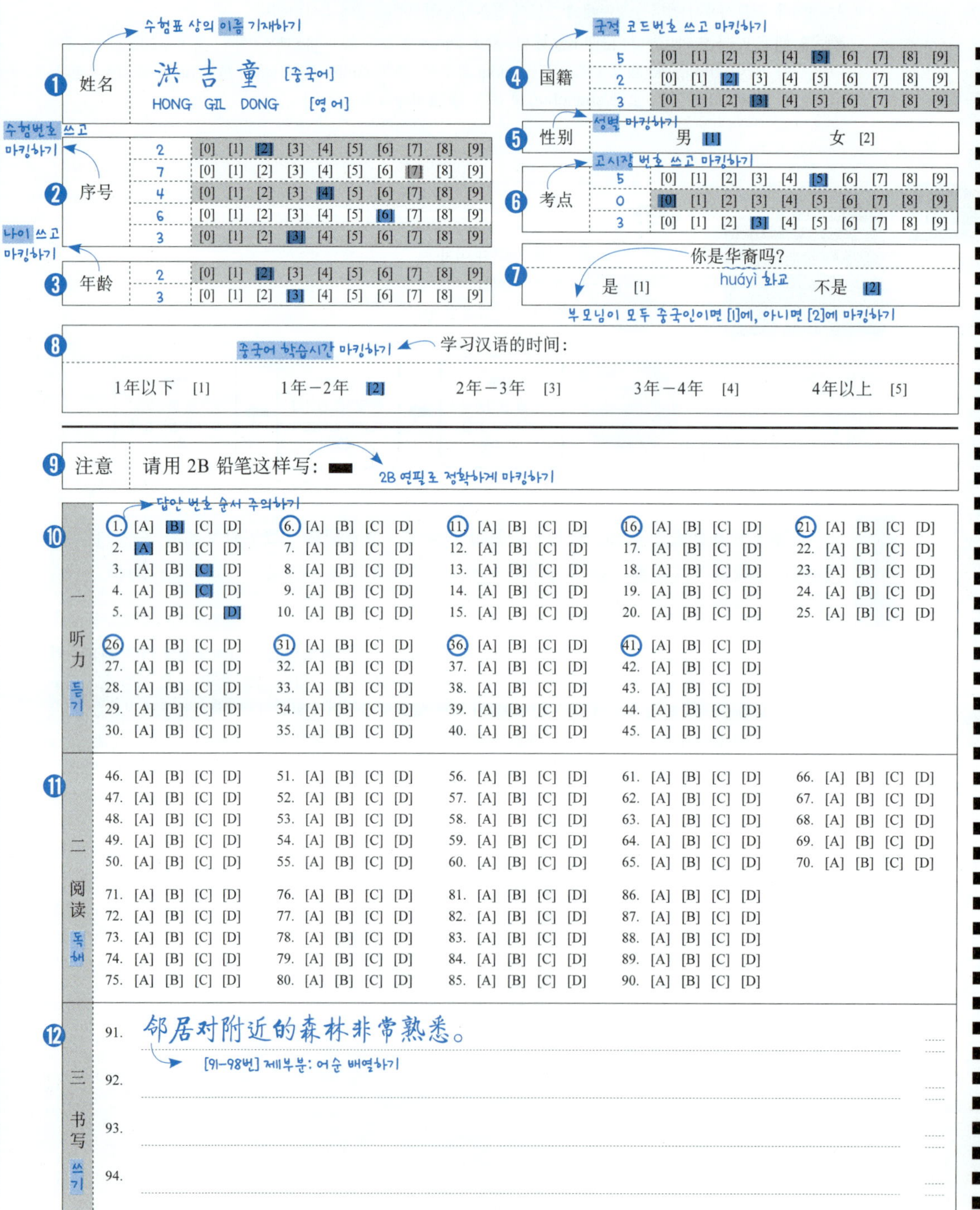

수험표 상의 이름 기재하기
국적 코드번호 쓰고 마킹하기
新 汉 语 水 平 考 试
HSK（五级）答题卡
① 姓名
洪 吉 童 [중국어]
HONG GIL DONG [영어]
④ 国籍
5 [0] [1] [2] [3] [4] [5] [6] [7] [8] [9]
2 [0] [1] [2] [3] [4] [5] [6] [7] [8] [9]
3 [0] [1] [2] [3] [4] [5] [6] [7] [8] [9]
수험번호 쓰고 마킹하기
② 序号
2 [0] [1] [2] [3] [4] [5] [6] [7] [8] [9]
7 [0] [1] [2] [3] [4] [5] [6] [7] [8] [9]
4 [0] [1] [2] [3] [4] [5] [6] [7] [8] [9]
6 [0] [1] [2] [3] [4] [5] [6] [7] [8] [9]
3 [0] [1] [2] [3] [4] [5] [6] [7] [8] [9]
성별 마킹하기
⑤ 性别   男 [1]   女 [2]
고시장 번호 쓰고 마킹하기
⑥ 考点
5 [0] [1] [2] [3] [4] [5] [6] [7] [8] [9]
0 [0] [1] [2] [3] [4] [5] [6] [7] [8] [9]
3 [0] [1] [2] [3] [4] [5] [6] [7] [8] [9]
나이 쓰고 마킹하기
③ 年龄
2 [0] [1] [2] [3] [4] [5] [6] [7] [8] [9]
3 [0] [1] [2] [3] [4] [5] [6] [7] [8] [9]
你是华裔吗?
⑦   是 [1]   huáyì 화교   不是 [2]
부모님이 모두 중국인이면 [1]에, 아니면 [2]에 마킹하기
중국어 학습시간 마킹하기
⑧ 学习汉语的时间:
1年以下 [1]   1年－2年 [2]   2年－3年 [3]   3年－4年 [4]   4年以上 [5]
⑨ 注意   请用 2B 铅笔这样写: 2B 연필로 정확하게 마킹하기
답안 번호 순서 주의하기
⑩ 一 听力 듣기
1. [A] [B] [C] [D]   6. [A] [B] [C] [D]   11. [A] [B] [C] [D]   16. [A] [B] [C] [D]   21. [A] [B] [C] [D]
2. [A] [B] [C] [D]   7. [A] [B] [C] [D]   12. [A] [B] [C] [D]   17. [A] [B] [C] [D]   22. [A] [B] [C] [D]
3. [A] [B] [C] [D]   8. [A] [B] [C] [D]   13. [A] [B] [C] [D]   18. [A] [B] [C] [D]   23. [A] [B] [C] [D]
4. [A] [B] [C] [D]   9. [A] [B] [C] [D]   14. [A] [B] [C] [D]   19. [A] [B] [C] [D]   24. [A] [B] [C] [D]
5. [A] [B] [C] [D]   10. [A] [B] [C] [D]   15. [A] [B] [C] [D]   20. [A] [B] [C] [D]   25. [A] [B] [C] [D]
26. [A] [B] [C] [D]   31. [A] [B] [C] [D]   36. [A] [B] [C] [D]   41. [A] [B] [C] [D]
27. [A] [B] [C] [D]   32. [A] [B] [C] [D]   37. [A] [B] [C] [D]   42. [A] [B] [C] [D]
28. [A] [B] [C] [D]   33. [A] [B] [C] [D]   38. [A] [B] [C] [D]   43. [A] [B] [C] [D]
29. [A] [B] [C] [D]   34. [A] [B] [C] [D]   39. [A] [B] [C] [D]   44. [A] [B] [C] [D]
30. [A] [B] [C] [D]   35. [A] [B] [C] [D]   40. [A] [B] [C] [D]   45. [A] [B] [C] [D]
⑪ 二 阅读 독해
46. [A] [B] [C] [D]   51. [A] [B] [C] [D]   56. [A] [B] [C] [D]   61. [A] [B] [C] [D]   66. [A] [B] [C] [D]
47. [A] [B] [C] [D]   52. [A] [B] [C] [D]   57. [A] [B] [C] [D]   62. [A] [B] [C] [D]   67. [A] [B] [C] [D]
48. [A] [B] [C] [D]   53. [A] [B] [C] [D]   58. [A] [B] [C] [D]   63. [A] [B] [C] [D]   68. [A] [B] [C] [D]
49. [A] [B] [C] [D]   54. [A] [B] [C] [D]   59. [A] [B] [C] [D]   64. [A] [B] [C] [D]   69. [A] [B] [C] [D]
50. [A] [B] [C] [D]   55. [A] [B] [C] [D]   60. [A] [B] [C] [D]   65. [A] [B] [C] [D]   70. [A] [B] [C] [D]
71. [A] [B] [C] [D]   76. [A] [B] [C] [D]   81. [A] [B] [C] [D]   86. [A] [B] [C] [D]
72. [A] [B] [C] [D]   77. [A] [B] [C] [D]   82. [A] [B] [C] [D]   87. [A] [B] [C] [D]
73. [A] [B] [C] [D]   78. [A] [B] [C] [D]   83. [A] [B] [C] [D]   88. [A] [B] [C] [D]
74. [A] [B] [C] [D]   79. [A] [B] [C] [D]   84. [A] [B] [C] [D]   89. [A] [B] [C] [D]
75. [A] [B] [C] [D]   80. [A] [B] [C] [D]   85. [A] [B] [C] [D]   90. [A] [B] [C] [D]
⑫ 三 书写 쓰기
91. 邻居对附近的森林非常熟悉。
[91-98번] 제부분: 어순 배열하기
92.
93.
94.

95.

96.

97.

98.

99.

我每次去学校都要经过一个不太大的广场。

100.

我这两天有点着凉了。

国家汉办/孔子学院总部
Hanban/Confucius Institute Headquarters

新 汉 语 水 平 考 试
Chinese Proficiency Test

HSK（五级）成绩报告
HSK (Level 5) Examination Score Report

姓名：____
Name

性别：__________ 国籍：____________________________
Gender　　　　　Nationality

考试时间：____________ 年 ________ 月 ________ 日
Examination Date　　　　　Year　　　Month　　　Day

编号：____
No.

	满分（Full Score）	你的分数（Your Score）
听力（Listening）	100	
阅读（Reading）	100	
书写（Writing）	100	
总分（Total Score）	300	

总分180分为合格（Passing Score：180）

主任 ___________________　国家汉办
Director　　　　　　　　　　Hanban

HANBAN

中国 · 北京
Beijing · China

  **동양북스** 분야별 추천 교재

관광

중국어뱅크
관광 중국어 1

중국어뱅크
관광 중국어 2

중국어뱅크
의료관광 중국어

실무

중국어뱅크
판매 중국어

중국어뱅크
호텔 중국어

중국어뱅크
항공 서비스 중국어

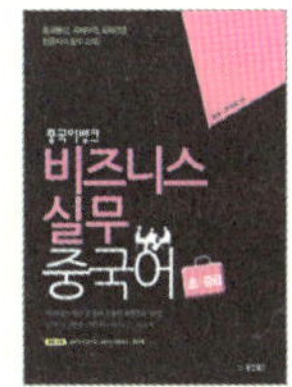

중국어뱅크
비즈니스 실무
중국어 (초·중급)

중국어뱅크
비즈니스 실무
중국어 (중·고급)

어법

버전업!
삼위일체 중문법

똑똑한 중국어
문법책

중국어 문법·
작문 업그레이드

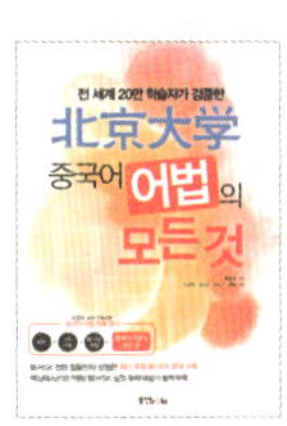

北京大学
중국어 어법의 모든 것

한자·어휘

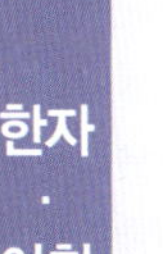

중국어뱅크
중국어 간체자

중국어뱅크
중국어 간체자
1000

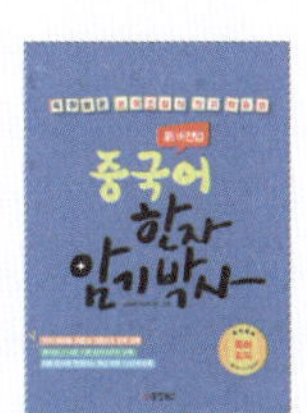

가장 쉬운
독학 중국어 단어장

新 버전업
중국어 한자 암기박사

문화

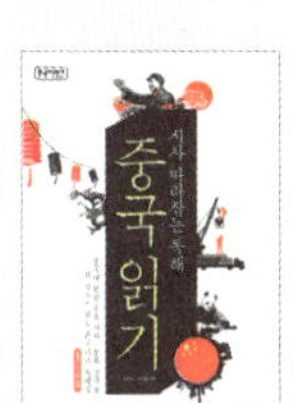

중국어뱅크
버전업 사진으로
보고 배우는
중국문화

중국어뱅크
시사 따라잡는 독해
중국 읽기

동양북스 단계별 추천 교재 시리즈

	한어구어		스마트 중국어(회화)	베이직 중국어
입문과정	 중국어뱅크 북경대학 한어구어 1	 중국어뱅크 북경대학 12과로 끝내는 한어구어 上	 중국어뱅크 스마트 중국어 STEP 1	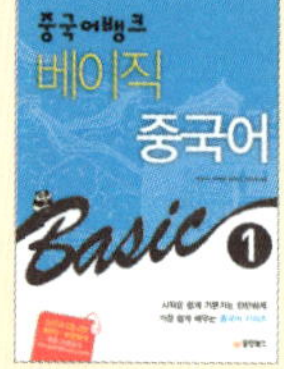 중국어뱅크 베이직 중국어 1
초급과정	 중국어뱅크 북경대학 한어구어 2	 중국어뱅크 북경대학 12과로 끝내는 한어구어 下	 중국어뱅크 스마트 중국어 STEP 2	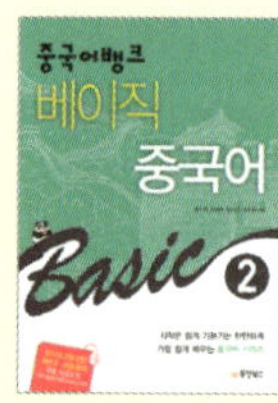 중국어뱅크 베이직 중국어 2
초중급과정	 중국어뱅크 북경대학 한어구어 3	 중국어뱅크 북경대학 한어구어 4	 중국어뱅크 스마트 중국어 STEP 3	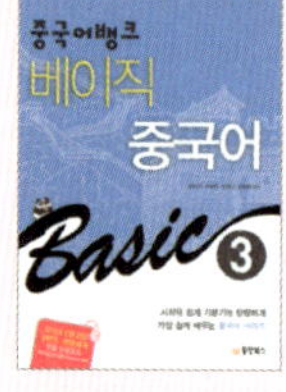 중국어뱅크 베이직 중국어 3
중고급과정	 중국어뱅크 북경대학 한어구어 5	 중국어뱅크 북경대학한어구어 6	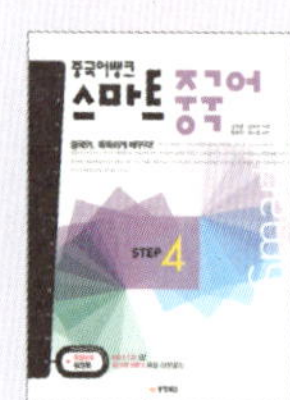 중국어뱅크 스마트 중국어 STEP 4	

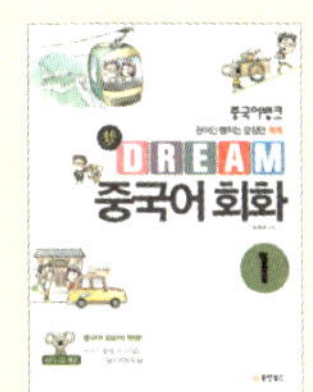

중국어뱅크
DREAM 중국어 회화 1

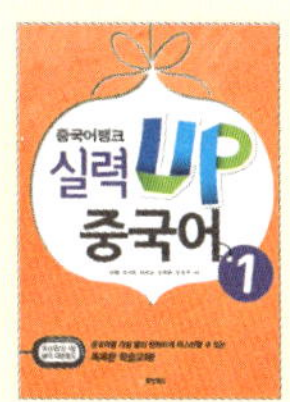

중국어뱅크 실력UP 1
(스피드 중국어 STEP 1 개정판)

중국어뱅크
비주얼 중국어 회화 1

중국어뱅크
THE 중국어 1

중국어뱅크
NEW스타일
중국어 1

중국어뱅크
DREAM 중국어 회화 2

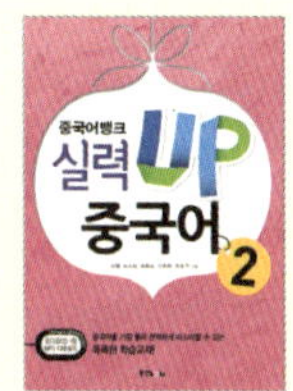

중국어뱅크 실력UP 2
(스피드 중국어 STEP 2 개정판)

중국어뱅크
비주얼 중국어 회화 2

중국어뱅크
THE 중국어 2

중국어뱅크
NEW 스타일
중국어 2

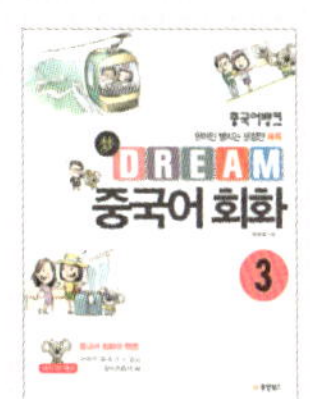

중국어뱅크
DREAM 중국어 회화 3

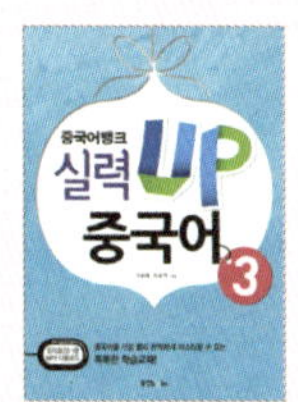

중국어뱅크 실력UP 3
(스피드 중국어 STEP 3 개정판)

중국어뱅크
스마트 중국어 독해 STEP 1

중국어뱅크
스마트 중국어 듣기 1

중국어뱅크
스마트 중국어 작문 1

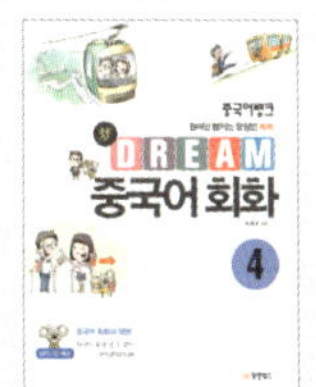

중국어뱅크
DREAM 중국어 회화 4

중국어뱅크
스피드 중국어 회화
중급 독해편

중국어뱅크
스마트 중국어 독해 STEP 2

중국어뱅크
스마트 중국어 듣기 2

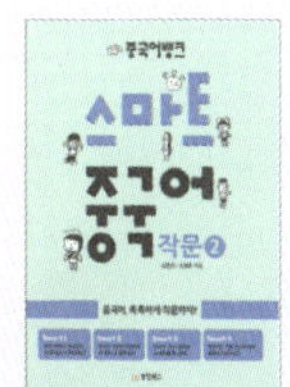

중국어뱅크
스마트 중국어 작문 2